运营之巅

非互联网行业的新媒体运营

傅一声 著

北京大学出版社
PEKING UNIVERSITY PRESS

图书在版编目(CIP)数据

　　运营之巅：非互联网行业的新媒体运营 / 傅一声著. — 北京：北京大学出版社，2022.11
　　ISBN 978-7-301-33378-5

　　Ⅰ. ①运⋯ Ⅱ. ①傅⋯ Ⅲ. ①媒体—运营管理 Ⅳ. ①G206.2

　　中国版本图书馆CIP数据核字（2022）第173141号

书　　　名	运营之巅：非互联网行业的新媒体运营 YUNYING ZHI DIAN: FEI HULIANWANG HANGYE DE XINMEITI YUNYING
著作责任者	傅一声　著
责 任 编 辑	滕柏文
标 准 书 号	ISBN 978-7-301-33378-5
出 版 发 行	北京大学出版社
地　　　址	北京市海淀区成府路205号　100871
网　　　址	http://www.pup.cn　　新浪微博：@北京大学出版社
电子信箱	pup7@pup.cn
电　　　话	邮购部 010-62752015　发行部 010-62750672　编辑部 010-62570390
印 刷 者	北京中科印刷有限公司
经 销 者	新华书店
	720毫米×1020毫米　16开本　25.25印张　407千字 2022年11月第1版　2022年11月第1次印刷
印　　　数	1–4000册
定　　　价	109.00元

未经许可，不得以任何方式复制或抄袭本书之部分或全部内容。
版权所有，侵权必究
举报电话：010-62752024　电子信箱：fd@pup.pku.edu.cn
图书如有印装质量问题，请与出版部联系，电话：010-62756370

内容简介
Content introduction

本书为非互联网行业的新媒体运营人员量身定制,深度梳理实际运营工作中的重难点,提供快速成长的可复制经验。作者傅一声是200多家企业的新媒体辅导老师,书中内容基于真实的企业和个人新媒体运营场景撰写,实操性极强。

全书共分为8章,不仅包含对新媒体运营地图、运营思维、文案写作、短视频运营、直播运营的介绍,还详细讲解了抖音等公域平台的运营、企业微信等私域平台的运营,以及新媒体运营中常见的问题。

本书所有案例均来自近年作者亲自操盘或者参与的项目,玩法新潮,干货满满,实战性强,行文真实幽默且有趣有料,堪称非互联网行业新媒体从业人员、新媒体爱好者的必备宝典。

自序 Preface

我们公司想做互联网转型，应该如何入手？

我们要不要运营抖音账号？如果运营的话，要投入多少人力和财力？

领导让我们直播带货，可是直播根本没人看，更别提大卖了，怎么办？

我们已经在网上积累了1600万粉丝，可是无法变现，怎么办？

公司成立了互联网营销部，可是老员工干不好，专业人才招不到，如何破局？

……

这些都是我经常听到的真实客户求助。

互联网的飞速发展为所有人带来了前所未有的机遇，可一旦开始做新媒体运营，很多人会发现，家家有本难念的经，摆在面前的是无尽的挑战和一个接一个的难题。

2020年是一个历史性拐点，很多公司的公众号小编、宣传岗位的同事突然被要求拍视频、做直播；原本只需要运营公司APP的同事被要求做"全媒体运营"，即所有渠道都要运营起来。难度升级，工作量陡增！

这就是如今的现实情况——很多人从2020年才开始从事新媒体运营工作！他们过去可能是营销经理、电话客服、门店店长、基层员工、信息播报员，然而，疫情把所有人"一脚踹进"互联网的世界,大家都要或多或少地参与到新媒体运营或者营销中来。

前中央电视台主持人张泉灵说过一段刷爆朋友圈的话。

这个世界因为互联网,发生了巨大的改变。如果你不去理解这种改变,就可能会沦落为上一个时代的人。这个时代抛弃你的时候,连一声再见都不会说。

不仅如此,当时代推着你不得不向前走的时候,不会给你任何准备的时间!

当今世界,正在遭遇百年未有之大变局,我们来看看,互联网到底给普通人带来了哪些"风口"?

中国互联网于2009年进入一个关键性拐点——移动互联网时代。智能手机的普及和移动互联网时代的到来为大众提供了创业的沃土,无数人抓住机会,凭借开发APP完成了跃迁。在移动互联网时代,市场上涌现出大量知名互联网平台,如微博、知乎、美团等巨头,还有无数覆盖人们衣食住行等各方面的垂类"独角兽"。

但此时,普通人更多地停留在"消费互联网"层面,人们逐步养成了在互联网上进行阅读、娱乐等诸多方面的消费习惯。

在这个阶段,互联网行业成为无数年轻人求职时梦寐以求的行业,"程序员""产品经理"等岗位一度成为热门。

2016年,自媒体出现爆发式增长,"人人都是自媒体"的时代真正来临!

这一时期,以"今日头条"为代表的应用智能算法的自媒体平台对原有的互联网格局发起冲击,我正是抓住了这一波红利,才得以实现事业的快速发展。高峰时期,我同时运营头条号、百度百家号、腾讯企鹅号、一点资讯、大鱼号、网易号、搜狐号、悟空问答、凤凰号、新浪微博、新浪看点、知乎等20余个自媒体账号,积累了自媒体运营经验,并成功打造了个人品牌。

各个领域的自媒体"大V"如雨后春笋般层出不穷,内容井喷,呈现出百花齐放、百家争鸣的文化繁荣局面，很多普通人也将分享知识作为副业，获得了不错的经济收益。

与此同时，"知识付费""内容变现""社群运营""网红经济"等概念开始火热，但经过"自媒体大战""千播大战"等商业竞争，流量被瓜分，人们的注意力和时间开始不够用了！

此时，人们只能通过"精细化运营"来获取市场、维系用户，在互联网企业，"运营"相关岗位的分工开始变得明确。

在这个阶段，非互联网企业的互联网运营仍处于起步状态，但非互联网企业中已经有很多紧随时代发展的"弄潮儿"尝试以个人身份运营自媒体账号。人们谈起"新媒体运营"，大多指自媒体运营，或者某些广泛应用新媒体的行业中的新媒体运营，这些行业包括教育培训、微商等。

2020年，一场席卷全球的疫情把所有人卷入了产业互联网时代。产业互联网指的是基于互联网技术和生态，对各个垂直产业的产业链和内部的价值链进行重塑和改造，从而形成的互联网生态和形态。

这时，无论你身处互联网企业还是非互联网企业，无论你是在政府、事业单位任职，还是在民营企业打拼，无论你是大企业的掌舵人还是自由职业者，都必须参与到互联网中。

线下门店因无法开门营业而纷纷尝试线上销售，政府部门也越来越多地使用互联网渠道发布消息、征集民意、管理舆情。

学生只能居家上网课，教师"被迫"体验了直播这种授课方式；因为每天要与学校老师同步孩子的健康状况和行程信息，很多家长开始学习使用钉钉、腾讯会议等协同工具。

因为无法线下聚集，企业培训转为线上培训，很多会议改为线上会议。

……

市场被充分教育了！

令人唏嘘的是,近年来,互联网"大厂"开始逐渐跌落神坛——阿里巴巴、美团等巨头被罚,一波接着一波的互联网裁员潮到来,甚至不时传出一些"独角兽"企业破产的消息,掀起阵阵讨论热潮。

就在互联网企业增长放缓、遭遇困境的同时,非互联网企业却以前所未有的脚步加速互联网转型。

从2020年开始,我先后辅导中国移动、招商银行、海尔集团、中国石油等大中型企业从上到下地全面拥抱直播带货,小微企业也不甘示弱,都想抓住时代的机遇!

个人品牌打造者、自由职业者也正在利用这一机会加速崛起!

如果说过去运营新媒体账号是"锦上添花"的话,未来,新媒体运营技能将成为所有企业和个人的"标配"!

时代的一粒沙,落在每个人身上都是一座山。

很多企业发现:不做新媒体运营不行了!

传统赛道越来越内卷,很多过去有奇效的传统经营方式都失效了,而自己的企业没有做新媒体运营的基因和经验,进入一个全新的赛道,谈何容易?很多人站在十字路口彷徨无措,仰天长叹:"我到底应该怎么办?"

要解决这个问题,我们不妨来看几个真实的客户故事,看看他们是如何做的。

2020年春节期间,我的客户海尔集团遇到了麻烦。因为疫情,线下门店无法营业,公司员工、经销商都一度陷入销售的困境。

他们咨询我的意见,根据市场和企业的情况,我建议他们尝试直播带货。意见被采纳后,我从大年初十开始通过直播授课的方式培训全国各地的海尔员工做直播带货。当时,大多数企业都没有复工,而海尔员工已经活跃在了各个新媒体平台上,很多人取得了不错的成绩,有了信心。

后来,海尔集团不断探索适合自己的直播模式,海尔冰箱甚至首创了"1+N"直

自 序

播,成为标杆式的直播活动——在多家直播平台开展覆盖全国的多场直播,抖音首秀两小时,创造了销售额 2595 万元的好成绩。很多四五十岁的海尔电器门店老板,都学会了使用短视频和直播来轻松销售自己的产品。

两年后,2022 年第一季度,全国各地散发的疫情再度令线下家电生意陷入困境,我又指导方太厨电全国各地的门店走上直播带货之路,通过"微信获客+直播成交",令很多门店在疫情期间实现了业绩的逆势增长!

海尔集团和方太厨电为什么能够利用直播带货在逆境中找到新的突破口?离不开公司支持、赋能所有员工学习和实践。

再来说说我的另一个客户——中国移动。

2020 年,中国移动就做到了从总部到省市,到区县,甚至到每个营业厅都拥有自己的自媒体账号和直播间,在数智化转型的道路上做了很多具有前瞻性的探索。

两年后,中国移动的同行,中国电信才开始重视全国各地的直播带货业务。

此外,政务部门、银行、保险公司、地产商、连锁门店……也都纷纷成立新媒体团队,进行新媒体宣传或营销。

可见,直播带货、社群运营等新媒体运营手段,将逐渐成为企业营销的必备选择,只是启动得或早或晚而已。

虽然成功案例很多,但实际上,非互联网行业从业者在刚刚开始涉足新媒体运营时并不容易,常常会遇到如下三座大山。

第一,员工非专业出身,没有经过系统培训,缺乏运营思维与方法。

比如,中国移动每个省的客服部几乎都成立了新媒体运营团队,但团队成员过去可能是电话客服代表、投诉处理员、渠道管理者,在自己的本职岗位上工作了十多年,突然进入新媒体运营这一赛道,抓不住工作要领,难以胜任新的工作岗位。

第二,公司的重视度和投入不足。

不同于互联网企业相对成熟的运营流程和岗位分工,很多非互联网企业的新媒体运营人员身兼多职,不仅时间、精力不够,资金、政策等支持也经常"缺席"。并且,由于这是一个全新的工作岗位,没有资深员工指导,领导不敢放权,决策者也常常不敢安排投入太多资源,工作推动起来很难。

甚至,有些公司不仅不提供支持,反而加以限制。比如,有的证券公司,员工想开展新媒体运营,合规部门因不懂互联网,为了安全,过度干预,制定不合理的管理制度和要求,使得员工搞得风生水起的新媒体运营事业变得阻碍重重。这样的企业,非常容易发生人才流失,进而失去未来竞争力。

第三,产生效益需要一定的周期。

运营新媒体账号,尤其是企业账号,通常需要先涨粉。涨粉阶段无法立刻产生效益,且多久能出效果也具有一定的偶然性,没有人能给出百分之百的保证。投入产出比难以估算,导致公司在财务预算、绩效考核上存在诸多难点,阻碍着新媒体运营工作的投入和开展。

了解这些挑战后,接下来我们就聊聊怎么办。以上种种,都要求非互联网行业的新媒体运营人员必须具备更全面的能力。

与互联网行业的从业者相比,非互联网行业的新媒体运营人员面对的要求更高,主要体现在以下4个方面。

第一,需要成为"多面手"。有时候,一个人就是一个团队。

比如,某企业的两位市场部员工兼任公司的抖音运营负责人,他们不仅需要自己策划内容、编写脚本、出镜表演、拍摄、剪辑,还需要进行平台维护、粉丝运营、数据分析……工作范围非常广,相当于两个人干一家传媒公司的活儿,对能力的要求非常高!

第二,需要持续不断地进行创意思考。

自　序

很多非互联网行业的新媒体运营人员过去的工作流程非常清晰，分工明确、产出稳定，而新媒体运营不是一项标准化工作，无论是内容创作，还是用户运营，需要考虑的因素更多，需要处理的信息更杂，对创意的要求更高。

第三，需要持续学习与快速迭代。

比如，同样一个活动策划，在广东地区执行有效果，在东北地区执行就不一定有效果。有没有效果，只有试了才知道。更重要的是，测试后要立刻进行复盘、优化，才能在之后的执行中不断获得好的效果。

做新媒体运营工作的人，必须是爱学习、会学习的人，必须是具备快速试错、快速迭代能力的人，而这种工作方式，与非互联网企业的基因或制度时有冲突，需要"走出舒适区"！

第四，需要热爱与勤奋。

我给企业培训过的主播，已达12万人，我发现，能把直播做好的人，大多数是真的热爱这件事、愿意投入大量时间学习和钻研这件事的人，仅仅把直播当作一份工作的人是很难成功的。热爱是做好一件事的原动力，勤奋是成功的必要条件，在任何领域、任何行业都是如此。

所以，正在看这本书的你，如果过去所做的新媒体运营工作成果不明显，可以反思是否达到了以上要求。

基于当前新媒体为非互联网行业带来的机遇和挑战，为了解决企业和个人做新媒体运营时的真实痛点，本书应运而生！

本书为非互联网行业的新媒体运营人员量身定制，将从实际现状与行业趋势出发，深度梳理实际工作中要克服的困难，提供快速成长的可复制经验。

全书共分为8章，重点讲解四大板块。

第1～2章，总体介绍新媒体运营的前世今生和底层逻辑。详细讲解了新媒体运营到底要做什么，怎么做；补充介绍必要的心理学、营销学和传播学理论。

第3～5章，介绍新媒体内容的生产与呈现形式。详细讲解了文案写作中爆款文案的思维特点和写作技巧；短视频策划、制作、运营的方法论与实操技巧；直播策划、执行的全流程与实操技巧。

第6～7章，介绍新媒体运营的具体手段与实操技巧。包括以抖音、微信公众号及视频号、微博、小红书、B站为代表的公域平台运营策略与技巧，以及基于微信生态的私域平台运营策略与技巧。

第8章，回答新媒体运营人员日常工作中常遇到的问题，重点介绍新媒体运营中高频使用的工具，包括素材获取、热点把握、软件实操等。

书中，每章都配备了相应的实训内容，这些实训内容都是我在企业培训中给学员做的真实训练任务，经过反复试验，落地性非常好。只要你能按照要求做一遍，就能真正掌握书中的内容，从"看到"到"做到"！

此外，本书还配套附赠资料包、知识地图、PPT课件、视频、读者学习社群等，确保读者不仅仅是获得启发，还能真正掌握书中讲解的知识与技能。

读者可以扫描下方的二维码，关注作者的公众号"傅一声"，按书中提示回复关键词获取各类资源；也可以关注编辑部的公众号"博雅读书社"，输入图书77页的资源提取码，下载本书配套资源。

傅一声

博雅读书社

本书既有宏观的新媒体模式与玩法指导，又有具体的实操方法论，能够切实解决绝大多数非互联网行业新媒体运营的难点。由于科技日新月异，市场变化越来越快，本书未来将不断迭代与完善，不足之处，欢迎读者批评指正。

目 录

第 1 章
运营地图：新媒体运营何去何从

1.1　运营之痛：天下苦运营久矣　/ 003
1.2　运营之路：新媒体运营的变迁　/ 012
1.3　运营之核：新媒体运营的 3 个核心目标　/ 018
1.4　运营之巅：运营人员的能力提升　/ 025

·本章实训　/ 034

第 2 章
运营思维：运营人必学的底层逻辑与思维

2.1　洞察人性：社会影响的隐秘力量　/ 039
2.2　读懂用户：人人必学的消费心理学　/ 045
2.3　营销策划：经典营销理论的应用　/ 058
2.4　核心思路：搞定流量搞定人　/ 067

·本章实训　/ 073

第 3 章
文案写作：爆款内容创作模板

3.1　原则：新媒体文案的爆款思维　/ 078
3.2　标题：10 万 + 文章的标题套路　/ 085
3.3　写法：高手的 4 种创作结构　/ 094
3.4　故事：让故事替你说话　/ 103

·本章实训　/ 114

第 4 章
短视频：短视频策划与制作技巧

4.1　定位：人设、选题与形式的三大定位　/ 119

4.2　创意：轻松写出创意好脚本　/ 131

4.3　导演：拍摄、剪辑与导演课　/ 143

4.4　应用：如何用小成本做出高业绩　/ 158

· **本章实训**　/ 168

第 5 章
直播：直播高手修炼手册

5.1　直播模式：不同企业的直播打法　/ 172

5.2　人：优秀主播养成记　/ 187

5.3　货："4+1"带货策略　/ 201

5.4　场：直播间搭建 3 件事　/ 211

· **本章实训**　/ 223

第 6 章
公域流量：抖音、公众号、视频号、微博、小红书、B 站运营

6.1　抖音运营　/ 227

6.2　微信公众号与视频号运营　/ 242

6.3　微博运营　/ 261

6.4　小红书运营　/ 269

6.5　B 站运营　/ 280

· **本章实训**　/ 289

第 7 章
私域流量：企业微信 / 微信、朋友圈、社群运营与社交裂变

7.1 企业微信 / 微信：客户开发、维护与管理 / 293
7.2 朋友圈：打造高信任、强转化的朋友圈 / 319
7.3 社群运营：服务型、学习型、人脉型、团购型社群实操 / 334
7.4 社交裂变：微信裂变 5 步实操技巧 / 347

· **本章实训** / 354

第 8 章
互联网工具：15 个常见的运营问题

8.1 怎样快速找到各类网站？ / 356
8.2 如何语音转文字？ / 357
8.3 如何一键导出视频中的文字？ / 360
8.4 怎样防止侵权？ / 362
8.5 图片素材哪里找？ / 364
8.6 视频素材哪里找？ / 367
8.7 音频素材哪里找？ / 369
8.8 如何找热点？ / 370
8.9 如何快速制作高质量海报？ / 372
8.10 如何轻松制作 H5 页面？ / 374
8.11 如何找表情包？ / 376
8.12 如何制作二维码？ / 379
8.13 运营必备的表单如何做？ / 380
8.14 如何用 OBS 进行直播推流？ / 382
8.15 直播时如何进行绿幕抠图？ / 386

后 记 / 387

第1章

运营地图：
新媒体运营何去何从

经常有学员和朋友向我咨询："学新媒体运营，应该考什么证？"我全面了解了一下才发现，市面上的各种证书太多了！有"互联网营销师""全媒体运营师""新媒体运营师""直播销售员""电子商务师"等，发证机构五花八门。有的证书是我非常熟悉的，比如"互联网营销师"，我本人就是标准制定者与考官之一；还有的证书，我觉得非常陌生，研究后发现，只是名称看起来"高大上"的非正规证书。

无论你问到哪个证书，我的回答都非常明确——除非你现在有特别刚性的需求，否则，都不需要去考。

为什么？因为新媒体运营工作是一项考验实战能力的工作。在不同的行业、不同的企业，面对不同的人群，运营思维与方式各不相同，空有证书是没有什么说服力的，即有证书≠胜任新媒体运营工作。所以，花费大量的金钱和时间去考证，没有太大必要，不如把这些资金投入到购买相关书籍、购买设备和软件等地方，将时间用在向高手请教、进付费社群学习上。

新媒体运营人员，真正需要的不是证书，而是掌握新媒体运营的系统思维方式和技能，就好比为自己绘制一张地图，知道自己在哪里、应该到哪儿去、怎样到达想去的地方、路上会遇到什么困难，以及如何解决那些困难。在绘制这张地图前，前辈们大多会语重心长地告诫后来者一句："天下苦运营久矣！"

1.1 运营之痛：天下苦运营久矣

在给企业培训的这些年里，关于新媒体运营，我接到过各式各样的培训需求，大致统计一下，30%左右的需求是通用需求，70%左右的需求是个性化需求。

比如，虽然直播培训是通用需求，但有的企业是在自家APP上直播，需要针对该APP的用户人群与产品特点进行直播策划；有的企业是在同花顺上直播，需要根据同花顺的功能特点和投资产品来设计话术；有的企业有十多个渠道，要分别直播，需要学会在不同的平台上获取流量并争取转化……

缺乏经验的新媒体运营人员，摸索到规律很难，往往走了很多弯路，始终找不到出路，而市面上，能够真正解决个性化需求的老师少之又少。

不仅企业"痛"，个人学习新媒体运营也"痛"！很多朋友在运营个人新媒体账号前，大量看书、看网课，但始终找不到发力点、突破口，个人新媒体账号的数据长期不温不火——很用心，但付出和收获似乎并不成正比。为什么会出现这种现象？因为大多数人以为最重要的是掌握新媒体运营的某项技术，连变现模式和个人定位都没有想明白就埋头耕耘，徒有技术，无处施展，结果就是频受打击。

所以，了解当前企业和个人在新媒体运营方面的现状和痛点，能够帮助我们更理性、更全面地认识新媒体运营，从别人的经验或教训中找到灵感和启发！

运营之巅：
非互联网行业的新媒体运营

一　企业：努力半年，掉粉 2000

2021 年，我给中国移动的互联网运营团队做咨询辅导，该部门一共有 7 位职工，承担了微信公众号、抖音、微博、支付宝、快手、公司 APP、智能客服、企业微信、用户微信群、官方网站等 10 个平台的运营工作。他们习惯把这些平台称为"客户触点"，通过这些客户触点来服务与维护客户。

> **小贴士**
>
> 客户触点指潜在客户或客户在购买商品之前、购买期间或者购买之后与品牌接触的点。

该团队已成立一年，情况如何呢？

以抖音平台为例，账号前半年积累了 8000 个粉丝，后半年，经过大家不懈的努力，抖音粉丝量从 8000 人掉到了 6000 人。对，你没有看错，经过大家半年的努力，粉丝量不仅没有涨，反而掉了 2000 个。同事们每天精心地策划、制作视频，认真地改进拍摄和剪辑技术，但阅读量一日不如一日，大家都很沮丧。

在互联网运营团队成立之初，公司定下了"通过短视频与直播等新媒体运营方式实现销售额 1500 万元"的目标，实际上销售额只有 300 万元，且利润率不到 5%。

领导和团队成员都陷入了纠结。不干吧，这是集团公司的重大战略，是一块必须啃下的"硬骨头"；干吧，不知该如何下手。不投入吧，新媒体运营工作很难有起色；投入吧，不知何时能达到理想的投入产出比，没有把握。

针对这一问题，我进行了一次关于运营目标及现阶段问题的调研，如表 1-1 所示，是我收集的团队调研表的一部分，分享给读者，帮助大家理解非互联网行业中具体的新媒体运营工作。

第 1 章

运营地图：新媒体运营何去何从

表 1-1 某企业互联网运营团队运营状况调研（节选）

运营模块	运营目标	现阶段问题
直播	1. 项目完成后，团队收入达到 30 万元 2. 团队在全国直播大赛中获奖 3. 主播通过主播认证考试	1. 缺流量，现有渠道对直播间的引流有限 2. 商品品类单调，异业产品的谈判及成交难度大 3. 直播间环境简陋，待装修 4. 设备采购费用待审批 5. 视频号的部门归属不明确，运营不便
短视频	1. 抖音账号涨粉至 3 万 2. 出现 2 条以上点赞量超过 1 万的爆款视频 3. 团队在短视频创作大赛中获奖	1. 视频关键指标数据较低，如完播率、播放量和点赞量 2. 账号定位不明确、不精准，且不知道如何定位为好 3. 短视频创作面临"精心制作的视频效果反而不好"的困境 4. 创作人手有限，产量不高 5. 创作思路局限 6. 缺乏变现途径，不知如何提升销售额
微信公众号	1. 提升图文阅读率 2. 提升产品转化率	1. 标题、软文、平面素材创意较少，阅读量不高 2. 用户画像维度少，产品转化率不高
企业微信	1. 先试点，再推广 2. 形成运营考核、话术、执行标准等方面的运营手册	1. 不知怎样激励与管理全体员工运营企业微信 2. 不知与用户互动时应该发什么，不知怎样降低用户的流失率 3. 推送频率不好把控

表 1-1 中的信息比招聘信息中的"岗位描述"更加真实，更加具有参考性。招聘信息中的描述大多是无法量化的形容词，如"理解""熟练""掌握"等，直到

投入真实的运营工作，才发现原来大大小小的挑战这么多。

针对这些问题，我将运营团队分为图文组、视频直播组与企业微信组，通过"线下+线上"协同工作的方式，辅导他们进行运营工作改进，如表1-2所示。

表1-2 傅一声为某公司新媒体运营团队辅导的记录

工作	时间	时长/频次	地点/工具	内容与组织形式
线下辅导	8月	4天（2次）	公司会议室、直播室、移动营业厅	1. 新媒体运营能力培训 2. 短视频创作辅导 3. 短视频大赛辅导 4. 直播辅导 5. 企业微信运营培训
	9月	4天（2次）		
	10月	2天（1次）		
线上辅导	8月	8次	腾讯会议、微信群	1. 运营人员一对一调研与答疑 2. 工作复盘 3. 线上选题会
	9月	4次		
	10月	4次		

经过3个月的不懈努力，一度陷入瓶颈的抖音号终于涨了超10万粉丝，产生5个阅读量超百万的视频，并制造了一个现象级话题，一举跻身头部企业抖音号的行列，同时，出镜频率较高的主播都成了被众多粉丝喜爱的"网红"。

可见，在企业的实际运营工作中，把握明确的方向、沉淀规范的流程、培养运营团队、提升运营能力、在细节中不断发现并解决问题，便能够早日步入正轨。

个体：从"互联网难民"到"互联网移民"

从上述案例中，大家可以明显感受到非互联网行业中的企业在做新媒体运营时的不容易，但实际上，个体做新媒体运营，更困难！

自新冠肺炎疫情席卷全球以来，很多行业受到了不小的冲击。以培训行业为例，

第 1 章
运营地图：新媒体运营何去何从

因疫情原因，传统的线下培训很难开展，大量已经确定好的培训、签订好的咨询业务因为培训师无法去现场而取消，很多培训师甚至连续两三个月收入为零！

在这种情况下，新媒体转型是培训师的出路之一！

我的朋友苹果老师，是我见过的最优秀的企业咨询师与教练之一，因为疫情，她开始尝试在线上推动企业咨询项目的交付与落地。

苹果老师是1977年生人，她自嘲地说自己以前是"互联网难民"，因为觉得使用互联网太难了，所以有一定的抵触心理。但现在，她戏称自己为"互联网移民"，从工业时代"移民"到互联网时代。

过去，她从未在线上开过一场会议，也没有使用线上平台学习和交流的习惯，突然要"拥抱互联网"，有些手足无措。但她有着极佳的基本功，对于企业工作中的系统化、流程化要求了如指掌——她是很多非互联网行业精英人士与超级个体的代表。

非互联网行业的优秀工作者如何跨入互联网？苹果老师身体力行地做出了尝试！她不仅自己开始走出舒适区，而且还带领着数位企业老板、企业高管、教练、培训师，一起踏上转型互联网的"英雄之旅"！

苹果老师从2021年8月开始学习新媒体运营，实践了2场线上公益分享课、5期线上训练营、8个企业项目和无数次社群交流，截至2022年4月，短短半年多的时间，她已经完成了知识产品线上化、咨询项目线上化、人际交流社群化，同时帮助很多身边的朋友学习和应用新媒体工具，掌握新媒体运营方法，俨然成了一名新媒体运营的效能专家！

苹果老师是如何在这么短的时间内从传统工作者顺利转型成为新媒体运营高手的？在我看来，有以下几点关键原因。

原因一：系统学习。她系统地研究与学习了线上运营的逻辑与方法论，什么不会就学什么，我们经常开会讨论到凌晨一两点，如图1-1所示。

图1-1 傅一声与苹果老师的深夜开会记录

注：图片由苹果老师提供

原因二：深度思考。她一直在深度思考已有的工作如何用互联网实现，尝试把产品运营、商务运营、项目管理、信息管理等复杂工作用互联网系统解决，颠覆和创新了很多玩法。

原因三：不断迭代。每次进行线上工作时，她都会不断尝试不同的玩法，不断迭代与创新。

原因四：付出足够的时间。她的训练和实践时长非常惊人，以为期一个月的"企业顾问训练营"来说，她录制了26节视频辅导，做了8次直播课、9次录播课，辅导每个小组6~8次，如图1-2所示，综合下来，一个训练营，她给学员做了47个小时的线上交付！如果加上备课、复盘、学习软件等时间，她每天用于提升互联网运营能力的训练和实践时

图1-2 "企业顾问训练营"的课程表

第 1 章
运营地图：新媒体运营何去何从

间是极多的，量变到一定程度，必然会引起质变！

苹果老师曾说："新媒体运营是身处互联网时代的每个人都必须掌握的基本功，无论你愿不愿意！"我深以为然。

确实，新媒体早已不是"风口"，逐渐变成了当前绝大部分人会用到的工具，新媒体运营，也将逐步成为绝大部分人要掌握的一项基本技能。

三 案例：新媒体运营到底干什么？

从中国移动和苹果老师的案例中，我们能够"管中窥豹"地看到新媒体运营在企业和个体中的现状——有一定的挑战，但只要坚持用正确的方法，目前的机会非常多、收益非常大！

那么，新媒体运营到底是什么？新媒体运营从业者，到底应该做什么呢？

黄有璨在《运营之光：我的互联网运营方法论与自白》中写过这样一句话："运营岗位和运营工作职责是高度不标准的。"

我长期为企业和超级个体提供新媒体培训和咨询服务，陪伴过无数团队，这里，为大家详细揭秘各行各业典型代表的新媒体运营情况。为了保护学员隐私，以下人名皆为化名。

Amy是中国移动某省公司的一名客服代表，她过去负责10086热线的投诉业务，在该岗位工作了15年。2020年下半年，她开始兼职做公司的视频主播。她非常热爱这份工作，每次培训都积极参加。由于人手少、任务重，她几乎每天都要加班到凌晨一两点，遇到大型直播活动，甚至连续整月不回家，用她自己的话讲，"我比明星还忙"。经过一年的努力，她的能力突飞猛进，后因公司对这块业务的人手和资源投入持续不足，她在万般无奈下离开了奋斗15年的国企，现在是以新媒体运营技能为生的创业者。

小战是一家大型银行的理财经理，主要职责是帮助客户做好资产配置和财富管理。近年来，银行网点的中青年客户越来越少，举办各类线下活动也很难邀约到高净值客户来参与。为了完成业务指标，他每天工作繁忙，但是收效甚微。因为对直播有浓厚的兴趣，他报名参加了"银行主播训练营"，并开始在银行APP和自己的微信视频号里坚持做直播，通过直播来宣传银行福利、财商思维、理财方法等。通过直播，他认识了很多新客户，激活了不少存量老客户，很多附近的粉丝来银行网点时都指名找小战经理办业务。目前，完成业务指标对小战来说已经不是困难的事情了。

梦竹是2021年4月跳槽到一家证券公司的90后职场新人，她手上没有客户积累，而使用公司传统的客户营销方式拉新客户时收效甚微。于是，梦竹发挥年轻人的优势，尝试做自媒体运营。她先后尝试运营过抖音、今日头条、微博、快手等账号，发现比较适合自己的是今日头条，于是，她每天在今日头条上发布财经短视频，围绕投资者感兴趣的话题进行分享。经过几个月的努力，她拥有了自己的粉丝群，虽然只有两万人，但是粉丝对她非常信任。她把粉丝从今日头条引流到微信群，通过提供优质的服务，让粉丝们主动开立证券账户与购买基金。运营了一年今日头条账号后，她成功帮助180人开户，粉丝购买基金3000多万元。而且，这些由粉丝转化来的客户都把梦竹当作老师，对她非常尊敬与信任。今年，梦竹已经不需要发愁如何引流新客户了，因为这些老客户都已经让她忙不过来了。

千喜曾经是公司的微信公众号小编，经过5年的工作，他的微信公众号编辑能力越来越强，文章的阅读量却越来越低。为此，他不得不以运营公众号为中心，开始向外辐射，陆续把微信视频号、微信群、朋友圈、企业微信等都运营起来。工作内容多了，难度大了，但效果越来越好！

……

我问千喜："你觉得新媒体运营从业者，到底应该做什么呢？"

他告诉我："运营是块砖，哪里需要往哪搬！"

从以上几位同学的经历中，我们可以看出：非互联网行业的新媒体运营工作范围广、内容杂、要求高，且工作重点常处在快速变化中。

如果要回答"新媒体运营到底是什么？新媒体运营从业者到底应该做什么？"这类问题，可以从不同维度进行分析。

从运营职责来说，非互联网行业的新媒体运营需要综合利用各种媒介技术和渠道，采用数据分析、创意策划等方式，对信息进行加工、匹配、分发、传播、反馈。

从运营内容来说，非互联网行业的新媒体运营人员需要综合做好内容运营、用户运营、活动运营等模块的工作，有的公司甚至还涉及投放、店铺运营、社群运营等工作。

从运营流程来说，包括策划、引流获客、用户留存、粉丝促活、转化变现等各个环节。

新媒体运营工作对从业人员的要求高不高？非常高。难怪市场上，优秀的新媒体运营人才非常稀缺，高薪都挖不到人。

各个企业的新媒体运营人员，几乎是全公司最忙的一群人，但也是成长最快、最富激情和创意的一群人，他们正在快速打造自己的核心竞争力！

1.2 运营之路：新媒体运营的变迁

"天下苦运营久矣"的根源之一便是新媒体运营总是在变！"变"，是新媒体与生俱来的属性。

什么是新媒体？是利用数字技术，通过计算机网络、无线通信网、卫星等渠道，以及计算机、手机、数字电视机等终端，向用户提供信息和服务的传播形态。从空间上来看，"新媒体"特指当下与"传统媒体"相对应的，以数字压缩和无线网络技术为支撑，利用其大容量、实时性和交互性，可以跨越地理界线最终得以实现全球化的媒体。

新媒体是伴随着信息技术的发展不断变化的，当前公认的新媒体，也许在未来会被归为传统媒体。比如，10年前，百度搜索是新媒体，如今，百度搜索在很多人的概念中已经不算是新媒体了。

回首新媒体运营的岗位发展历程，与中国的互联网进程基本一致。在部分时期，从事运营工作的岗位甚至不叫"运营"，而是有其他称呼。接下来，我们一起回顾新媒体运营的历史变迁，因为理解新媒体运营的历史演变过程，有助于我们了解它的现在、展望它的未来。

一 机遇：新媒体运营的历史演变

在新媒体出现之前，传统的四大媒体分别为电视、广播、报纸、杂志，此外，还有户外媒体、电梯广告等。网络是新媒体诞生的基础条件，从 2G、3G、4G 到 5G，新媒体伴随着信息产业，几乎呈指数级增长。关于我国新媒体发展阶段的说法众多，总体而言，主要阶段与重大里程碑节点如下所示。

1994 年，中国实现与国际互联网的 TCP/IP 全功能链接，成为互联网大家庭的一员，标志着我国正式接入国际互联网。

从 1994 年到 1997 年，国内的互联网产品形态以"门户网站"和"BBS"为主，那时的运营工种被称为"网络编辑"或"BBS 管理员"。

自 1998 年开始，中国的互联网迎来一波小浪潮，BBS 论坛迎来"黄金时代"，腾讯 QQ 诞生，运营的重要性开始凸显——"在线推广"和"社区管理"成为很重要的工种。

自 2001 年开始，互联网世界发生了巨大的变化。网游兴起，以淘宝为代表的电商迅猛发展，百度如日中天，中国网民激增，进入"流量为王"的时代！大家纷纷争抢流量入口，跑马圈地。新浪、天涯等一线互联网公司开始设立"运营"这一岗位。

2005 年前后，由用户主导内容生产的 Web 2.0 时代到来，涌现出优酷、土豆、豆瓣、博客、人人网等平台，网络热点事件频发。人们开始借助网络进行信息传播，2005 年到 2009 年，运营方面的主要工种是"网络推手""事件营销"与"传播策划"等。

2009 年，中国互联网进入一个关键性拐点——移动互联网时代。智能手机的普及和移动互联网时代的来临为大众提供了创业的沃土，无数人抓住机会，凭借开发 APP 完成了跃迁。在移动互联网时代，涌现出大量的知名互联网平台，如微博、知乎、美团等巨头，还有无数覆盖人们衣食住行等各方面的垂类应用。

在这个阶段，互联网行业发展迅猛，工作体面、工资高、福利好等原因，使得互联网企业成为无数年轻人求职时最梦寐以求的归宿。"微博运营""程序员""产品经理"等岗位一度成为热门。

2016年前后，自媒体数量激增，"人人都是自媒体"的时代真正到来！ 在这个阶段，涌现出大量自媒体平台，如头条、百家、企鹅、大鱼、搜狐、简书等。当时的头部互联网企业几乎都有自己的自媒体平台，于是，各个平台上的自媒体账号如雨后春笋般冒出，多元化内容井喷式发展。

"知识付费""内容变现""社群运营""网红经济"等概念开始火热，运营自媒体账号的人越来越多，以"斜杠青年"为主。

随后，经过"自媒体大战""千播大战"等激烈竞争，流量被瓜分，企业必须通过精细化运营来获取市场和维系用户。在互联网企业，"运营"相关的岗位分工更加明确，"新媒体运营""社群运营"以及更多的细分工种出现。

2020年，一场席卷全球的疫情将所有人都卷入了产业互联网时代，无论是互联网企业还是非互联网企业，无论是政府、事业单位还是民企，无论是大企业掌舵人还是自由职业者，都不可避免地要在互联网上宣传或营销。

在几乎所有行业，"新媒体运营"成为标准配置，"新媒体运营"下还可以细分出"直播运营""新媒体策划""短视频编导""微信运营"等工种，各公司叫法不一，差异甚大。

挑战：非互联网行业的劣势

运营岗从互联网行业普及到所有行业，为无数职场人带来职业发展的新机遇！

然而，在非互联网行业做新媒体运营，很难！一方面，非互联网行业的新媒体运营岗往往由老员工兼任或者转岗承担，这些人缺乏专业的新媒体运营思维和方法，上手慢；另一方面，有些公司的产品可能根本不适合在新媒体上推广，想要借助这一渠道，得花一些心思、投入一些成本，强行运营，就像戴着锁链跳舞！

此外，还有一些行业、企业，本身就在新媒体运营方面受到各种限制，比如金融、医药等行业，会受到严格的监管；国企、央企，要考虑公司形象和社会责任等，很难"放开手脚"。

那么，有人会问："他们招聘一些有经验的运营人员来承担这类工作不就行了吗？"

未必！很多有经验的互联网行业运营人员，进入非互联网行业后，常常会感到"水土不服"。

有一次，我在成都给某金融公司的员工上课，课间，一位同学跑过来向我诉苦："傅老师，我以前是江小白的新媒体运营负责人，也算是经验丰富了，来到这家公司以后，这不让干，那不让干，我好郁闷啊！"

互联网行业的新媒体运营与非互联网行业的新媒体运营存在较大的差距，主要包括以下几个方面，如表1-3所示。

表1-3 互联网行业与非互联网行业新媒体运营工作对比

对比项	互联网行业	非互联网行业
工作环境	互联网环境	非互联网环境
岗位	专职专岗，团队相对完善	大多没有专岗，或者人员较少
员工来源	校园招聘的优秀毕业生或者同行业跳槽来的资深员工	内部转岗、其他岗位兼职或招聘来的新人
分工	多数岗位分工明确，少量岗位分工不明确	大多数岗位分工不明确，人员身兼多职
产品	根据互联网开发的产品，运营起来更方便	传统产品，甚至受到严格限制的产品（如金融产品、医药产品），运营难度大
用户	年轻人为主，或某类人群	各类人群，用户画像不清晰
资源	有专项资金，有推广资源	缺乏资金支持与推广资源，财务流程拖慢工作节奏

（续表）

对比项	互联网行业	非互联网行业
薪资	薪资待遇高，有激励制度	薪资待遇无较大变化，缺乏激励制度
考核	考核标准明确，指标明晰	考核标准与指标不明确，甚至很多团队不敢承担绩效指标，只能作为辅助者
培训	内外部培训完善	缺乏系统培训，大多靠"自我摸索"

突破：一个人就是一个团队

在非互联网行业，往往"一个人就是一个团队"。

运营一个新媒体账号，其难度不亚于运营一家公司，需要有创业者的素质和激情。

有一次，知名短视频导演小策（B站UP主：导演小策）和著名导演贾樟柯对谈。

贾樟柯说："其实，你们短视频这个行业的运营者，是作者、制片人、编辑集为一体的，电影要幸运一点，我们是高度分工的，专门有人考虑流量的问题，专门有人考虑资金的问题，导演不用在意这些事情。"

确实，对于短视频导演来说，可能一个人既是导演，又是编剧、拍摄师、剪辑师、演员，作品创作完成以后还要负责编辑发布、账号运营、数据分析等，一个人干几个人的活儿。如果不具备完善的思维和全面的能力，根本无法胜任！

更扎心的是，短视频制作与发布只是新媒体运营中的一部分工作，还要结合直播、社群运营等工作，运营才能真正见效。

那么，为什么不组建一个完整的团队呢？

不好意思，这样可能失败得更快！因为你们还没有跑通整个路径，没有探索出适合自己的模式，越早固化岗位标准，越难做出成绩。

必须经历"什么都要干"的阶段，才能熬出头。

我有大量的小白学员因抓住了新媒体运营的机遇而升职加薪，或者自主创业，改变了自己的命运；也遇到过大量的员工在抱怨和迷茫中"做一天和尚撞一天钟"。

在新媒体的世界里，不拼背景，不拼学历，拼的是坚持和才华！

如果不理解新媒体运营的目标，在复杂多变的运营工作中，很容易"迷失方向"。

1.3 运营之核:新媒体运营的3个核心目标

俗话说,方向不对,努力白费。那么,新媒体运营的方向在哪里?在新形势、新渠道中,如何做好新媒体运营?最重要的是清楚我们需要通过新媒体运营达到什么目标。新媒体运营只是手段,不是目标,目标才决定方向。

不同的体制,不同的组织,不同的阶段,运营目标完全不一样。总体来说,新媒体运营的目标有3个维度,分别是宣传、服务和营销。

一 宣传:品效合一与粉丝效应

宣传是所有组织和个人在新媒体运营过程中最容易实现的目标。

用户在哪里,我们就应该去哪里宣传。

QuestMobile数据显示,2022年1月,全网用户人均单日使用网络的时长达到6.9小时,即使是被称为"银发人群"的50岁以上人群,平均网络使用时长也达到了6.2小时,增长很快!

如今,人们工作与生活的方方面面都离不开手机,线上消费市场也在悄然发生变化。QuestMobile数据显示,2022年1月,全网用户使用移动互联网最多的领域分

第 1 章
运营地图：新媒体运营何去何从

别是移动社交、移动购物、移动视频、系统工具、金融理财、出行服务、新闻资讯、移动音乐、办公商务。

用户网络使用时长的变化与消费习惯的变迁，直接决定了新媒体成为宣传的主阵地。

正所谓"山不过来我过去"，商家通过用户喜闻乐见的内容和形式，增加品牌的曝光度和产品的曝光度，虽然本质上还是在打广告，但与传统的电视广告、户外广告相比，有着革命性的不同。

第一，新媒体广告可以实现"品效合一"。

什么是"品效合一"？"品"指的是品牌效果，"效"指的是实际销售转化，"品效合一"就是在打造品牌的同时，实现销售转化。新媒体广告的效果易于追踪，便于量化，因此，很多平台采用"按结果付费"的模式。

这类广告，一般被称为"硬广"。

用户在刷视频时，突然刷到一条如图 1-3 所示的中国联通的电话卡广告，一看套餐方案很诱人，便点击进入广告页面，填写了自己的姓名、电话、家庭地址。几个小时后，用户所在地附近的联通营业厅的工作人员送卡上门，当场完成开卡流程。

从广告曝光，到完成销售，整个路径明确且高效。

图 1-3　中国联通的"B站创意广告"

销售一张卡付出了多少广告费，品牌方一算便知，再也不会出现广告大师约翰·沃纳梅克说的"我知道我的广告费有一半是浪费的，遗憾的是，我不知道浪费的是哪一半"的现象，品牌方可以少花冤枉钱。

第二，新媒体给了所有人"免费打广告"的机会。

只要有好的内容、好的创意，即便是广告，用户也看得津津有味，自愿下单。这类广告被称为"软广"，如图 1-4 所示。

截至2022年3月，中国联通客服在抖音平台发布的短视频已经吸粉458万，仅跳舞视频就获得了1.4亿观看量，客服与用户的日常对话类视频获得近4亿观看量。这些粉丝因为喜爱中国联通客服发布的短视频作品，对联通的兴趣大大提高，不仅优先办理联通的业务，甚至将移动卡、电信卡携号转网到联通，联通因此得到了大量新用户。

图1-4 中国联通客服的抖音平台主页

中国联通客服的成功吸引了越来越多的企业、政府部门、创业者效仿。

第三，从"客户"到"粉丝"，新媒体帮助企业获得粉丝效应。

企业投放"软广"、对官方账号进行运营，可以使很多客户成为企业的粉丝，大大拉近企业与客户之间的关系。

以上文提到的中国联通客服为例，很多客户因为喜欢看中国联通客服的视频，对联通的好感度和黏性与日俱增，甚至出现"携号转网"换用联通卡的"换卡潮"，这就是我们经常说的"粉丝效应"。

除了官方账号、企业员工中的"大V"可以获得粉丝效应外，其实，每个员工都可以借助新媒体运营获得粉丝效应。

最常见的应用便是"从电话营销到企业微信运营"。

很多非互联网企业的电销部门，过去以打电话营销为主，近年来，电话的接听率越来越低，且客户非常容易产生反感、厌烦情绪，于是，这些企业开始尝试把客户导入企业微信，通过集中运营来实现客户转化。

企业微信运营和电话营销有什么区别呢？很明显，客户对于电话营销的感知大多是"推销"，而好的企业微信运营，是用有血有肉的人设与客户沟通，让客户从我们的"微信好友"逐步升级为"铁杆粉丝"，有了这样一层关系，客户的忠诚度和复购率自然更有保障。

目前，我正在辅导金融行业、汽车行业、教育行业、电信行业的客户做这方面的实践，效果非常好。

总体来说，新媒体运营能够提升营销效率，而粉丝效应能够降低营销成本。

服务：提升满意度与忠诚度

"客户服务部"是很多非互联网行业中的企业尝试做新媒体运营的"先锋部队"，为什么这么安排？原因很简单，通过新媒体运营，可以大大提升客户的满意度和忠诚度，满意度和忠诚度提高了，对口碑和效益都大有裨益。

我给很多企业的客户服务部做过培训，有前瞻性的企业正在从提供传统的电话客服转变为提供5G视频客服、直播客服——他们努力将客户导入企业微信，担任起"管家"这一角色，用更亲切的态度、更丰富的形式做服务。

用新媒体运营驱动客户服务，是非常有意义，且有技术含量的事儿。

中国移动负责客户服务的公司承担着"中国移动线上渠道的生产运营者""在线服务的全网提供者""全网生态合作运营的支撑者""智能化营销服务能力的构建者"等职责定位。

中国移动整合外部互联网、10086微信公众号、10086支付宝生活号、抖音、

10086 APP等各个渠道，进行集中统一运营，探索了很多用新媒体服务客户的模式，举例如下。

①客户家里的宽带坏了，过去要预约维修工程师上门维修，如今打电话给10086客服，客服可以通过5G视频服务在线帮助客户诊断问题，假如发现是光纤插头松了，客户自己就能立刻修好。

②移动客服和公安厅合作开展"防范电信网络诈骗"公益直播，宣传海报如图1-5左侧图所示。

③中国移动"总经理接待日"直播间面对面为客户解决问题，宣传海报如图1-5中间图所示；全球通的"星动日直播"为全球通客户普及各项权益等，宣传海报如图1-5右侧图所示。

④通过抖音、微信公众号、B站为客户赠送福利，提供省话费攻略，引导客户"一证通查"等。

图1-5 中国移动系列化直播

注：图片由中国移动四川分公司提供

用新媒体做服务的过程中，不少企业打着服务的名义，干着推销的事，这无异于"饮鸩止渴"。时刻牢记服务的本质,以服务促营销,方能不忘初心。

营销:找对鱼塘钓大鱼

通过新媒体运营促进营销,是大多数企业的终极目标。

能否通过新媒体运营触达客户、影响客户、刺激客户,实现营销的目标,已经成为企业能否决胜于未来的关键!

这背后,有的企业是将过去线下的动作放在线上重新做一遍;有的企业则是开创了全新的战场,使用了全新的战法。

借用《鱼塘式营销》中的说法,把客户比作鱼儿,客户的聚集地就是鱼塘。新媒体是超级大鱼塘,找对鱼塘才能钓到大鱼。

我的客户方太厨电,他们家的集成灶、洗碗机等都是体验感很强的产品。过去,客户往往在线下体验后才会购买,现在,员工积极做直播,在直播间通过趣味活动、见证实验等,让更多的潜在客户与老客户同时在线上体验,营销效果非常好!

实际上,新媒体运营往往是既做了宣传,又做了服务和营销,三者相辅相成,互为助力。

我经常接到来自商家的这样的咨询:"我想在抖音平台卖货。我不想发视频,不想涨粉,也不想花钱投放,就想简简单单卖点货,要求不高,第一年赚个几千万就行了,老师,您给培训一下,怎么才能做到?"

我听完后憋住笑,问:"你为什么觉得0粉丝、0作品、0投放,能赚钱?"

"我听抖音里的很多'大V'说××就是这样挣到钱的,他说只要跟着他学习就可以做到!"

"那你为什么不去跟着他学习呢?"

"我报了他的课,没有效果,所以我就来找您了。"

这就是典型的被"割韭菜"了。遇到这类充满妄念的商家,我只能露出尴尬但不失礼貌的微笑，然后逃之夭夭。

> **小贴士**
>
> "割韭菜"为网络流行语，泛指被人忽悠，造成钱财损失。

新媒体运营不是"玄学"，更不能靠运气。

把新媒体运营当作投机来做的人一定要小心，凭运气赚到的钱，终有一天会凭本事亏掉。

我们只有抓住事物的核心规律、锻炼正确的认知与思维方式、掌握高效的方法和工具，才能取得成功！

1.4 运营之巅：运营人员的能力提升

新媒体给无数年轻人提供了改变命运的机会，我本人就是受益者。对于未来抓住更多新媒体的机会获得更大的发展，我充满信心！

2012年，我在上大学，当时我的理想是成为全中国最优秀的培训师，于是，我在大学期间自学课程设计和授课技巧，开发了《学生干部的领导力》《学生会中层干部的管理能力》《演讲与辩论》《时间管理》等十多门课程，针对学生群体进行培训。为了宣传自己，我开设了微信公众号，通过公众号发布课件、分享观点，在校园内有不小的影响力。

毕业后，我先后在政府机关、500强外企、银行等单位工作，业余时间都用来运营自媒体账号，正好赶上"知识付费"，既赚到了钱，又积累了很多创作和运营经验。

2017年，我毅然辞去了父母眼中的好工作，一边创业，一边做企业咨询，摸索新媒体在企业发展中的应用。

2019年，我成功转型为新媒体培训师。

我成长在PC互联网和移动互联网时代，因为抓住了一次又一次的新媒体"风口"，从一个普通的农村小子顺利成长为自己梦寐以求的培训师，活成了自己想要的样子！

今天，无数年轻人想通过新媒体实现弯道超车；无数中年人想通过新媒体实现转型升级、创造人生的更多可能，说实话，抓住新媒体运营这一"风口"，可以说是找到了成功率最高的途径。

我有幸陪伴很多企业从0到1做新媒体运营，非常清楚在企业中，尤其是在非互联网行业的企业中做新媒体运营的痛点。新媒体运营这个工种出现的时间不长，且快速变化，人才极缺。

企业到底需要什么样的新媒体运营人员？我们应该从哪些方面来提升和锻炼自己？我总结了7项新媒体运营人员必备的关键能力，并将其绘制成"新媒体运营能力平衡轮"，是新媒体运营人员的胜任力模型。每项能力的总分是10分，我们可以为自己或者团队成员打分，一目了然地看到提升空间。

比如，某新媒体运营人员的各项能力估值及对应的平衡轮如图1-6所示。

能力项	现状估值	理想估值
逻辑思维	5	10
策划能力	6	10
内容创作	4	10
平台运营	5	10
用户经营	8	10
管理协同	3	10
工具实操	3	10

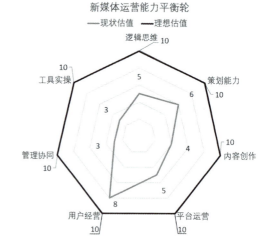

图1-6　某新媒体运营人员各项能力分析图

接下来，我将对上述7个能力项进行详细拆解，帮助新媒体运营人员建立正确的评价标准，明确提升方向。

逻辑思维：变化中的不变

新媒体运营人员必须具备较强的逻辑思维能力。掌握线上运营的逻辑，是我们应对变化、持续成长的基本保障。

互联网的世界变化非常快，平台的规则不断完善，持续涌入的用户带来海量的信息，小到一条标题的撰写，大到品牌的全案策划，背后都需要新媒体运营人员有清晰的逻辑和适应新媒体的思考方式。缺乏逻辑思维的人，在互联网的世界里将疲于奔命、无所适从，比如，很多人发现自己做新媒体运营时只会跟着直觉走，或者只会模仿他人，这便是需要提升逻辑思维能力的表现。

那么，优秀的逻辑思维指什么呢？最重要的是，要看到变化之外的不变之处。

著名央视主持人白岩松在江西财经大学演讲时曾分享过一个故事，他说："我曾问过一位哲学家，为什么现在的医学、科技等各方面的进步都如此之快，但人们仍然需要一二百年前的音乐去抚慰心灵？哲学家只回答了一句话，人性的进步是很慢的。"

一个人，能够洞察人性、把握规则、用正确的方式思考问题，比能够抓住一个热点、学会一个套路重要得多。

策划能力：无可取代的你

做任何活动，都离不开精心的策划，策划能力是一项综合性非常强的能力。

很多企业会与第三方影视公司合作做企业宣传片，最常见的流程是，企业作为甲方，把需求告诉作为乙方的第三方公司，由乙方写脚本、拍摄视频并完成后期剪辑。经过几轮的讨论和修改，乙方终于不负众望地做出了一个"高大上"的视频，甲方非常满意，立刻将这个视频投放于抖音、微博、朋友圈、微信群……然而，经常出现的一种情况是，不仅这个视频没人看，甚至多发几个这样的视频后，账号就被限流了。

很多企业不解：问题到底出在哪里？

问题在于，仅仅投放企业宣传片就能收到良好宣传效果的时代已经一去不复返了！

如今，用户在各个新媒体平台浏览内容，3秒钟没有被激发兴趣，便把视频划走了，谁还愿意用几分钟看一个企业宣传片？

"孤芳自赏"的企业宣传片和用户喜爱的短视频，这背后的差距就是策划能力的差距。乙方可以帮甲方把视频拍得更酷炫、剪辑得更高级，但无法帮甲方完成策划工作。

2022年5月21日，小满节气，奥迪联手刘德华发布了一则视频，视频中，刘德华围绕小满节气讲了一番人生哲学。这个视频发布后引起了强烈的反响，在微信视频号中的点赞量、转发量超10万，在奥迪官方微博中的播放量超455万、点赞量超1万，在刘德华抖音中的点赞量更是超500万。

然而，当晚就"翻车"了。

自媒体人"北大满哥"发布视频《被抄袭了过亿播放的文案是什么体验》，视频通过逐字对比的方式，证明奥迪广告的文案几乎是对他已发布文案的照搬全抄。

奥迪的这条广告，从"刷屏"到"翻车"，仅用了不到24小时。

这次事件给我们的启示是：无论是从效果的角度考虑，还是从风险的角度考虑，我们都不应该把策划工作完全交给第三方，无可取代的你，才是"全村的希望"。

内容创作：内容营销时代

企业宣传片的时代已经过去，内容营销的时代正在到来！

产品为王、渠道为王的时代已经过去，内容为王的时代正在到来！

2021年，抖音生态者大会上，抖音电商的负责人康泽宇提出了如下观点。

抖音电商是一种兴趣电商，是基于人们对美好生活的向往，满足潜在的购物兴趣，

第 1 章
运营地图：新媒体运营何去何从

提升消费者生活品质的电商。现在，大量的内容创作者涌现出来，让更多优质的商品可以有更多的机会以更好的内容形式展现出来，也可以让商家有机会找到这些创作者，去触达他们的粉丝和商家的消费者。

这段话非常精准地描述了以抖音为代表的新媒体平台上用户的消费心理，用户每天被内容吸引兴趣，被内容引导需求，被内容激发购物欲望，被内容推动着做出判断！

内容是连接我们与用户的"桥梁"，是获取互联网流量的"筹码"，是用户选择我们的"理由"。

关于对"内容为王"的理解，提醒所有朋友，一定要重视内容的表达形式。没有无形式的内容，也没有无内容的形式，内容决定形式，形式依赖内容，内容和形式是辩证统一的关系。

如今，内容的展现形式有很多，比如图文、海报、H5、手绘、动画、视频、直播、虚拟现实等，这些形式没有优劣之分，用什么形式，取决于你的选择和适用程度。

四 平台运营：抓住流量密码

平台运营能力，指的是掌握主要平台的运营方法和技巧，并快速适应不断涌现的新平台的能力。

新媒体带来的机会，说到底是新媒体平台带来的机会，抓住平台给予的机会，就是抓住了"流量密码"。平台的快速发展期有流量红利、平台的成熟期有商业机会，这些都是我们平常所谈的"风口"的具体指向。

新媒体平台主要分为两类。

1. 外部平台

微博、抖音、微信等平台，都是外部平台，因为这些平台有足够多的用户，所以给我们带来了无限商机。我们可以在这些平台上做宣传，借助平台提升服务质量，也可以在平台上发现潜在客户，进行引流，甚至可以直接在平台上完成销售与交付的全过程。

2. 内部平台

内部平台即企业自主开发或购买的平台，比如 APP、会员系统、客户管理系统、ERP 系统、SAAS 系统等。

无论是外部平台，还是内部平台，虽然每个平台的调性和机制不尽相同，但是运营的逻辑、流程和绝大多数技巧是相通的。

这就好比真正会做饭的大厨，无论是用农村的大锅灶，还是用先进的电磁炉，都能做出好吃的饭菜。能力是相通的。

至于实操中的具体技巧与经验，必须在实践中总结和迭代。

五 用户经营：重构客户关系

无论运营哪个平台，本质是经营好对应平台上的用户。

新媒体改变了人们交流的场合和方式，在新媒体上，我们该如何与用户沟通？需要掌握以下 3 个原则。

1. 平等化

在互联网上，大家是相互平等的，心态需要更加包容和开放，语气需要包含更多尊重和友好。

2. 生动化

在见不到对方的情况下，怎样将我们的情绪、情感通过文字或者视频传达出来？

需要我们表现得更加生动，减少信息失真，从而引起用户的关注或重视。

3. 多样化

面对不同的对象，有不同的表达方式。比如，对年轻人说话，多一些活泼；对中年人说话，多一些理解；对老年人说话，多一些耐心；对认知水平较低的人说话，需要"接地气"；对认知水平较高的人说话，需要适当加强理性和逻辑性表达等。

六 管理协同：新的工作方式

在用户经营和内部工作中，新媒体运营人员必须具备线上项目管理和协同作战的能力，这些能力，被统称为管理协同能力。

新媒体改变了人们的工作方式。

工业时代的工作方式是分工明确、职权清晰、各司其职。

互联网时代的工作方式则完全不同，企业常常需要组建临时项目组，抽调多部门、多层级的同事在一起工作，重新分配工作职责和权力。自由职业者甚至需要采用"U盘式"工作方式，即自带信息、不装系统、随时插拔、自由协作，大家根本没有上下级关系。

我们与客户的关系也变得更加多元化，我们的客户可能既是消费者，又是我们的分销员，还是我们的合伙人。因此，管理协同能力极其重要。

七 工具实操：效率提升秘诀

身处互联网时代，终身学习是逃不掉的。

做新媒体运营，必须做好准备，随时根据需要，掌握各类新工具的操作方法。每个运营者都是一个快速学习者，只有这样，才能不断地发现新的"风口"，乘风破浪。

要把一个视频中的文案整理出来,最原始的方法是一边看视频,一边记录视频中的文案。这样操作没有问题,但是,如果需要整理20个视频中的方案呢?这种做法的效率就太低了。

于是,我们学会了使用提供语音转文字功能的软件,一边播放视频,一边同步把文案提取出来,省去了手工记录的麻烦。

但是,每个视频播放一遍,也需要时间,若视频播放需要10分钟,我们就得等10分钟,若一个视频播放10分钟,20个视频,3个多小时就过去了。

能不能再快点儿?可以。我们可以把视频批量下载下来,使用飞书软件,迅速将视频中的文案提取出来。

可是,又遇到了新的难题——视频不允许下载,怎么办?其实,使用浏览器的"审查元素"功能,可以下载所有视频。

还有没有更快的方法?有!只要复制视频链接,粘贴到轻抖、迅捷等软件中,便可一键提取视频中的文案。

很多朋友读到这里都惊呆了,原来使用不同的方法,工作效率可以差几千几万倍!

在新媒体运营中,对工具的学习是无止境的,需要什么,当场学习什么即可。

那么,我们怎么知道什么时候应该用什么工具呢?要学这么多,岂不是很累?实际上,只要牢记以下4点原则,便可轻松玩转各类工具。

1. 切忌畏难

对所有新出现的工具,保持开放的心态,不要有畏难情绪。畏难情绪,是不断进步的绊脚石。

2. 触类旁通

很多工具的使用方式是相通的,只要学会一样,加以总结,便能轻松学会同类工具的使用方法。比如，如果你会使用 Pr（Adobe Premiere Pro 的简称，是由 Adobe 公司开发的一款功能强大的视频编辑软件）剪辑视频，学习使用剪映便非常轻松。

3. 留心观察

平时经常留意着使用哪些工具可以实现哪些效果，这样，需要使用时去搜索操作方法即可。

4. 善于搜索

把自己想要实现的效果清晰地描述出来，在百度、抖音、知乎等平台上搜索，便可以找到想要的答案。

本书的第 8 章为读者总结了新媒体运营人员常用工具的使用方法，学会这些，足以应对大多数新媒体运营工作。

本章实训

 运营目标分解练习

明确自己所负责的新媒体运营工作的主要目标,并进行目标分解。

目标分解的维度应该根据企业的实际情况确定,如表1-4所示,表中维度仅作示范,以供参考。

表1-4 运营目标分解实例

目标	宣传方面	服务方面	营销方面
分解目标1	例:形成包括10个平台的矩阵	例:将500万存量客户导入企业微信	例:客户复购率提升50%
分解目标2	例:全网阅读量超2亿	例:客户满意度提升35%	例:从外部平台成功引流5000个新客户
分解目标3	例:抖音涨粉100万	例:客户教育	例:直播带货销售额达8000万元

 客户触点梳理练习

盘点企业或自身的客户触点,分"内部平台"和"外部平台"两部分进行。

内部平台:

第 1 章
运营地图：新媒体运营何去何从

外部平台：

 运营能力分析练习

根据"新媒体运营能力平衡轮"为自己的运营能力打分，并写出提升计划，如表 1-5 所示。

表 1-5 新媒体运营能力平衡轮

能力项	现状估值	理想估值	如何提升
逻辑思维			
策划能力			
内容创作			
平台运营			
用户经营			
管理协同			
工具实操			

第 2 章

运营思维：
运营人必学的底层逻辑与思维

朋友,你听说过"抖音玄学"吗?

①开通抖音号后,每天要刷2个小时,连续刷一周才能开始发视频,这叫"养号"。

②发视频时不要点"+"号上传,只有使用隐藏的"上传"按钮发布的视频才有机会上热门。

③新号不要投放Dou+,否则后期一旦停止投放,就会彻底失去流量。

④同一个视频,发第2遍时大概率会火。

⑤怎样投放可以爆火?第2天投第1天的第3条视频,第3天投第2天的第4条视频,以此类推。

……

以上列举的5条"定律",都是广为流传的"抖音玄学",一条比一条离谱。然而,抖音上有很多"大师","主业"就是教这些"套路",你要是信了这些,不仅大概率无法玩转抖音,而且还要被他们"割韭菜"。

很多人本想走"捷径",结果走了很多"弯路",回过头来终于相信,"你永远无法赚到你认知范围之外的钱,除非靠运气;但是靠运气赚到的钱,最后往往会靠实力亏掉"。

透过现象看本质,只有提升认知,把握规律,才能找到快速变化中的不变,以不变应万变。那么,新媒体运营人员需要提升哪些认知?把握哪些规律?

新媒体运营涉及的学科颇为广泛,对运营人员综合素质的要求较高。根据经验,运营人员必须了解心理学、营销学、传播学的部分理论。

洞察人性：社会影响的隐秘力量 2.1

为什么人们喜欢扎堆去网红点打卡？

为什么抖音上的魔性舞蹈会引发全民模仿？

为什么我们会不由自主地喜欢某些博主，并成为他们的粉丝？

为什么鸿星尔克、白象方便面等民族品牌会突然爆红？

……

这背后都是"社会影响"在起作用。什么叫社会影响？我们以为自己是在独立地做决定，却总是不知不觉地被周围的人影响，这就是"社会影响"。

社会影响在新媒体领域的应用极其广泛，如果我们能够洞察社会影响如何发生作用，不仅可以看透各类现象背后的本质，而且能让社会影响为我们所用——简单且巧妙地影响他人的行为和决策。

一 从众效应：巧妙引导他人

社会影响中最广为人知的当属"从众效应"，也被称为"从众心理"。很多人都知道从众效应，有时甚至明知道自己在从众，仍然无法抵挡从众效应的魔力。

什么是从众效应？即个体在群体的影响或压力下，放弃自己的意见或违背自己的意愿，使自己的言论、行为保持与群体一致的现象，通俗一点说，就是"随大流"。

吃饭时选择人多的餐厅、"双11"忍不住在网上购物、在直播间的抢购氛围中下单购买自己本不需要的商品、在网上玩梗……都是从众效应在起作用。

"从众"不是一个贬义词，而是中性词。从众没有好坏之分，它只是一种客观存在的心理现象。

这里，我们重点探讨人为什么会从众，以及如何利用这些原理来助力我们的新媒体运营。

1. 直觉从众

他人的选择可以为我们提供参考，帮助我们节省不少时间和精力，虽然很多时候我们自己也没有把握，但直觉告诉我们——"这样会更好"。

比如，读者更容易相信点赞数多的文章；消费者更倾向于购买好评多的商品等。

从这个角度出发，努力让自己的产品、思想、内容显得"更受欢迎"，会大大提高吸引力和信服度。

想做到这一点，一方面，要做好"数据"，用事实说话，用数据说话；另一方面，可以多维度增加他人的"现身说法"，比如客户证言、名人推荐等。

2. 选择从众

当人们发现自己的行为和意见与群体中大多数人有分歧时，会感受到一种压力，这会促使他们采取与群体一致的行为。这是因为大多数人都希望得到社会认同，希望自己能够被他人所接受，至少不要被排斥。

很多人明明有自己的想法，但还是遵从大多数人的选择，我们称之为"选择从众"。

让我们的产品传达正确的价值观、显得更潮流、更正宗，都能增加社会认同。

3. 行为从众

有时候，我们知道其他人做错了，却依然跟着做出了错误的行为，这种行为上的从众源于"模仿"。人类从出生就开始模仿，绝大多数的模仿行为都是在无意中发生的。

新媒体平台上，行为从众更是表现得淋漓尽致。大家所熟知的抖音，便是善用了模仿的力量，获得了爆发式发展。

抖音最初的定位是一款音乐创意短视频社交软件。传统的音乐短视频（俗称"MV"）拍摄门槛太高，不容易模仿，于是，抖音把音乐、台词、剧本都准备好，并且给予示范，用户只需要"有样学样"，表演不到 15 秒即可，这大大降低了普通人的拍摄成本，增加了趣味性，易于模仿。抖音上早期成名的网红，大多数是在舞蹈、手势舞、对嘴表演等方面为网友做出示范的达人。

如何利用这一原理？著名的乔纳·伯杰教授在他的畅销书《疯传：让你的产品、思想、行为像病毒一样入侵》中指出：要让我们的产品和行为具有公共性，便于模仿。

此外，如果你想与别人达成共识或者拉近距离，模仿他人的行为也能有效地增加对方对你的好感，这一点在沟通和谈判中非常实用。

二、差异化效应：打造个性化

一位小众音乐人在网上火了，出于从众效应，越来越多的人开始关注他。然而，在这位音乐人还不出名时对他不离不弃的粉丝此时选择离他而去。

这是一个很有意思的现象。

为什么会这样？为什么某些事物超级流行时，就会出现反对的声音？

因为对一部分老粉丝来说，这位音乐人爆红以后，喜欢他的人太多了，"喜欢他"不再让我显得有品位了，不再让我跟别人有区分了，所以我现在需要告诉别人"这不是我喜欢的"。这便是"差异化效应"在起作用。

"逆反效应"也有类似的体现：大家对商品或服务的兴趣与市场需求成反比，拥有或使用某种东西的人越多，人们对该事物的兴趣越低。这一点，在奢侈品行业特别明显。

这里的"逆反"不是指青少年表现较多的叛逆心理，而是指我们每个人或多或少都有的想要与众不同的心理，人类天生追求一定的差异化和个体独立性。

人们聚集在互联网上，形成了群体，群体会让人们"去个性化"，同样也让人们要求一定的"差异化"。

该原理提醒我们：要让我们的产品持续流行，就要提供多样的产品线。有的产品是大多数人会选择的爆品；有的产品是少数人为了保持自己的独特而选择的个性化产品，因为互联网的长尾效应，这些市场不容小觑。更有意思的是，也许过几年，爆品和个性化产品会交换位置，曾经的流行成为个性，曾经的个性变得流行，这在市场上早已被无数次论证。

三 温情效应：把握创新的分寸

如前文所述，从众效应会让我们做出和他人相同的决定，而差异化效应会让我们追求与众不同。

这不是自相矛盾吗？

事实上，这两项看似有矛盾的效应并不是单独发挥作用的，人们并不仅仅单纯地想要模仿他人或者与他人区分开，而是想要让自己与他人在某些地方相同，某些地方不同。

某公司的一位中层经理升职为高管后，想要购买其他高管都选择的宝马汽车，在他心中这是身份的象征。因为其他高管的宝马汽车大多是黑色或白色的，于是他选择了橙色的宝马汽车。

为什么要选择颜色不同，但品牌相同的汽车，而不是选择其他品牌的汽车呢？

这便是"温情效应"在发挥作用。

什么是温情效应？就是人们会对熟悉的事物或者人更有好感。足够的相似性，能够在人们心中产生温情效应。

理解这一点非常重要，因为它揭示了"人们更容易接受什么事物"的原理。温情效应的应用太广泛了，包括如下3点。

①产品创新时，将熟悉感和差异化融合在一起，更容易为消费者所接受。

②内容创作时，选题之间不要有过大的跨度。

③打造人设时，最主要的人设标签保持不变，同时增加一些辅助标签，会显得更有魅力。

四 社会助长效应：有效激励用户

他人不仅会影响我们的选择，还会激励我们的行动，这同样是社会影响中不可忽视的隐秘力量！

很多人都有过这样的体验：与他人一起跑步，会比独自跑步时的表现好；拥有多年驾龄的资深驾驶员在新手乘客的赞美声中，能将汽车一次性稳稳地倒入停车位。

为什么会这样？

这是"社会助长效应"在发挥作用。

社会助长效应指他人在场时，人们会有更好的表现。即使人们之间并非合作或竞争关系，"他人在场"也会影响人们的行为。

基于该效应，"围观""打卡""挑战"等方式成为新媒体活动策划中的常见方式，互联网让"在场"这件事变得更简单，线上即可完成。

但"他人在场"一定会激励我们表现得更好吗？

很多人发现，如果让我们计算一道复杂的题目，我们是不希望他人在场的；对于刚考完驾照的新手司机来说，停车时围观和指导的人越多，越容易手忙脚乱。

这又是怎么回事？

这个问题一直困扰着斯坦福大学的心理学教授鲍勃·扎荣茨（Bob Zajonc），他经过研究发现：如果任务很简单，或者参与者很熟练，观众的存在能够促进其表现；如果任务难度高，或者参与者不熟练，观众的出现就会妨碍其表现。也就是说，"他人在场"究竟会带来怎样的影响，取决于任务的复杂程度和参与者的熟练程度。

理解了这个规律，我们在进行活动策划、游戏设计、竞赛时，才能善用社会助长效应。

小贴士

人本质上属于社会动物，无论你有没有意识到，社会影响都在方方面面左右着我们的行为。从众效应、差异化效应、温情效应、社会助长效应只是社会影响中的冰山一角，要做好新媒体运营工作，平时需要多留心，多学习，掌握更多的心理学原理并为己所用。

为了帮助大家更透彻地了解社会影响的隐秘力量，我为大家推荐以下相关好书。

①《乌合之众》，古斯塔夫·勒庞著。

②《疯传：让你的产品、思想、行为像病毒一样入侵》，乔纳·伯杰著。

③《传染：塑造消费、心智、决策的隐秘力量》，乔纳·伯杰著。

④《影响力》，西奥·迪尼著。

⑤《粘住：为什么我们记住了这些，忘掉了那些》，奇普·希思著。

⑥《习惯的力量》，尔斯·杜希格著。

2.2 读懂用户：人人必学的消费心理学

我培训过超 12 万人次的非互联网行业的学员做直播，我发现，直播带货做得最好的，不是长相最好看的，不是口才最好的，也不是操作软件最熟练的，而是原本销售能力就很强的学员。

为什么线下销售高手在新媒体平台上更容易取得好业绩？

因为他们更了解用户，懂得用户的所思所想，知道用户做决定前会考虑哪些因素，从而进行正确引导。

相比线下的面对面沟通，在线上与用户打交道时，缺少表情和肢体语言等信息的传达，如果不能正确把握用户心理，沟通和成交的成功率会大打折扣！

有一门学科专门研究消费者的所思所想，叫"消费心理学"，主要研究内容是消费者在消费活动中的内心活动和行为规律。消费心理学是所有新媒体运营人员的必修课。

消费心理学是心理学的一个重要分支，具体内容涉及消费活动中人们的感觉、知觉、情绪、情感、意志等，系统性非常强，应用范围非常广。

本节介绍 5 个重要的消费心理学知识，分别是心理账户、沉没成本、比例偏见、损失规避和锚定效应。

一 心理账户：怎样让用户舍得花钱

每年春节，我都会分别给爸爸和妈妈一个红包。我爸拿到红包不到两秒钟，就被我妈没收了。我妈满面春风地把两个红包里的钱汇总到一起，熟练地点完金额以后开始念叨："加上之前的××元存款，现在是××元，我都给你存在一张卡上……"我劝我妈把这些钱拿去花，她不同意；我爸想抽出几张当零花钱，也不行。

你们家有没有发生过类似的事情？给父母钱，他们不舍得花，我们该怎么办？

要解决这个问题，我们首先要分析这个问题的本质。

每个人都有两类账户，一类是经济学账户，另一类是心理账户。收到100元钱，这是经济学账户概念；这100元钱是什么钱，这是心理账户概念。简单来说，心理账户就是每个人心里都有几个放不同性质的钱的小账户，把钱分门别类地存在了不同账户里。

继续分析以上案例，我妈拿到红包后，首先放进了"整钱"账户，然后进一步放进了"给儿子存的钱"账户。这怎么可能会花掉呢？就算给晚辈发压岁钱时用到了这笔钱，她也会在几天内补回来。

理解了这点后，我想到了一个好方法。此后，每年除夕前后，我会时不时地给父母一些钱，每次只给三五百，也不全是百元的面额，他们便把这些钱放进"零钱"账户，放心地花了。后来，他们学会了使用微信支付，父母在微信上收到了红包，就更能无心理负担地随便花了。

微信的设计者好聪明，在微信上通过红包这一渠道收到的钱，都归在"零钱"里，反复提醒用户"这是零钱啊，就当零钱花呀"。

了解了心理账户，运用到商业活动中，就是我们要懂得让用户从他最有钱的心理账户里花钱。

用户到底有哪些心理账户？哪些心理账户比较有钱？哪些心理账户里的钱更舍

得花？我们至少需要掌握以下几点有关心理账户的知识。

1. 心理账户的组成结构

（1）零钱账户

为什么微信里的零钱总是用得快速且悄无声息，为什么100元钱破开以后就花得特别快？因为这些钱在我们心中被放在零钱账户里，零钱用起来往往不会深思熟虑。根据大数据统计，200元以下的产品更容易让用户冲动消费。

（2）整钱账户

如果你的年终奖只有200元，大概率转身就买点好吃的安慰一下自己；如果你的年终奖是20万元，大概率会去理财，或者规划大的家庭支出。这是因为，20万元被放入了整钱账户，零钱是用来零用的，整钱是用来整用的。

（3）情感账户

很多人不舍得给自己买东西，但是给长辈买礼品时出手阔绰，请朋友吃饭时毫不犹豫，这是因为买礼品的钱、请朋友吃饭的钱在他心里被放在情感账户里。给消费赋予情感的意义，是商业活动中最常见的营销手段之一，巧克力、钻石、玫瑰花、礼品装产品，都是典型的例子。

（4）休闲享乐账户

很多人平时不舍得打车，但是旅游时打车毫不心疼；平时买个菜算得很精细，在旅游景点吃饭时却对价格不敏感，这是因为旅游时花的钱被放进了休闲享乐账户。在承受了长时间的压力和辛劳后，很多人进行"补偿性消费""报复式消费"时，多数会花休闲享乐账户里的钱。

（5）成长与发展账户

我本人对物质生活的要求很低，不舍得在衣食住行方面花钱，但是为学习成长花钱时眼睛都不眨，每年要花10万元左右在买书、买课程方面。因为在我心里，这些钱被放在成长与发展账户里，是值得花的。大家要意识到，如今人们越来越舍得为孩子的成长、成人的精进付出了！

以上是几个常见的心理账户，除此之外，我们还可以根据用户画像，DIY 更精确的心理账户。

> **小贴士**
>
> "DIY"是"Do It Yourself"的英文缩写，意思是自己动手制作。

装修公司给客户报价时，经常会说"这个方案让您家的可利用面积增加了 2 平方米，一平方米 3 万，相当于赚了 6 万元""这个方案帮您省下四五平方米的面积"等，就是在引导客户：我帮你从"买房账户"里省了钱，让客户忽略从"装修账户"里支出的钱。这里的"买房账户"和"装修账户"，便是根据实际情况，给客户 DIY 的心理账户。

我们要改变用户对产品的感知和接受度，得想办法将与产品有关的支出从他不愿意花钱的心理账户，转移到愿意花钱的心理账户。

2. 巧用心理账户

了解心理账户的原理和组成结构后，我们该如何巧用心理账户助力运营呢？有以下几种方法。

（1）化整为零

比如，空调企业宣传自己的产品"一晚只要一度电"，读书会宣传自己的会员费"每天只需一元钱"，让用户将支出从整钱账户转移到零钱账户。

再如，蚂蚁花呗、京东白条等互联网金融平台将用户的一次性高额消费转化为多次有偿的小额消费。

这些方式，总结起来即"降低消费额度"，都是运用较多、转化率较高的巧用心理账户的方式。

（2）善用类比

将自己的产品类比成一个用户愿意为之花钱的事物。比如，买房是为了拥有一个家，度假是一种生活方式等。

（3）提升价值

比如，花10元可以看一部付费电影，花15元则可以在一个月内看所有电影，你会选择单次付费还是包月服务？这个技巧在推广内容、服务、工具产品中被广泛使用。

（4）强调情感

强调产品和服务为人际关系带来的好处、为亲朋好友带来的好处。比如，江小白的广告这样说：你以为我们喝的是酒，其实我们喝的是友情。

一般来讲，男人更舍得为"义气"花钱，女人更愿意为"魅力"花钱，父母更愿意为"（孩子的）成绩"花钱，子女更愿意为"孝心"花钱……对应的心理账户，就是相对容易有所支出的心理账户。

（5）描绘美好

描绘美好体验，让用户愿意"奢侈一把"。比如，广受女性消费者喜爱的宜家家居，将家具从女性不感兴趣的五金器械硬件方面转移出来，对所有家具进行现场展示，供消费者体验，从而激活消费者关于生活态度、为家庭付出的心理账户。

（6）让用户试用

为用户提供试用机会，激活用户的更多心理账户，继而刺激购买。比如，电信公司推出免费试用几个月的各种权益、视频网站策划会员周卡赠送活动等。

（7）强调收益部分

金钱的损失，会给其他方面带来哪些收益？强调收益部分。比如，很多人买保险、买保健品，买的不是产品本身，而是产品带来的"安全感"。

"世事洞明皆学问，人情练达即文章"，新媒体运营的核心是人，把人的心理研究明白了，策划任何活动都会得心应手。

沉没成本：怎样让用户自愿成交

客户请你吃饭，你吃不吃？

你帮了客户的忙，客户给你发了一个小红包表示感谢，你收不收？

你会拜托客户为你帮忙吗？

以上3个问题，我问过很多学员。在不涉及腐败、违规操作的情况下，依然有很多学员给出了否定的回答，有的出于不好意思，有的出于服务意识，有的怕麻烦客户，给他人留下不好的印象。

我有一个学员，每次给客户服务后，都会对客户的感谢"照单全收"，然后再用其他方式还回去，比如，经常没事找事地拜托客户帮忙，从小忙到大忙，不断"得寸进尺"。然而，她的人缘并没有因此受损，反而连续10年都是公司的业绩冠军，客户遍及国内外。

我正好认识她的一个大客户，就采访了一下这位大客户，问他为什么这么信任该学员。大客户想了半天，慢悠悠地说了一句话："我还真的没仔细想过这个问题，你这么一问，我感觉好像我是看着她一路成长起来的，觉得有责任帮她。"

这是什么道理？这背后潜藏着"沉没成本"的规律。

1. 什么是沉没成本

所谓沉没成本，是已经付出了且无法收回的成本。一个人在某件事上投入的沉没成本越大，放弃的可能性就越小！因为人们大多不愿意接受"之前所有的付出都将付诸东流"这样的结局。

沉没成本不仅仅指金钱，还可以是时间、精力和情感。

再次强调，沉没成本包含4类：金钱、时间、精力、情感！

在新媒体运营工作中，我们常常让用户为我们花时间、花精力、花情感，这类付出的门槛很低，且不易察觉，却可以大大增强用户对我们的"亲切感"，甚至是"责任感"。只要用户肯为我们花时间、精力或情感，花钱就是水到渠成的事情。从这个角度来说，内容营销充分利用了这一规律。

2. 巧用沉没成本

了解了什么是沉没成本，接下来，我们聊聊如何用好沉没成本。在这里，我给大家6个建议。

（1）用内容留住用户的注意力

一旦用户花了时间，说服用户的机会就会大大增加，因为用户很可能会为了"付出的时间"买单。

（2）收取定金

对于需要进行复杂决策的交易，收取定金是促成交易的有效手段之一，因为在这种交易中，用户离开谈判场所后受其他因素影响的可能性很大，而一旦交了定金，定金就变成了沉没成本，为了避免损失，用户放弃交易的可能性会降低。

通常，定金的金额越高，用户后续放弃交易的可能性越小。但是，定金过高，会增加用户下决心交定金的难度。所以，确定定金金额时需要把握好分寸，如果用户不愿意交定金，可以适当降低定金金额。

（3）突出沉没成本

某爆款美白霜，曾经打磨了如下一版广告文案。

为了和他约会，你花了3个晚上，逛了4个商场，选了5件衣服和饰品，刷爆了2张信用卡，结果出门后发现自己皮肤黝黑，瞬间没了自信。

商家反复用数字提醒你，为了达成目标，你已经付出了很多，就差最后一步，不能放弃啊。突出沉没成本，借此让自己的产品显得更为重要，这是常用的文案套路，具体操作步骤如下。

第一步，描绘一个对用户来说非常重要的事情，如约会、升职等。

第二步，描绘用户在做这件事情前会做哪些准备，最好用数字量化，显得更加直观。

第三步，告诉用户，整件事情，很可能因为缺少了你的产品而失败。

（4）收取会员费

无论是沃尔玛山姆会员店、知名酒店品牌华住，还是京东、美团等电商平台，甚至连时代峰峻、乐华娱乐、哇唧唧哇等国内领先偶像厂牌都开始引入付费会员制，令人诧异的是，此举不仅没有"劝退"用户，反而大大刺激了用户的消费，这也是沉没成本在起作用。

这里要提醒大家，通过收取会员费增加沉没成本确实有效，但让用户心甘情愿地支付会员费并不容易，需要同时考虑下文即将提到的"比例偏见""损失规避""锚定效应"的作用。

（5）点明反向沉没成本

什么叫反向沉没成本？即我们为用户付出了多少成本。心理学上有一个"互惠效应"，即一旦人们感觉别人已经为自己付出了很多，就会产生深深的愧疚感，这会促使人们做出补偿对方的事情。

（6）提供赠品与增值服务

假如你开了一家自助餐厅，大多数顾客因为付出了"沉没成本"，都想着尽可能"吃回本"，于是大吃特吃，甚至想要"扶墙进，扶墙出"，怎么办？

如何减少"票价"，即每顿饭的"沉没成本"对顾客心理的影响，是解决这个问题的关键。一位经济学家曾研究过这个问题，实验发现，顾客收到优惠券后，吃的东西明显少了。为什么呢？因为顾客在收到优惠券时，感觉已经回了一部分本，于是"吃回本"的目标强度有所降低。

因此，在用户为你付费以后，给用户送赠品，或者送大量增值服务，会抵消一定的沉没成本，降低用户对你的期待。

因为"心理账户"和"沉没成本"的应用非常广泛且复杂，我们用了较大的篇幅来介绍，建议大家在新媒体运营中多多应用。

比例偏见：怎样让用户感觉划算

两家看起来几乎一模一样的餐厅，各自对自己家的麻婆豆腐做促销活动。

A 餐厅的招牌是：原价 20 元，折扣价只要 10 元。

B 餐厅的招牌是：原价 30 元，折扣价只要 20 元。

你觉得去哪家餐厅用餐更划算？

从省钱的角度来说，第一家餐厅便宜了 10 元，第二家餐厅也便宜了 10 元，省的钱是一样的。但大多数人会感觉去第一家餐厅用餐更划算，为什么？因为第一家餐厅便宜了一半，即降价 50%，而第二家餐厅只便宜了 33% 左右。

虽然省的钱是一样的，但是 50% 的折扣比 33% 的折扣让人感觉更划算，这就是"比例偏见"。

人们常常会被"看起来占到了便宜"的心理所影响，因此，利用比例偏见营造更划算、更实用的感觉，成为常用的营销技巧。

比例偏见有两种常见的用法。

1. 巧用"显性比例偏见"

显性比例偏见，即人们不顾基数不同，单纯用数字来感知折扣的力度。

情境一：30 元的商品现在只卖 15 元，降价 15 元，即降价 50%。

情境二：300 元的商品现在只卖 270 元，降价 30 元，即降价 10%。

如果这件商品是 30 元，我们宣传折扣，宣传标语定为"直降 50%"；如果这件商品是 300 元，我们则宣传数值，宣传标语定为"直降 30 元"。

这一用法的要点在于——低价产品宣传折扣比例，高价产品宣传折扣数值。

2. 巧用"隐性比例偏见"

假如设置抽奖活动，有两个方案。

方案一：一共10个选项，只有1个选项是有奖品的。

方案二：一共100个选项，有10个选项是有奖品的。

你觉得哪个方案更吸引人？

实际上，中奖率都是10%，但是人们大多会觉得第二个方案更有吸引力，这就是"隐形比例偏见"在起作用。同等比例下，让数值整体变大，也是提升吸引力的有效方法。

四 损失规避：怎样让用户易于接受

诺贝尔经济学奖得主丹尼尔·卡尼曼曾设计过一个著名的实验。

A：（参与实验的人员）以80%的概率获得4000元，以20%的概率获得0元。

B：确定（100%的概率）获得3000元。

C：（参与实验的人员）以80%的概率损失4000元，以20%的概率损失0元。

D：确定（100%的概率）损失3000元。

如果是你，你会做出什么样的选择？

丹尼尔·卡尼曼的实验从正反两个方面设计了博弈。实验参与者在A和B之间进行选择，实验结果显示选择B的人比选择A的人多；在C和D之间进行选择，实验结果显示选择C的人比选择D的人多。

试验表明，人们对于不确定性收益和不确定性损失的态度是不一样的，面对收益时，大多数人选择了明确的收益，不惜错过获得更大收益的机会；而面对损失时，为了不发生确定性的损失，大多数人接受了不确定性，虽然可能会付出更多的代价。

1. 什么是损失规避效应

以上实验，清晰地说明了损失规避效应的原理。损失和获益的心理效用并不相同，得到的快乐并没有办法缓解失去的痛苦，心理学家把这种对损失更加敏感的底层心理状态称为"损失规避"。损失所带来的负效用是同样收益所带来的正效用的 2.5 倍。

损失规避效应告诉我们：人们非常厌恶"失"，而期待"得"。

2. 巧用损失规避效应

如何巧用损失规避效应呢？

（1）变"损失"为"获得"

用有关获得的描述来替代有关损失的描述。比如，将"加 6 元邮费"改为"产品价格提升 6 元，但是包邮"。

（2）帮助用户降低风险

提供"无理由退货"服务，让用户不用担心因买错而产生损失，无后顾之忧。

（3）活用"换购"方式

用换购的方式来替代打折。比如，"加 1 元即可换购 50 元的商品"，好过"降价 50 元"。

（4）发放优惠券

为了增加用户对优惠券的重视，可以强调损失。比如，把"赠送一张 200 元的优惠券"改为"不领取优惠券将损失价值 200 元的优惠额度"。

（5）敦促"行动"

敦促用户将想法付诸行动。一旦付诸行动，便会厌恶损失，使用该方法与增加"沉没成本"是类似的。

五 锚定效应：怎样让用户爽快决策

你有没有发现，服装吊牌上的原价普遍很高，甚至高到让你觉得离谱？

你有没有发现，很多产品都有好几个配置版本，有的配置版本明显不会有人买？

你有没有发现,直播间里的优惠力度非常大,有些原价2000元的商品在直播间里只要1000元,但买回来一看,竟然是直播专属款?

……

为什么这么设计?因为"锚定效应"。

1. 什么是锚定效应

人们判断一件未知事物时,经常希望能找到一件已知事物作参考,这个参考就像一只"锚"一样,"锚点"一定,整个评价体系就定了。

举几个生活中的例子,你看中了一件衣服,一看吊牌上的价格,有些心疼和犹豫,售货员给你一个折扣,瞬间觉得好接受多了;有的选项看着就不划算,但在它们的衬托下,其他选项显得极其诱人;直播专属款可能是同类产品的低配版,但是因为你对该品牌的认可,觉得自己捡到了便宜……

如果没有对比,用户很可能会"漫天要价",一旦有对比和参照,用户便更容易做出看似有利于自己的选择。

2. 巧用锚定效应

锚定效应的应用技巧有很多。

(1) 设锚

设锚,即通过设置一个参考,重建用户的"评价体系"。

第一种做法:设置一个很高的原价,和一个更具性价比的现价。比如,原价1999元,现价999元。

第二种做法:避免极端,设置3个选项——①功能有限,价格最低;②功能齐备,价格中等;③功能最多,价格最高。如此一来,大多数人会选择第二款产品。

有A和B两款产品,B产品的价格比A产品高,商家想主推B产品,就为它找了一个参考产品,即引入一个功能差不多但价格比B产品高很多的C产品。三者对比,用户会偏爱 B 产品。

（2）移锚

如果你的产品在用户心目中总是和不好的东西做对比,我们便需要移除这样的锚点。

辣条在人们心中的锚点是"垃圾食品",某龙牌辣条为了改变这一点,进行了一系列整顿措施,比如专门设立机构研发新品、将辣条的辣度从麻辣调整为甜辣、用更高端的铝箔或铝膜包装……力争移除用户心中不好的锚点。通过塑造"高大上"的形象,这一品牌成功地为自己设定了新的锚点——辣条界的 iPhone。

（3）改锚

引导用户不再将其与同类产品做对比,而是和其他更加有感知度的产品做对比。比如,"只需要花请朋友吃一顿饭的钱,就能××××",就是利用了改锚的方式,说服用户。

曾经,"老罗英语"的经典文案"人民币一元钱在今天还能买点什么"中,列举了一元钱可以买到的棒棒糖、创可贴、大蒜等小物件后,画风一转,表示也可以到老罗英语培训学校听 8 次课,用人们心目中常见的低价产品和老罗英语进行联结,显得老罗英语"真划算"。

以上消费心理学效应有明显差异但又互相关联,常常是组合使用的。

2.3 营销策划：经典营销理论的应用

我每年都会给很多企业进行营销培训，课前调研企业对培训的需求时，绝大多数领导希望员工学会"创新营销"。

没错，很多人都意识到了，在新时代、新形势、新渠道的背景下，营销方式要发生变化。

移动、联通、电信三大运营商过去依靠人口红利发展得如日中天，电信运营商的工作在很多老一辈人眼里是非常体面的"铁饭碗"，但如此有优势的行业，也不得不根据新时代、新形势、新渠道的发展变化调整自己的营销方式。

在中国互联网快速发展的 20 多年里，越来越多的人用上了手机，越来越多的家庭装上了宽带，在这个背景下，抢占新用户是营销重点。

后来，手机用户增速放缓，中国网民趋近饱和，三大运营商进入存量经营阶段，尤其是放开"携号转网"以后，三大运营商暗暗较劲，争抢对手的客户，营销重点发生了较大变化。这时候，谁能快速反应，创新营销方式，谁就能获得更广阔的市场。

什么是创新营销？我给大家讲一讲中国移动的做法。

2020 年，短视频平台的直播带货悄然兴起，被称为"口红一哥"的某知名带货主播与中国移动合作，在直播间里为中国移动销售"移动花卡"，首波卖出 4.5 万张，最终累计销量达到 7.5 万张！

这个成绩怎么样？根据中国移动2019年财报，2019年，中国移动个人用户全年增加2500万，相当于日均增加6.8万，该主播以一人之力，仅用了10分钟，销售数量就超过了中国移动集团一整天全国手机卡的销售数量！

所以，后来中国移动在每个省都成立了直播团队，通过直播带动各项业务的发展。

市场环境变了，用户习惯变了，社会传播载体变了，营销方式自然要发生变化。

掌握新媒体领域的营销方法，对营销策划者来说极为重要。那么，如何掌握新媒体领域的营销方法呢？我们既要了解经典的营销模型，又要懂得新媒体上"因地制宜"的打法。

在不同时期和不同情景中，很多重要且实用的营销理论、模型、模式被不断验证、完善着，本书分别对其进行简单介绍，供读者参考。

4Ps理论——产品营销

4Ps营销理论是一个非常经典的营销理论，于20世纪60年代由美国密歇根州立大学的杰罗姆·麦卡锡教授提出，此后便在西方市场营销中广为运用。4Ps是由产品、价格、渠道、推广构成的营销组合，由于这4个词对应的英文单词的首字母均为"P"，所以简称为"4Ps"。

（1）产品（Product）

产品是为目标市场开发的有形商品及其相关服务的统一体。这里把产品的功能诉求放在第一位。

（2）价格（Price）

价格是消费者购买时的价格。根据不同的市场定位，制定不同的价格策略。

（3）渠道（Place）

渠道是产品从生产者到消费者的通路。这里的渠道通常指分销渠道，企业需要重视经销商的培育和销售网络的建立。

（4）推广（Promotion）

推广即通过宣传产品的优点，说服消费者购买。

传统的 4Ps 理论是以产品为导向的，比如福特汽车，通过提供好的产品、给出令消费者满意的价格、打通分销渠道、进行强有力的促销，将汽车卖到全世界。

很多人说 4Ps 理论已经过时了，批评 4Ps 理论是"产品为王"时代的产物，只解决了消费者了解产品的问题，不足以令消费者满意。实际上，不管在什么时代，"产品""价格""渠道"和"推广"这 4 个要素都是我们在思考营销时必须考虑的，只需要根据时代特点将每个要素的策略做扩充和调整，便能得到很多启发，比如"推广（Promotion）"，不仅仅局限于传统推广，应该采用更多的宣传方式。

不过，4Ps 理论确实有其局限性，随着消费者的需求变化和营销方式的创新，营销从以企业为中心转移向以消费者为中心，从重视企业内部环境过渡到重视外部环境（消费者），于是发展出了 4Cs 理论。

4Cs 理论——整合营销

4Cs 营销理论是 1990 年由美国营销大师罗伯特·劳特朋（Robert Lauterborn）教授在其《4P 退休 4C 登场》一文中提出的。

4Cs 营销理论以消费者需求为导向，重新设定了市场营销组合的 4 个基本要素，产品向消费者（Consumer）转变、价格向成本（Cost）转变、渠道向便利（Convenience）转变、推广向沟通（Communication）转变。

（1）消费者（Consumer）

着重强调消费者的需求与满意度。强调企业要从消费者需求和利益出发，生产满足消费者需求的产品，产生客户价值。

（2）成本（Cost）

企业需要考虑消费者在满足其需求时要承担的成本，而不是单纯从企业的角度考虑所追求的利润目标。

（3）便利（Convenience）

为消费者提供最大的购物和使用便利。强调要多考虑消费者的方便，而不是企业销售的方便。

（4）沟通（Communication）

企业应该与消费者进行积极有效的沟通，倡导"忘掉推广，考虑双向沟通"。

4Cs理论强调企业首先应该把追求消费者满意放在第一位，其次是努力降低消费者的购买成本，再次要充分注意到消费者购买过程中的便利性，最后应该以消费者为中心实施有效的营销沟通。

20世纪90年代以来，市场竞争越来越激烈，产品的生命周期越来越短，为了帮助企业适应激烈的市场竞争，与客户建立长期且稳固的关系，有了4Rs理论。

三、4Rs理论——关系营销

4Rs营销理论是由美国整合营销传播理论的鼻祖唐·舒尔茨在2001年提出的。4Rs分别指代关联（Relevance）、反应（Reaction）、关系（Relationship）和回报（Reward）。该理论认为，随着市场的发展，企业营销需要以竞争为导向，在新的层次上提出营销新思路，并落实关系营销（主动性关系）。

（1）关联（Relevance）

紧密联系消费者，与消费者形成一种互需、互助、互惠的关联关系，包括消费者关联和产品关联。

（2）反应（Reaction）

企业对消费者的需求变化做出迅速反应并满足其需求，提高对市场的反应速度。

（3）关系（Relationship）

"关系"比"关联"的范围更广，除了重视与消费者的互动，还要重视与供应商、分销商、竞争对手、政府和其他社会组织等所有利益群体的互动。

（4）回报（Reward）

回报是营销的动力源泉，追求回报要在降低成本和达成共赢上下功夫。

4Rs 理论体现了关系营销的思想，应用 4Rs 理论，有助于企业与消费者建立长期关系，从而获得竞争优势。

为了适应网络营销，20 世纪 90 年代，唐·舒尔茨教授提出了 4I 理论。

四 4I 理论——网络营销

4I 理论即网络整合营销理论，产生和流行于 20 世纪 90 年代，同样是由美国整合营销传播理论的鼻祖唐·舒尔茨提出的。4I 理论有四大原则：趣味原则、利益原则、互动原则、个性原则。

（1）趣味原则（Interesting）

通过娱乐化、趣味化的营销吸引消费者。比如知名品牌杜蕾斯，当热点出现的时候，杜蕾斯会快速结合热点推出一些非常有趣的文案，宣传效果显著。

（2）利益原则（Interests）

强调给目标消费者的利益。这里的"利益"除了金钱，还包括信息、资讯、功能、服务、心理满足、荣誉等。比如，健身平台 Keep 为消费者提供免费健身课程、减肥食谱等"利益"，从而推广自己的健身硬件、付费服务等产品。

（3）互动原则（Interaction）

新媒体营销强调互动性，运用多种互动方式，充分挖掘网络的交互性，与消费者交流。比如社群团购。

（4）个性原则（Individuality）

强调"关注人"，通过个性化的营销，让消费者获得"被关注""焦点关注"的满足感，从而促进品牌建设，引导购买。新媒体运营大大降低了个性化营销的成本，比如，当前非常流行"年度报告"，如果是大公司，可以使用智能系统为所有用户智能生成专属的年度报告；如果是小公司或者个人，使用简单的H5软件或者视频剪辑软件，也可以为用户定制年度报告。

这便是4Ps理论、4Cs理论、4Rs理论和4I理论的基本内容，需要注意的是，它们之间不是互相替代的关系，而是互相补充和发展的关系。在新媒体运营中，当我们没有思路、没有抓手时，研究这些营销理论，会获得更系统的思考和更多的灵感——这些理论，好比登山时的登山杖、航海时的指南针。

五 从AIDMA模型到AISAS模型——裂变营销

1. AIDMA模型

AIDMA模型是由美国广告学家E.S.刘易斯在1898年提出的，应用该模型，可以更好地了解消费者购买心理，让成交更容易。

AIDMA模型显示，消费者从接触信息到最后达成购买，会经历如下5个阶段。

（1）引起注意（Attention）

因为包装、广告词、明星代言等，消费者被引起注意。

（2）产生兴趣（Interest）

消费者对产品产生兴趣，想进一步去了解。

（3）唤起欲望（Desire）

通过体验、接触、了解，消费者被唤起购买的欲望。

（4）留下记忆（Memory）

消费者产生记忆，记住这个产品的某一特性或者这个产品的销售员。

（5）购买行动（Action）

消费者做出购买的决定并付诸行动。

这个模型可以很好地还原实体经济里的购买过程，也可以解释传统媒体上的广告行为，但在网络时代，该模型无法准确展示一些消费者的典型特征。于是，2005年，日本电通集团针对互联网与无线应用时代消费者生活形态的变化，提出了更加符合网络购物环境的 AISAS 模型。

2. AISAS 模型

AISAS 模型同样由 5 个阶段构成，包括引起注意（Attention）、产生兴趣（Interest）、进行搜索（Search）、购买行动（Action）、主动分享（Share）。

AISAS 模型与 AIDMA 模型相比，前两个阶段相同，都是使用各种手段让消费者注意到我们的产品并产生兴趣。不同之处主要是进行搜索（Search）和主动分享（Share），这两个词语完美地形容了基于互联网的用户互动和消费习惯，强调了破除一味地向消费者单向灌输的理念，充分体现了互联网给人们生活方式和消费行为带来的影响与改变。

需要进一步强调的是最后的"主动分享"阶段，这一步的实现，能够更有效且低成本地为企业做宣传，形成"口碑效应"，进而产生"裂变"的效果。

六 AIDA 模式及其变式——信任营销

1. AIDA 模式

AIDA 模式是艾尔莫·李维斯于 1898 年总结提出的推销模式，也称为"爱达"公式，具体指引起注意（Attention）、产生兴趣（Interest）、唤起欲望（Desire）和购买行动（Action）4 个动作。

与 AIDMA 模型相比，AIDA 模式少了一个留下记忆（Memory）的动作，强调线上或者线下当场成交。

AIDA 模式广泛应用在数字营销、用户沟通和销售环节中，但是，在当前的新媒体环境下，信息爆炸、产品同质化严重、购买产品的渠道很多，消费者常常面对多样化的选择，即使成功地被吸引，被激发购买欲望，也未必会当场下单。这就对应了营销人员经常无奈感叹的一句话："经过你不懈的努力，消费者终于买了别人家的产品。"

怎样让消费者不再犹豫，立即下单？怎样让消费者认准我们的产品，或者更进一步地选择在我们手中购买？

这里要引入一个极其重要的因素——信任（Trust）。

信任在哪个环节起作用？根据我的研究和实践，答案是"不一定"。我们要洞悉消费者面对具体产品和在具体场景中的消费心理和决策路径，将"信任"这个元素放在合适的位置上。

2. 变式一：AITDA 模式

在这个模式中，信任这个动作被放在第三步，即在激发起消费者的兴趣后，着重建立消费者对品牌的信任、对内容的信任，或者对营销人员的信任，这个过程就是"种草"，比如，消费者出于对 KOL 的信任，愿意购买 KOL 推荐的产品。做 KOL 营销、IP 营销的朋友，都需要善用该模式。

> **小贴士**
>
> ①"种草"为网络流行语，表示分享某一产品的优秀品质并对其进行推荐，以激发他人购买欲望的行为。
>
> ②"KOL"即关键意见领袖，泛指网络上粉丝多、有影响力的人。

3. 变式二：AIDTA 模式

在这个模式中，信任这个动作被放在第四步，即激发起消费者的购买欲以后，通过各种方式打消消费者的疑虑，让消费者产生信任，进而立刻购买。这个过程更像是在"说服"消费者,广泛应用于文案推广、一对一推销、直播带货中。

和 AITDA 模式相比,因为消费者在被激发起购买欲前没有对品牌、产品等产生信任,所以需要营销人员更加耐心和详尽地在沟通过程中增进信任。

加入"信任"元素的模式,更加符合当前新媒体环境的消费特质,将这个模式应用得好的企业,甚至可以高效地让消费者主动下单。

这个模式太实用了,在后续的内容创作和用户沟通中,我还会反复提到,详解其在不同场景中的实际应用技巧,请读者务必理解并记住。

限于本书篇幅,无法详细展开介绍更多营销理论、模型、模式,想要深入学习的读者,推荐仔细阅读菲利普·科特勒与凯文·莱恩·凯勒著的经典书籍《营销管理》,以及李晏墅主编的教材《市场营销学》。

2.4 核心思路:搞定流量搞定人

有一次,我到某知名运动品牌的公司为其直播团队上课,该团队专门负责品牌在淘宝、京东、拼多多和抖音平台上的直播业务。

课堂上,我带大家拆解被称为"直播一姐"的某知名带货网红的服装直播技巧,现场有3位直播骨干表现出了不屑一顾的态度,于是我询问其原因。

其中一位主播说:"我要是有她那么多粉丝,肯定比她卖得好。"

听完这句话,我不禁想起了某脱口秀演员的一句"名言"——为什么明明有的人看起来那么普通,却可以那么自信?有些直播间,即使立刻涌入1000万人也没用,因为主播根本"接不住"。

想做好新媒体运营,不仅要搞定流量,还要搞定人!

  搞定流量:打通公域流量与私域流量

新媒体运营有一个运营公式:

销售额=流量 × 转化率 × 客单价 × 复购率。

其中,流量是基础。

"缺流量"是所有新媒体运营人员最大的痛点之一。什么是流量？在互联网时代，流量泛指"用户"，陌生人、潜在客户、存量客户等都算是流量。

流量从哪儿来？流量可以分为两大类——公域流量和私域流量。

关于"公域流量"和"私域流量"的定义，没有绝对的说法，业内也存在较大的争议和分歧。

公域流量，简单来说就是公共的流量，人人都能相对平等地触达用户，只要你有好内容、好手段，就可以获取公域流量。

私域流量，简单来说就是自己的流量，本书主要讨论商业化最成熟的两大私域阵地——个人微信和企业微信。

1. 搞定公域流量：多平台布局

很多人把公域流量等同于抖音、快手等平台的流量，这并不准确。比如，别人的微信群里的人，属于公域流量，还是私域流量？答案是：别人的微信群里的人，对群主而言，是私域流量；对其他人而言，是公域流量。

哪里有我们的客户，哪里就是我们的公域流量池。常见的公域流量池有以下6类。

①社区平台：新浪微博、小红书、知乎、百度贴吧、简书等；

②视频平台：抖音、快手、B站、西瓜视频、腾讯视频、爱奇艺等；

③电商平台：淘宝、京东、拼多多、唯品会等；

④资讯平台：今日头条、百家号、企鹅号、大鱼号等；

⑤音频平台：喜马拉雅FM、蜻蜓FM、荔枝FM等；

⑥垂类平台：同花顺、支付宝、得到、雪球、糖豆等。

为什么没有"直播平台"这一类？因为如今几乎所有平台都可以直播。

由此可见，平台间的分类界限越来越模糊，每个平台都不止一种属性。每个大平台都有几千万到几亿的流量，重点是我们能否玩转流量，以及能否从中直接变现或引流。

从公域平台获取流量，有两种主要方式。

（1）付费公域

通过投放付费广告获取流量，这种方式见效最快。不过，如今付费获客的成本越来越高了。

装修公司通过投放付费广告获得一个要求上门量房的客户通常要花费1500元左右；知识付费课程获得一个付费客户的付费公域流量成本通常在100元到600元不等……我有一个朋友，投放了40万元的广告费，仅带来了2个客户咨询。

不擅长投放的人，往往做了"炮灰"。

（2）免费公域

主要依靠内容来吸引潜在客户，这得益于大多数公域平台都采用算法推荐机制，只要有好的内容，无论你是"大V"还是"草根"，都有机会火一把。由于其门槛低、成本小、一旦成功将获得指数级的流量增长，成为绝大多数人的选择。

免费公域给了无数普通人公平竞争、快速崛起的机会，但随着内容生产者的增加，竞争难度越来越大，免费获客的难度也越来越大，且流量不稳定。

因为付费获客成本难控，免费获客流量不稳，于是，私域流量运营成为被越来越多人青睐的选择。

2. 搞定私域流量：为自己打一口井

私域流量完全掌握在自己手里，即那些直接拥有的、可重复使用的、能低成本触达甚至免费触达的用户。

私域流量与公域付费流量的主要区别如表2-1所示。

表 2-1 私域流量与公域付费流量的主要区别

类型	私域流量	公域付费流量
流量来源	引流或导入	购买或信息流推荐
使用属性	可重复使用	一次性
价格	免费	平台定价
粉丝黏性	高	低
主要人群	熟人或陌生人	陌生人
影响因素	口碑、熟人推荐、信任感等	价格、产品吸引力、广告效果等

知名商业顾问刘润在2021年"进化的力量·刘润年度演讲"中提出了如下观点。

流量如水,公域的流量就像自来水,付费用水,价高者得;而私域的流量就像井水,打井很贵,但用水免费。自来水便宜的时候,你会觉得打井干什么?但随着用水的人越来越多,水价越来越贵,一些人开始认真地思考,这些钱,都够我打口井了。

这个比喻非常形象。并且,很多新媒体运营人员意识到,除了获客成本的问题,经营好私域,未来的复购率和转介绍还能带来更长远的收益。

在现阶段确实如此,但将时间线拉长,放入更长远的未来,事实真的如此吗?可能并没有这么简单。

当所有人都开始运营微信私域,微信的付费投放业务会不会越来越像百度广告?

当你的微信里涌入大量不认识的人,看朋友圈就像看微博,朋友圈和公域有什么区别?

当每个人都加入了大量的微信群,是否发现仿佛进入了当年的百度贴吧?

与此同时,我们发现公域平台也在快速地发生变化。

比如,在抖音平台上,你可以和你关注的人进行语音通话、视频通话了;快手等平台,开始基于地域、通讯录,为你匹配你认识的人……你有没有发现,公域越来越像私域了?

所以,公域和私域没有绝对的好坏,没有哪里机会多哪里机会少的区别,我们

第 2 章
运营思维：运营人必学的底层逻辑与思维

都得运营。将公域和私域打通是唯一的出路——两手都要抓，两手都要硬。

无论是运营公域，还是运营私域，本质上都是经营人与人之间的关系。

搞定人：粉丝的 5 个层级

我曾经运营过两个搞笑账号，两个月涨粉百万，但当我想要变现时，才发现自己错了，根本无法变现。为什么无法变现？因为粉丝人群不精准。

人不对，粉丝量只是一串数字。

有人说，私域中都是你可以反复骚扰、反复推销的人。但如果你只会给客户发广告，加了微信又如何？只需要一个操作，客户就可以把你移入黑名单。

因此，经营不好人与人之间的关系，既做不好公域，也做不好私域。即使有流量，也无法留住。

新媒体运营，从本质上说，就是经营品牌和人的关系、内容和人的关系、产品和人的关系，并将其转为经营人和人的关系。

我有一个证券公司的学员，她通过在网上分享投资理财观点吸引粉丝，并在和粉丝互加微信后，引导粉丝开通证券账户，购买公募基金。

她亲自在微信上和粉丝聊天时，可以做到 80% 的开户成功率，也就是说，100 个人中，会有 80 个人开户。后来，粉丝太多，她便让助理代她与粉丝沟通。令人吃惊的是，在粉丝并不知道沟通对象是谁的情况下，助理的沟通成功率只有 5%。

经过认真复盘，她发现，之所以会有这样的不同，是因为助理的沟通太直白，说话冷冰冰的，难怪粉丝不买账。

后来，经过反复打磨沟通话术，助理的沟通转化率也渐渐地超过了 70%，这背后的底层逻辑，就是"对人的把握"。

对于一个新媒体账号来说，想将互联网上的海量用户从陌生人转化为自己的铁杆粉，需要经历 5 个阶段。

1. 陌生人

通常指互联网上的陌生人，过去没有交集，只因为身处同一个空间，有互相认识的机会。

2. 路人粉

对账号主有一些好感，但算不上粉丝，只是偶尔关注一下。自媒体平台上的大多数粉丝都处于这个阶段，在自然关系中，大多数人也处于这个阶段，如同学、老乡、老同事——有一定的好感，但不一定愿意付费。

3. 付费粉

愿意付出金钱、时间或者精力，能够为关注账号主付出一定的成本，或者购买账号主的产品或服务。

4. 理智粉

愿意多次为账号主付费。但这样的人也未必就是真正的粉丝，他们会很冷静地判断对错，他们很理智——可能会因为某次体验感一般而变成路人粉，也可能因为数次不满意而变成黑粉。

5. 铁杆粉

对账号主有超强的信任感，成为忠诚的粉丝，不容易改变。娱乐圈中的"脑残粉""死忠粉"，是铁杆粉中相对极端的存在。

新媒体运营致力于吸引更多陌生人的注意，通过各种内容和活动让他们成为路人粉，继而转化为付费粉，并用超强的体验感带他们穿越理智粉的"过渡期"，成为铁杆粉！

本章实训

一、巧设心理账户练习

使用如表 2-2 所示的练习表，找到目标客户最舍得花钱的心理账户，并思考如何通过这些心理账户，让他们愿意购买产品。

表 2-2　心理账户练习表

心理账户	如何巧用

二、产品策略梳理练习

用 4Ps 理论（由产品、价格、渠道、推广构成营销组合），梳理自己的产品策略。

产品：

价格：

渠道：

推广：

粉丝等级梳理练习

对自己的微信列表中的联系人进行盘点，将微信联系人归入不同级别，并在备注中为其打上标签。

陌生人：

路人粉：

付费粉：

理智粉：

铁杆粉：

第 3 章

文案写作：
爆款内容创作模板

文案是所有衍生形式的基础，写作能力是新媒体运营的基本功。

关于文案写作，刘润曾说过如下一段话。

我写作24年，从最初5元稿费的小短文，到现在超过33万人订阅的《5分钟商学院》及总收入超过6000万元的知识产品。从5元到6000万元，这都是持续写作带给我的价值，写作是这个时代最好的投资。

写文案不是目的，写文案是做其他形式的内容的基础。什么意思？拍短视频有短视频文案，做直播有直播文案，做海报得先写海报文案，与客户沟通随时在用销售文案……

所以说，离开场景谈文案就是卖弄文字，离开目标谈文案就是纸上谈兵！

如今的新媒体运营是内容的天下，谁能够生产出打动他人、富有创意的内容，谁就掌握了制胜法宝，用户会用点赞、关注、转发、购买等实际行动为你"投票"。

B站知名UP主"导演小策"曾创造了热门IP"朱一旦的枯燥生活"，后来，他与朱一旦因种种原因分开，又凭借自己的创意实力，带领一群农村阿姨火爆网络。自称"小城市的小导演"的小策仅用了一年半左右的时间，在B站吸粉300多万，并且与"人民日报""中国警察网"等官方账号，以及凤凰传奇等明星、"大V"进行过合作。导演小策是因好内容而"爆红"的代表之一。

秋叶品牌创始人秋叶大叔，从2016年8月开始日更微信公众号，坚持通过微信公众号分享行业洞察、干货知识、职场技能、时事热点解读。在公众号影响力整体下滑，很多人都因为掉粉、掉阅读量而放弃运营公众号的时候，秋叶大叔公众号的阅读量和粉丝数却一直保持着稳定增长。秋叶大叔通过公众号持续陪伴老粉丝，建立深度信任，同时，不断吸引新粉丝，是"持续运营"的代表之一。

可见，拥有生产优质内容的能力，可以走得快，且走得远！

但是，文案绝不能以成为"爆款"为唯一追求。

如果只是把文案当作投机取巧的工具，把写作能力用在价值观不正的地方，即使短期内取得成就，也终究会落得失败的下场。

曾红极一时的咪蒙，微信公众号粉丝千万，文章篇篇都是爆款，但很多人提起她，都评价说在她的文章中能感受到满满的戾气、负面情绪、焦虑，文章的题目更是语不惊人死不休，比如《我曾想过，让父母去死》《对不起，我女儿就是用来卖钱的》《致贱人》等。最终，如图3-1所示，她的所有账号被永久封停，网友们拍手称快。

图3-1 "人民日报"官微评咪蒙

在武侠小说中，练武讲究内功和外功兼修。《倚天屠龙记》中的周芷若，在取得武林秘籍《九阴真经》后，为求速成，跳过前面的内功修炼，直奔最狠最上乘的"九阴白骨爪"招式，刚开始确实在武林中无往不胜，打败无数江湖高手，但遇到武当派俞莲舟时便毫无胜算，因为俞莲舟虽然没有过人的天赋，但他将太极练得扎实，有自己的基础和底蕴，可以以不变应万变。

学习文案写作，既要练内功，又要练外功；既要锻炼各类文案的写作能力，同时也要抓住机会创造爆款。

3.1 原则：新媒体文案的爆款思维

你有没有留意过每年"双11"时商家用于推广宣传的文案？又曾对哪些好文案印象深刻？

"双11"这么重要的购物节日，是商家宣传的绝好时机，各大品牌都给予了足够的重视。我深入研究了从2009年开始的历年"双11"购物狂欢节文案，发现不少被新媒体从业者精选出的"创意十足"的好文案。

双11美的不只是脸蛋，还有价格。（美即面膜）

为悦己支付，每一笔都是在乎。（支付宝）

双11，买得起的在购物车，买不来的在酒里。（江小白）

凌晨抢购，手速是软件，网速是硬件。（中国移动）

清空你的购物车，是我今日份的表白。（冈本）

以上列举了5个经典案例，你觉得这些文案算不算好文案？

坦白讲，我第一眼看到这些文案时，内心毫无波澜，也没有购物的欲望。但当我站在品牌方的角度仔细斟酌后，惊觉这些文案写得非常好，既能结合节日热点，又能巧妙地体现品牌与产品的特点。

这就很有意思了！从技术上分析，这是好文案，但从效果上分析，又好像缺了点什么，为什么会这样？

要解决这个问题，我们首先要了解好文案的本质。

什么是好文案？每个人的主观评判标准不尽相同，但效果不会说谎，好文案应该做到让看到文案的用户产生兴趣、实施购买行动，甚至主动将产品推荐给更多人。

具体来说，就是要坚持4个原则：关联度、画面感、传播度、结合度，接下来，我们逐一拆解。

关联度（用户思维）

让用户觉得"这和我有关"是我们要坚持的第一原则，即写文案时要从用户视角出发，而不是从自我视角出发，否则，很容易写出"自嗨"的文案。

知名互联网"大V""李叫兽"曾针对关联度问题分享过一个非常精辟的观点——"X型文案与Y型文案"。

李叫兽这样形容X型文案：它们文字华丽，把本来朴实无华的表达写得非常优美，有修辞、对称和高级词汇。写X型文案的人很像语言学家、修辞学家和诗人。

李叫兽这样形容Y型文案：Y型文案往往并不华丽，有时甚至只不过是简单地描绘出用户心中的情景，但它们往往充满画面感、语言简单、直指利益。

假如要描述一款音乐播放器，X型文案的表达是：完美音质，乐享生活；Y型文案的表达则是：把1000首歌装进口袋。

假如要表现某款电脑噪声低这个特点，X型文案的表达是：创享极致，静心由我；Y型文案的表达则是：闭上眼睛，只听见手表指针的声音。

在上述案例中，X型文案便是典型的"自嗨"文案，Y型文案则是拥有用户思维的文案。

用户思维，这个词很多朋友都不陌生，然而知易行难。

要让文案拥有用户思维，最重要的是抛开文字本身，不要去关注文采、修辞，而是把自己当成用户，思考用户是如何思考的。想写出有用户思维的文案，首先要做的不是提升文字功底，而是了解与用户有关的心理学、营销学知识，也就是本书第2章的内容。

曾经有一位资深文案人说过这样一句话："互联网并没有改变人性。"换言之，消费者不会因为信息是从互联网上来的，就改变消费的心理模式。

如何善用用户思维呢？有一个非常实用的技巧——使文案充满画面感。

画面感（场景思维）

假如我们要为一款儿童定位追踪器写文案，你会怎么写？现在，有5个文案供选择。

①为爱制造，闪耀登场。

②我们追求卓越，精益求精。

③随时随地，把爱传给孩子。

④原来，熊孩子就藏在床底下。

⑤让温馨随身相伴，让真爱留在心底。

你会记住哪一句？

这是一个真实的实验，结果显示，几乎所有人唯一记住的一句话是"原来，熊孩子就藏在床底下"，而其他文字功底明显更强的文案很难让人有印象。

"原来，熊孩子就藏在床底下"这句话有什么魔力？它能立刻让人产生画面感，即用户能立刻想象到使用产品的场景——孩子藏在床底下的时候，我可以用这个追踪器轻松地找到孩子。

怎样让用户有画面感？有如下几种常用的方式。

1. 描述场景

描述产品使用的具体场景，句式是"在××地方发生了××事""在××时间做了××""在××情况下发挥××作用"……

为了引导用户去旅游，如下文案就非常有画面感。

你写PPT时，阿拉斯加的鳕鱼正跃出水面；你看报表时，梅里雪山的金丝猴刚好爬上树尖；你挤进地铁时，西藏的山鹰一直盘旋云端；你在会议中吵架时，尼泊尔的背包客一起端起酒杯坐在火堆旁。有一些穿高跟鞋走不到的路，有一些喷着香水闻不到的空气，有一些在写字楼里永远遇不到的人。

2. 善用类比

将我们要表达的东西，类比成生活中更常见的事物。

小米体重秤用过一个一句话文案：一杯水可感知的重量。

一句话就体现了体重秤的灵敏度之高。

3. 描述故事

故事天然带有画面感，但为了精简，有时候并不需要将一个故事中的人物、时间、地点、起因、经过、结果全部描述得全面，在用户能看懂的情况下，能省略就省略。

腾讯新闻的标题特别擅长使用该技巧——

《女子用8年把多肉养出最高境界，家中阳台一幕曝光，网友惊叹连连》

《一家三口住毛坯房上瘾，网友看到内部环境后酸了：是我向往的生活》

4. 善用数字

将专业名词和形容词用数字量化，也是告别抽象感、增加画面感的绝佳手段。

小米手环4的宣传文案中有这样一句话：有1600多万种颜色。其实，将这句话翻译成专业用语就是"支持全彩RGB"。

"有1600多万种颜色"和"支持全彩RGB",哪个表达更有画面感,一目了然。

 ## 三 传播度(社交思维)

好文案自带传播属性,为什么?因为用户会自发地为我们传播。

我们身处"人人都是自媒体"的时代,只要我们能够打动用户,并让用户愿意为我们传播,便有可能轻松地拥有"口碑效应",达到"裂变营销"的效果。

什么样的内容会让用户自发地传播?

需要我们用社交思维去写文案,即在设计文案时想象用户的社交行为,为用户提供"社交货币"。

什么是社交货币?简言之,就是能够在他人心里提升自己地位的谈资。凡是能得到别人的关注、评论、赞的内容,都可以称之为"社交货币"。

人的社交行为一般有寻找谈资、帮助别人、展示形象、社会比较4种。我们只需要提供这4种行为所对应的社交货币,便能大大提高内容的传播度。

1. 为用户提供谈资

文案内容中包含用户习惯谈论的话题,比如当前的热点、名人等,但请记住,不要传播谣言。

2. 为用户提供有用的信息

人们都希望自己分享的内容是有价值的,因此,建议在文案中植入干货、实用的方法、鲜为人知的冷知识。

3. 帮助用户塑造形象

用户渴望在传播中彰显自己正面的形象,即通过传播某些内容,让别人"高看一眼",但又不会让别人觉得自己在"凡尔赛"。理解这条原则,我们在写作新媒体文案时学会夸人就对了,比如"桌面凌乱的人更有创造力""桌面整洁的人自律性更强"等,会让用户在传播的过程中"有面子"。

> **小贴士**
>
> 凡尔赛,在目前的网络环境中一般指"凡尔赛文学"。凡尔赛文学(Versailles literature)简称"凡学",是一个网络流行语,也是一种语言使用者用委婉的方式表达不满或向外界不经意地展示自己优越感的语言形式。

4. 体现用户的身份感

让用户的身份得到认同并产生自豪感。银行的年终账单、网易云年度歌单就常常使用该技巧。

四 结合度(销售思维)

如果一个新媒体文案可以做到兼具关联度、画面感、传播度,已经算是非常优秀的新媒体文案了,但未必会带来品牌效应或者产品销量。

你看过神转折文案吗?前面讲一个非常有趣的故事,故事的结尾突然推出一个产品,让人大呼:"完全想不到,这竟然是一个广告!"

不过,大多数时候,看完神转折文案的用户,只是称赞小编的创意,并没有因为这个文案而去购买文案所推广的产品——因为用户只记住了前面的故事,对广告没有任何感知。

为什么会这样?因为神转折文案和产品没有结合度,用户沉浸在前面的精彩内容中,无法接收后面的广告所传达的重点。

这是新媒体写作者应该规避的一个写作误区，因为宣传不应该是单纯地让用户"看得开心"，还要拥有销售思维，让内容真正地为销售服务。

泰国广告极擅长使用具有高结合度的神转折文案推广产品，大家可以通过网络搜索精彩的案例视频，进行学习。

> **小贴士**
>
> 搜索并关注微信公众号"傅一声"，回复关键词"运营之巅"，即可领取经典的泰国广告视频合集。

3.2 标题：10万+文章的标题套路

我们已经了解了爆款文案的写作标准和原则，那么，如何从 0 到 1 写出一篇爆款文案呢？我们来看看高手都是如何做的。

很多优秀的作家，每天都要写，称为"练笔"。同样，专业的自媒体人也要保证固定的更新频率，比如"日更"，即每天都更新作品，或者一周更新几个作品、一个月更新几个作品。

我本人是从 2016 年 5 月 20 日开始日更的，每天确保产出一篇 600 字以上的文章或者短视频文案，我们称之为"练网感"。

什么叫网感？从字面上看，可以理解为感知互联网信息的能力。网感是做新媒体运营的必备软技能，体现了一个人在网络世界寻找、抓取热点的基本能力。一个事件发生后，我们能够迅速判断从什么角度创作能火，知道怎样表达更符合受众的期待，这就是网感好的实际体现。

有了网感，创作者便会拥有"源源不断的灵感"。

俗话说，罗马非一日建成，在通往高手的路上，普通人最容易遇到两座大山，一座是"没灵感"，另一座是"难坚持"。

要解决这个问题，实际上是解决"写什么文案"和"如何写文案"的问题。

写一流文章，需要天赋；写合格文章，需要套路。有了套路，即使没有灵感，也可以快速写出一篇文章。

——知名新媒体专家　秋叶

什么叫套路？其实就是技巧，就是文章的写法。掌握文章的写法后，我们会发现，专业写手的写法是不变的，不过是换话题而已。

取标题的技巧，是学习文案写作的必修。

标题为什么重要？因为在新媒体平台上，受众拥有自主选择看什么的权利，只要不符合自己的兴趣，受众可以立刻划走。一般来说，受众留给每个文章标题的耐心只有 0.5 秒，甚至更少，如果文章标题在 0.5 秒内没有抓住受众的注意力，就会流失点击量，更别提正文的阅读和转化了。因此，用多长时间打磨标题都不为过。

如何取一个好标题，又不做"标题党"？有很多技巧，我能写出至少 30 个标题模板。但实际上，我们并不需要那么多技巧，只要将几个技巧用好就够了。本书向大家详细介绍文案高手常用的 5 个技巧，这些技巧全部是我长期实践后认为超级有效的，学会这些就够了！

一 "场景 + 评论"式标题

"场景 + 评论"式标题，是先描述一个场景，再发表一个评论。

具体如何使用呢？分享一下我自己的用法。

我从 2017 年开始在今日头条运营自媒体账号，当时有一部电视剧正在热播，叫《我的前半生》，我特别爱看，于是每天追剧，并在追完剧后日更一篇相关文章，竟然篇篇都能达到 10 万 + 阅读量（"10 万 +"指阅读量超过 10 万），每天的自媒体收入超过 500 元，甚至能达到 1500 元。

列举我曾用过的几个标题，供大家参考。

①《我的前半生：靳东告诉唐晶的 8 点职场潜规则，句句扎心！》——100 万阅

读量（对应的场景是"靳东告诉唐晶8点职场潜规则"；我给出的评论是"句句扎心！"）

②《我的前半生：老金不简单！你以为他老实？靳东一语点破老好人的阴暗！》——73万阅读量（对应的场景是"靳东点破剧中人物老金的阴暗面"；我给出的评论是"老金不简单！你以为他老实？"）

③《马伊琍读唐晶的3本工作笔记，唐晶瞬间泪崩！看哭了职场人！》——13万阅读量（对应的场景是"马伊琍读剧中人物唐晶的3本工作笔记，唐晶瞬间泪崩"；我给出的评论是"看哭了职场人！"）

......

我当时的账号定位是"职场达人"，需要结合热点写职场类文章。依托这部电视剧，我写出了30多篇阅读量10万+的职场文章。

这就是"场景+评论"式标题的用法，先描述一个场景，是为了让受众关注到这件事情，对它感兴趣；再给出一句评论，是为了引起受众的共鸣，使之产生情绪！这个技巧我用了五六年，屡试不爽。

腾讯新闻多年来也坚持使用这个标题公式，大家可以自行留意微信中"腾讯新闻"的推送，如图3-2所示。

要注意的是，起标题时需要把握分寸，不能过度夸张。

图3-2 "腾讯新闻"推送截图

二 好奇式标题

好奇是受众点进文章的最常见动机之一，所以，在标题中设置悬念尤为重要，上文所述的"场景+评论"式标题常常需要和好奇式标题结合使用——在对场景的描述上让受众产生好奇，或者在评论的表达上让受众产生好奇。

想要用好好奇式标题，不仅要选择容易引发好奇的话题，还要使用容易引发好奇的关键词。

《未成年慎入：女生洗澡和男生洗澡有什么区别？》

《在你的手机里输入"WSYZZ"，弹出的文字暴露了你的秘密，不要随便尝试！》

以上这些文章标题，都选择了容易引发好奇的话题。

如果我们的话题是不可改变的，那么，在中规中矩的文字中加入容易引发好奇的关键词句是一种常见的技巧。

原标题：《10个PPT技巧，让你的效率翻倍》

加上关键词句的优化后标题：《10个鲜为人知的、让你效率翻倍的PPT技巧，你知道几个？》

"鲜为人知""你知道几个"等，都是容易引发好奇的关键词句。

总结一下，常用的容易引发好奇的关键词和关键句式如下所示。

关键词：揭秘、真相、慎重、注意、当心、小心、友情提示、保姆级教程、容易忽略、越早知道越好……

关键句式："×××不会告诉你""你不知道的×××""关于×××，你知道几个？""×××，你中了几条？"……

注意，过于夸张的词句是不能用的。

互联网上，"UC震惊部"知名度很高，他们的大部分标题以"震惊"开头，有人这样调侃——自从看了UC新闻，一天要被震惊50次、感动到流泪60次、发现十多个惊天秘密、美国被吓出几十次冷汗、头皮被吓麻几十次……

在如今监管日渐完善的网络环境中，使用"震惊"博眼球的标题党，基本上已经被禁了。和"震惊"一样被禁的标题关键词还有"惊爆""疯传""居然""竟然""结果却""一定要看""不得不看""请为了××转发""99%的人""最高""最大""最受欢迎"……

第 3 章
文案写作：爆款内容创作模板

> **小贴士**
>
> 完整的违禁词清单是动态更新的，搜索并关注微信公众号"傅一声"，回复关键词"违禁词"，即可获取最新的违禁词清单。

 共鸣式标题

你有没有过这样的体验？因为别人的一句话说到你心里去了，于是你立刻对他产生了信任。

这种现象在人际沟通、商务谈判中普遍存在，源于"温情效应"。

所谓"引发共鸣"，就是替受众说出他的心里话，表达受众最想表达的观点，展示受众最想展示的态度。受众之所以会觉得一篇文章写得好，往往不是因为作者说的道理有多好，而是因为"你懂我"，心理学上把"人们只看到他们想看到的东西"的现象叫"知觉选择性"。

所以，受众与作者之间，营造共鸣感非常重要，有两个常用的技巧。

1. 用金句引发共鸣

金句指的是像金子一样有价值的、宝贵的话语。换句话说，金句是用最精练的话概括、总结观点和主题的句子，给人以共鸣和启迪。

金句具有 3 个特点：精练、好记、蕴含深刻的道理。

在标题中使用金句，能够迅速引起持相同观点的人的共鸣。

《现在捐款，我们更信韩红》——这个标题在大众对公益捐款产生信任危机的时候，很容易获得同样相信韩红的网友的认可。

《在朋友圈晒了 5 年加班，才知道老板早就把我屏蔽了》——这个标题容易引起职场人的共鸣。

《对不起，我要的是结婚，不是精准扶贫》——这种犀利的观点说出了很多人的心声。

《哪有什么人生开挂，不过是厚积薄发》——这是"人民日报"新媒体发布的一篇文章，非常正能量，一经发布便获得了10万+阅读量。

金句可以是表明立场的核心观点，可以是犀利甚至有争议的见解，也可以是振奋人心的口号，无论哪种，只要能够让受众觉得"我也是这么想的""你说出了我想说却不知道如何说的话"，便很容易获得受众的认可。

2. 点明文章受众群

在生活中稍加留意，我们会发现这样的现象：和朋友合影后，看到照片的第一时间，我们会去找自己；如果是孩子班级的大合影，我们会第一时间找孩子在哪里。面对同一张照片，不同的人的关注点是不一样的，大多数人更关心与自己有关的人或物。

为什么会这样？心理学上有一个专业词汇叫"自我参照效应"，简单来说，就是我们在接触到与自己有关的信息时，最不可能忽视或者遗忘。

人们每天接收海量的信息，会优先关注与自己有关的信息。因此，在标题中直接点明请某一人群来看，可以快速吸引精准的受众群。

《80后最怀念的10个童年游戏》

《当大学生开始玩手势舞》

《职场情商：人过37，莫要被人欺！》

在标题中点明"80后""大学生""37岁以上的职场人"，可以快速吸引精准的受众群点开文章进行阅读。

四 数字式标题

"多用数字"几乎是所有优秀的新媒体运营人员的习惯，因为数字的魔力太大

第 3 章
文案写作：爆款内容创作模板

了！数字能够将很多东西量化，显得更加直观，更容易激发受众的好奇心和收获感。

数字可以用于表示数量、时间、金钱、程度等，只要能够被量化，建议尽量用数字来表示。

《73 分钟看完柯南所有剧情！》

《当了 50 年 HR，我悟出了 10 条职场高情商秘诀》

《每天 5 分钟，无器械居家锻炼，10 天练出马甲线》

无论是什么题材的文章，都可以使用数字式标题。

不过，新媒体运营高手使用数字时不仅仅是简单地输入数字，还有 4 个原则供参考。

1. 要有强烈的对比

受众看一篇文章是有成本的，包括时间成本、手机流量成本、机会成本等，所以，标题中若不能很明显地体现"观看收益"，便很容易被忽略。

用数字彰显内容的干货满满、超值，受众更容易产生"观看收益大于成本"的感觉，从而点击进入。

《做了 50 年人事，我悟出了 10 条职场高情商秘诀》——作者用 50 年的时间沉淀、总结经验，我们只要看一篇文章就能够获得，显得很划算，而且只需要学习 10 条秘诀，瞬间觉得轻松且充满希望。

《将 3 个孩子送进北大，我终于明白了教育孩子的 8 条心法》——"3 个孩子上北大"的巨大收益，与学习"8 条心法"的微小付出形成强烈对比，对宝爸宝妈们充满吸引力。

2. 数字要精练

标题中的数字应该是受众一看就能立刻抓住重点的，如果数字太复杂，看着很"烧脑"，受众很可能会选择性忽视。

《基金定投：大盘从 5178.19 到 2850.71，我的理财收益却翻倍了》

《基金定投：大盘从 5200 到 2900，我的理财收益却翻倍了》

以上两个标题，你更青睐哪一个？

事实证明，文章用第二个标题时的阅读量比用第一个标题时的阅读量高。为什么？因为 5200 比 5178.19 更醒目，2900 比 2850.71 更醒目。虽然金融行业的人一看 5178.19 和 2850.71 就知道是 2015 年上证指数的最高点和最低点，但是普通投资者并没有那么敏锐的反应，需要数字更加简洁、精练。

3. 尽量使用阿拉伯数字

阿拉伯数字即"1""2""3""4""5"……在大段的文字中显得更加醒目。

4. 数字偏好

很多人对于数字是有偏好的，比如很多大楼没有 13 层和 14 层，因为很多人觉得 13 和 14 不吉利。

用比较讨喜或者比较常见的数字，可以令我们的标题更受欢迎。根据经验，100 以内的数字中，比较受欢迎的数字包括但不限于：1、2、3、5、6、7、8、9、10、12、18、20、21、30、36、48、49、66、68、72、81、88、99。

五 痛点式标题

痛点式标题指在标题中直接点明问题，能够快速吸引对这个问题感兴趣的人。

最简单的做法是加入"如何"两个字。

《如何快速阅读一本书？》

《当领导对你说"辛苦"时，该如何回答？》

《我是如何将孩子培养成高考状元的？》

……

开门见山，直接表明主题。在你没有灵感的时候，先把"如何"两个字写出来，至少不会无从下手。

更高级的痛点式标题是"痛点 + 抓手 + 结果"。

《新手主播如何带动气氛？学会这10句话术，一开口就像资深主播》

在这一标题中，"新手主播如何带动气氛"是痛点，"10句话术"是解决问题的抓手，"一开口就像资深主播"则是结果，很容易让有相关困扰和需求的人不由自主地点进文章。

需要注意的是，在这类标题中，痛点要表达准确、接地气，让人一看就觉得是在说自己，千万不要用专业词汇，或者咬文嚼字；抓手不能太复杂，可以用关键词句或者数字来表达；结果要吸引人，展现美好的愿景。

使用痛点式标题时，切忌过度承诺、夸大效果、虚假宣传。比如《复利的威力：年收益15%还保本保息的投资秘诀》，这个标题中承诺保本保息，显然是不合规的！

3.3 写法：高手的 4 种创作结构 >>>

如果你长期读某位博主的文章，或者长期看某位 UP 主的视频，就会发现，他们的文案结构是稳定的，甚至三四年都不变。

商业顾问刘润的公众号文章，大多数是先讲一个案例，然后告诉你案例背后的商业本质，最后教你如何应用学到的知识。

知名"财经大 V"何青绫的视频，开头都是老公问："老婆，什么是×××？"，然后何青绫举例解释，最后用一句"懂了吗？"收尾。

为什么他们的文案结构如此稳定？有如下几个原因。

①和人的思考方式有关，题材每天在变，但一个人的思考方式是相对稳定的。

②经过长期的试错，发现这个表达方式的效果最好，于是就稳定下来了。

③使用相对稳定的文案结构，创作效率更高。

相反，很多新媒体运营新人常常走进误区：用一个久经检验的方式创作，发现没什么效果，立刻怀疑这种方式的有效性，转而换别的，疲于奔命，走了很多弯路，最后也没有将账号运营起来。

不要总想一鸣惊人，从事新媒体运营多年的老手都清楚：熬得住，才能细水长流。

本书总结了几个非常实用的文案结构，每一种都有很多"大 V"使用，除了介绍对应结构的用法，我还会补充很多资深"大 V"亲测有效的技巧，一起来看看吧。

 知识分享：如何表达一个观点？

很多行业都需要做"用户教育"。

什么叫用户教育？即影响用户的思维，让用户更好地接受我们的产品和理念。财经领域、教育领域、职场领域、情感领域、时尚领域……都非常需要做用户教育。

用户教育即用知识去影响用户，达到润物细无声地教育用户的目的，也被称为"知识营销"。

那么，用户为什么要接受我们的教育？为什么会听我们的知识分享？这里，我用刘润老师的文案结构来做示范。

刘润是非常知名的商业顾问，他的同名公众号"刘润"，几乎每篇文章都有 10 万 + 阅读量。在公众号流量下降、知识博主越来越多的环境中，为什么刘润的文章能够脱颖而出？

研究了刘润近 3 年在公众号上发布的文章后，我发现他的文章一般分为 5 个步骤进行知识分享。

1. 导入场景

讲一个案例，或者提出一个问题。如果用户对这个案例或者问题感兴趣，就会立刻被文章吸引，想继续读下去，一探究竟。

我有一个朋友，为了培养小孩的存钱意识，对小孩做家务给予金钱奖励。但是小孩每次一赚了钱，就立刻花光了，怎么办？

2. 引入新知

在完成案例描述后提出问题，比如，"这个案例背后到底有什么玄机？""这个问题应该如何解决呢？"……并随即引入一个新概念或者新观点，最好是用户不知道的观点，或者是打破常规的观点，把用户带入作者的逻辑中。

要解决"怎么办"的问题，我们首先要理解问题的本质。这个问题的本质是你给孩子的钱，被他放入了叫作"零钱账户"的心理账户，而在大部分人心里，零钱，就是用来"零花"的。

3. 解释原因

针对新概念，或者新观点进行解释，最好用比喻、举例等方式，让用户立刻明白这个新概念或新观点是什么意思。随后，针对这个新概念或新观点进行分类，或者进一步讲解：第一，……；第二，……；第三，……。

什么叫心理账户？就是每个人在心里，把同样的钱分门别类地存在了不同的账户里。到底用户有哪些心理账户，哪个最有钱？第一，意外所得账户；第二，情感维系账户；第三，零钱账户……

4. 提供方法

明白了这个新观点或新概念，有什么用呢？用学到的新方法来解决开头提出的问题，以及其他同类问题。

根据心理账户的原理，建议朋友转变给予报酬的方式，从每次劳动结束后给孩子报酬，变为每完成10次劳动给一次报酬，这样，钱就从进入"零钱账户"转变为存入"整钱账户"，不会乱花了。同理，应用在给老人钱时，……

5. 总结升华

写完以上内容，再升华一下主旨。

明白了这些心理账户的知识点，明白钱是分门别类存储的，要在每一个正确的心理账户中规划收支，才能够有效地去影响别人。

这就是刘润的文案结构，每一段话，每一个字，都在引导用户的思想，让用户顺着这个逻辑往下读，毫无卡顿，最后收获满满。

这种文案结构，用刘润自己的话来讲，就是用三千尺瀑布的逻辑势能征服读者；用单反相机式的观点聚焦写服读者；用游标卡尺式的用词拿捏服务读者。

与刘润老师的文案相比，很多做知识分享的公众号，文案中充斥着大量专业词汇、抽象概念，让用户读起来云里雾里、不知所云，当然很难得到理想的阅读量和转发率。

二 热点时评：如何解读一个事件？

每当有大事发生、有热点出现，新媒体人便开始"摩拳擦掌"，准备借着热点事件做一波"事件营销"。

"大V"们纷纷解读事件，从不同的角度，可以创作不同的文案。

"2021年底，某知名主播因偷税漏税被罚款13.41亿元！"看到这个新闻，应该如何解读？

财经专家可以解读直播背后的资产累积之路，这类内容被称为"泛财经"；法律博主可以科普有关偷税漏税严重后果的法律知识；财税专家可以分享普通人要注意哪些税务风险；育儿博主可以分享如何培养孩子形成正确的价值观……

每个人的专业不同，每个新媒体账号的定位不同，可以选择的解读角度便不同。从热点出发，落入自己的专业领域，这是非常高效的创作方式。

这种文案的结构是怎样的？给大家分享一个广泛使用的"SCQA模型"。

1. SCQA模型

SCQA模型是麦肯锡咨询顾问芭芭拉·明托在《金字塔原理》中提出的，共分为4个步骤。

①情景（Situation）：由用户熟悉的情景或者案例导入。

②冲突（Complication）：实际情况与预期有冲突，有矛盾。

③问题（Question）：怎么办？

④答案（Answer）：解决方案是……

使用这个模型，可以很好地实现"结构化表达"。

本书的自序部分就使用了SCQA模型。

S-情景：很多非互联网行业的企业都在做互联网转型，比如短视频运营、直播带货。

C-冲突：缺乏流量、缺少人才、变现困难。

Q-问题：如何破局？

A-答案：《运营之巅：非互联网行业的新媒体运营》系统地教你掌握新媒体运营的思维、方法和实操技巧。

SCQA模型看似简单，使用起来并不容易，需要作者拥有很强的逻辑和表达能力。

我给全国超过50家证券公司的分析师与投资顾问培训过"如何使用SCQA模型解读财经热点"，即便是这么高学历与高认知的学员，刚开始使用这个模型时，绝大多数人都用错了。经过几次总结与优化以后，他们才逐渐能够按照这个逻辑进行表达。

所以，使用这个模型，需要反复训练和实践，才能发挥出该有的作用。

2. SCQA模型衍生结构

基于SCQA模型，根据不同的话题和表达需要，我们可以调整顺序，衍生出其他文案结构，如下所示。

①标准式（SCA：情景–冲突–答案）；

②开门见山式（ASC：答案–情景–冲突）；

③突出忧虑式（CSA：冲突–情景–答案）；

④突出信心式（QSCA：问题 - 情景 - 冲突 - 答案）。

学会了"知识分享"和"热点时评"文案结构，我们足以应对大多数文案写作。

"知识分享"文案结构适用于根据自身的定位和用户常见场景，创作系列化的内容；"热点时评"文案结构适用于面对各种热点事件，随时结合自身的定位进行创作。

两种结构都适合针对单一观点、单一场景或单一事件进行解读，写文章或者拍短视频。如果要进行更深度的文案创作，或者拍中等长度的视频，便需要学习第三种结构——影响、说服他人的"辩论说服"文案结构。

三、辩论说服：如何传达一个理念？

你有没有看过综艺节目《奇葩说》？为什么在这档融入了辩论元素的节目中，黄执中、胡建彪等辩手无论拿到什么题目都可以说服大量观众赞同他们的立场？

你有没有听说过罗翔？2020年3月9日，他应邀入驻B站，仅两天，粉丝数超过百万；半年后，粉丝数突破千万！很多人没有记住罗翔讲的具体法律案例，却对"法外狂徒张三"印象深刻。

你有没有看过知名"大V""半佛仙人"的作品？为什么他发布的文章和视频都很长，但每一期都能让人看得津津有味，看完后常有醍醐灌顶之感？

他们使用的，大多是"辩论说服"文案结构。

1. 了解"辩论说服"文案结构

大学期间，我曾痴迷于辩论，研究过大量国际大专辩论赛（现为国际大学群英辩论会）的视频，学习过各种辩论技巧，也作为辩论队队长参加过多场比赛。

时至今日，我发现，《奇葩说》里明星辩手的文案仍然在用辩论的技巧，而把辩论技巧应用到新媒体文案中，简直是"降维打击"。

> 使用"辩论说服"文案结构，能够更好地传达理念，有效地说服和影响用户。

辩论赛的规则是将两支队伍分为正方与反方，双方针对同一个辩题，持相反的观点，根据流程交替发言，谁能够获得更多的评委分数谁就是赢家。

在新媒体的世界，网友是评委，创作者都是辩手。

如何说服他人？简单来说，辩手需要提前准备以下材料。

①论点，指的是观点和见解。

②论据，指的是支持观点的证据。

③论证，指的是如何证明论点的成立。论证方法之于辩论，犹如战士在战场上的战斗方法。

2. 巧用"辩论说服"文案结构

由于辩论赛是双方多轮较量的比赛，而新媒体运营是写出文案后一次性投放给所有用户的过程，两者有很大的不同，所以，我将辩论赛各环节的注意事项和辩论技巧融合，应用到新媒体领域，总结为一个公式：大思想 + 小观点 + 多论据。

什么是大思想？新媒体运营人员首先要明白一点，用户很难被你的一篇文案彻底说服，往往需要被多次说服后才真正地相信你，成为你的粉丝。因此，我们要尽量在不同的题材和结论中传达相同的思想，这就是"大思想"。

在众多视频中，罗翔始终在传达一些主要的思想，如"刑法只是对人最低的道德要求""认识到人是有限的，并接受这个世界的事与愿违，我们能做的唯有打好自己手中的牌，演好被社会和时代所赋予的角色"等，无论用户看的是哪个视频，最后都会指向这些思想。

所谓小观点，指的是作者在作品中围绕主旨思想抛出的多个观点。

作者每抛出一个小观点之后，往往需要列出多个论据来论证观点的正确性。

罗翔的每个视频都只讨论一个具体观点，针对这个观点，会讲很多案例进行分析，由于"张三"常被罗翔用来举例，以至于网友记住了"法外狂徒张三"。

理解了这个文案结构，快速创作便易如反掌。首先确定自己的大思想，然后针对这个大思想或主旨列出多个小观点，最后为小观点寻找两三个论据，并运用论据充分论证即可。

事实证明，互联网上的论证比辩论赛中你来我往的辩论容易多了！

四 销售文案：如何"种草"一个产品？

接下来，我为大家介绍一个销售文案的创作结构，这个结构特别适用于好物"种草"、短视频推荐、直播带货、一对一销售等场景。

销售文案的创作结构共分为5个部分，我用以一款面膜为目标产品进行文案创作的过程做示范，以便大家更直观地理解对应结构。

1. 发现需求

通过描述具体场景或者设置反问，吸引有潜在需求的用户。

有没有肌肤长期缺水的朋友？有没有经常熬夜导致黑眼圈比较重的朋友？

2. 放大需求

通过描述不解决问题的后果与代价，进一步放大用户的需求。

你知道吗？如果肌肤长期缺水，肌肤底层就会受损，日后难以修复；熬夜后黑眼圈比较重，被客户和同事看见，真的很尴尬。

3. 给出方案

介绍自己的产品，以主要卖点和产品亮点为主。

我给大家推荐的这款面膜，是专门为肌肤缺水、熬夜后黑眼圈比较重的朋友研发的，这款面膜采用了……

4. 加入第三方见证

通过展示某些用户的证言证词或者其他证据,让潜在用户打消疑虑,对品牌、产品建立信任。

看,这是该品牌的产品检测报告(展示检测报告图片)……这是天猫旗舰店的热销排行榜,这款面膜是排名第一的爆款产品(展示排行榜图片)……我有一个同事,她的肌肤就是……(讲用户故事)

5. 报价与促销

完成对产品的价值塑造后,给出一个优惠价格,或者送大量赠品,促使用户立刻下单。

原价一盒199元,今天品牌方实力宠粉,一盒只要99元,还额外赠送2瓶6毫升的补水保湿霜。3、2、1,上链接!

这个销售文案结构是当前文案高手、优秀主播都在用的文案结构,使用时,文案的每个部分都值得不断打磨。围绕自己的品牌和产品,精益求精,定制专属文案,一定会让我们的产品销量得到大幅提升!

3.4 故事：让故事替你说话

谁会讲故事，谁就拥有世界。

——古希腊哲学家　柏拉图

做好营销就是讲好品牌故事。广告就是向顾客以及潜在顾客讲述品牌故事，它是与公关和促销并列的工具。

——全球营销战略大师、"定位"之父　杰克·特劳特

要让一个人认识我们、了解我们、认同我们、信任我们，最好的方式就是讲故事。

人天生爱听故事，而新媒体恰好为故事的传播提供了绝佳的机会。

谁需要讲故事？

每个人都需要讲出自己的故事，才能更轻松、更有效地获得他人的关注和认可；每个企业都需要讲好品牌故事，通过故事走入客户的内心，让他们对品牌建立深刻的印象；每个新媒体运营人员都需要讲好客户的故事，促使其他客户消除疑虑……讲好故事，是增进客户信任的捷径。

所以，学习文案写作，一定要学会如何写出好故事！

个人故事：7个步骤塑造好形象

小时候，我们都看过很多电影和电视剧，剧中主人公的故事始终牵动着我们的心——对主人公故事的情节发展有多在意，对该剧就有多痴迷。

如果人生是一个剧本，我们就是剧中的主人公。如何写好自己的个人故事？我们可以从陪伴我们成长的电影和电视剧中汲取灵感。

1."7个问题"故事模板

许哲荣被誉为"中国台湾70后最会讲故事的人"，他的《小说课》总结了电影和电视剧中主人公的故事模板，只要问主人公这7个问题，就可以写出精彩的故事。

（1）目标

主人公的"目标"是什么？这里的目标最好是能够引起共鸣的，比如，战胜病魔、摆脱贫穷、振兴乡村等。

（2）阻碍

有了目标之后，他遇到了什么"阻碍"？阻碍包括外在的客观困难和内心的困扰。

（3）努力

他如何"努力"克服阻碍？描述努力的过程，通常是"努力–小成功–努力–小成功"式的"打怪升级"，或者"努力–失败–努力–失败"式的"越挫越勇"。

（4）挫败

努力之后，主人公遇到过哪些"挫败"？描述一次特别大的失败或者打击。

（5）意外

如果结果不理想，那么努力之外的"意外"可否改变这一切？意外，可以是遇到外在的巨大变故，也可以是内心突然有了巨大突破。

（6）转弯

意外发生后，故事情节会如何"转弯"？描述主人公拥有更强的技能之后，如何继续努力，变得越来越强。

（7）结局

"结局"是什么？描述主人公在某方面取得的成就。

将这7个问题总结起来，就得到了一个完美的故事模板：

故事＝目标＋阻碍＋努力＋挫败＋意外＋转弯＋结局。

套用这个故事模板，任何人都可以写出故事。

很多人喜欢看后宫剧，其实，后宫剧的剧情惊人的一致，无论是《甄嬛传》，还是《延禧攻略》，抑或是《如懿传》，主人公的命运都是按照这7步展开的。

①目标：主人公的目标可能是找到如意郎君，可能是出人头地。

②阻碍：主人公进宫之后，一定会有一个嚣张跋扈的贵妃、一个老谋深算的皇后，再加上一群钩心斗角的嫔妃，成为其事业发展的阻碍。

③努力：主人公不懈努力，一步步"晋升"，历经多次小成功和小失败，一定会遭遇一场大挫败。

④挫败：要么被打入冷宫，要么被赶出皇宫。

⑤意外：因为一个意外事件，再次与皇上相遇。或者因为一个意外事件，洗清了自己的冤情，得以回宫。

⑥转弯：再次入宫，主人公开始"黑化"，开启了"开挂"的人生。

⑦结局：扳倒对手，成为最终的胜者。

这个故事模板不仅可以用来进行艺术创作，也可以用来写每个人自己的故事。无论是企业创始人，还是普通员工，每个人的经历都可以写成故事，用于自我介绍，用于形象塑造，或者发布在各个新媒体平台上，用于吸引粉丝。

2. 用好模板的注意事项

要用好这个故事模板，还有4点注意事项。

（1）故事版本并不唯一

个人故事可以有好几个版本，每个版本都有它要表达的主旨。根据不同的受众，在不同的场合，可以使用不同的故事版本。

比如，我给企业员工培训时，会讲述我在新媒体领域的成长故事，展示我在这个行业的奋斗历程和资历。我在直播时，会讲述疫情之下，直播给我带来了哪些机遇和挑战，鼓励大家坚持做直播。

（2）桥段使用次数并不受限

"努力"和"挫败"的桥段可以反复上演，也就是说，可以写成"努力－挫败－努力－挫败－努力－挫败"，或者"努力－小成功－努力－小成功－努力－大挫败"等，一般往复3轮，就会让故事跌宕起伏、精彩纷呈。

（3）铺垫不宜过长

从"意外"开始，才算进入故事的高潮，"意外"之前的内容都是铺垫。请记住，铺垫不要太长！电视剧的铺垫往往很长，但在新媒体运营中，受众大多没有那么多耐心，所以节奏要适当加快。

（4）不要被模板束缚

故事模板中的7个步骤可以调换顺序，也可以适当增删，实际应用中有很多变式，大家不要被模板束缚。

品牌故事：3个阶段讲述企业发展

在7步讲故事之外，还有一个更高阶的版本——"英雄之旅"，这是好莱坞影片经常用到的故事模型。

"英雄之旅"这个概念由美国著名作家约瑟夫·坎贝尔提出，坎贝尔发现，古往今来，几乎所有经典故事都有一个相似的发展路径，如图3-3所示。

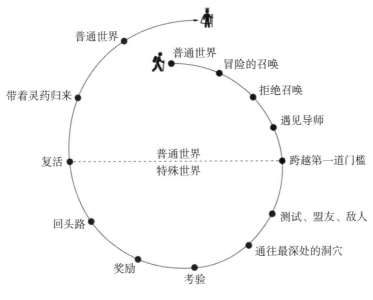

图 3-3 "英雄之旅"故事模型

主人公原本在自己平凡的世界里活得好好的，因为某一意外事件的发生，打破了他的生活现状，于是他不得不走出舒适区，进入一个新的世界，踏上了冒险的旅途。在这个新的世界里，他不断地面临各种困难和挑战，遇到人生导师、遇到盟友、扩大团队。最终，经过种种磨难，他通过了终极考验，取得了胜利。功成名就后，他回归平凡，或者踏上一段新的冒险旅程……

《蜘蛛侠》《狮子王》《指环王》《哈利·波特》……都是这个结构。

大家有没有发现，这些经典故事的发展路径和企业的发展历程、创业过程很像？因此，这个模型非常适合用来写品牌故事。

过去，大多数企业在写品牌故事或者做企业宣传片时，过于强调企业的"辉煌"，彰显"高大上"，但越是这样，越无法吸引客户。为什么？用爆款文案的 4 个原则来分析，因为这种宣传片式的故事缺少关联度、画面感、传播度、结合度，自然无法打动客户。

使用"英雄之旅"故事模型则不同，不仅爆款文案的 4 个原则全部满足，而且情节跌宕起伏，引人入胜；成长过程有血有肉，客户容易代入；发展历程清清楚楚，令人信服！

"英雄之旅"故事模型可详细分为 3 个阶段，共 12 步。下面我对这个模型进行详细解释，并对其如何应用于品牌故事加以介绍。

1. 启程阶段

（1）普通世界

普通世界的设定，让受众认同英雄是一个"普通"环境中的"普通"人。

假如是一个创业故事，介绍一下公司创始人原本是干什么的；假如是公司在进行二次创新的故事，介绍一下公司原本的经营状况（无论是公司创始人，还是公司，以下统称为"主人公"）。

（2）冒险的召唤

在普通世界努力的过程中，遇到了一个无法忽视的问题或挑战。

外界发展趋势有所改变，或者主人公所处的环境发生巨大变化，让主人公考虑做出改变。

（3）拒绝召唤

出于本能，英雄抗拒改变，这源于对安全感的需要，不敢轻易踏出"舒适区"。

因为身边人的阻拦，或者内心的恐惧，主人公拒绝做出改变。

2. 启蒙阶段

（1）遇见导师

突然被导师点拨，英雄顿悟了。导师可以是人，也可以是动物、事件等，可以是提供了地图、武器等技术上的支持，也可以是提供了言语点拨等精神上的指导。

主人公遇到某一契机，或者被某一事件触动，下定决心做出改变。

（2）跨越第一道门槛

英雄正式进入了另一个世界，而且没有回头路可走。

主人公开始进行第一次尝试，在尝试中规划自己要走的路，明确发展的方向。

（3）测试、盟友、敌人

这个环节比较漫长，包含的要素也比较多。

"测试"——英雄刚开始会遇到各种小麻烦，在不断解决问题的过程中提升自己；

"盟友"——过程中，英雄会找到志同道合的人，扩充自己的团队；

"敌人"——过程中，英雄会遇到竞争对手。

具体讲述主人公在发展过程中遇到了哪些困难、取得了哪些里程碑式的成就、团队如何发展等。

（4）通往最深处的洞穴

"最深处的洞穴"指终极任务所在地，为了赢得终极大战，英雄需要停下来做一些准备工作。

主人公即将面对一次足以改变命运的大事件。

（5）考验

在这里，英雄面临着迄今为止最大的考验，生死存亡在此一战。

这是整个故事的小高潮，讲述主人公如何应对突如其来的大事件，如何拼尽全力、努力奋斗。

（6）奖励

历尽艰辛，英雄想要的东西近在眼前，唾手可得。奖励是英雄在整个旅程中一直努力争取的宝物或知识，获得这个奖励，对后续发展的影响非常大（比如《哈利·波特》中的"死亡圣器"、《西游记后传》中的"舍利子"）。

主人公获得某个关键机会，比如拿下某个大订单，或者取得阶段性的重大成果。

3. 归来阶段

（1）回头路

故事还没有结束，隧道尽头的光明比英雄想象的要远一些。成功来得没有这么顺利，英雄还得经受一波考验，于是，在回去的路上，英雄遇到了更多危险。

主人公如何守住努力的成果？如何让订单得以完成？在这个过程中，可能会涉及很多挑战，如遭遇突发事件、被竞争对手报复、碰到一些莫名其妙的误会等。

（2）复活

英雄遇到了终极考验，这是黑暗势力打倒英雄的最后机会。这一场"大考"，是英雄必须接受的一次测试，看看他是否真的掌握了苦苦寻找的真谛。结果往往是英雄又一次通过了挑战，得到了升华。

这里是故事的真正高潮，也是最后的考验，在这一阶段，讲述主人公如何接受最后的考验，取得最终的胜利，完成"质"的飞跃。

（3）带着灵药归来

吃尽苦头后，英雄终于可以回家了。虽然再次回到普通世界，但和出发前相比，英雄成熟多了。这时，英雄会带着很多"好东西"回到普通世界，让身边人共享胜利果实。

主人公进入更高的境界，开始做公益，为人类、社会、环保等做贡献（升华主题）。

创业之路，犹如英雄之旅，九死一生，有笑有泪，用这样的故事模板讲述品牌故事，简直太贴切了！

在模板实际使用过程中，可以对12个环节做相应的调整，但总的阶段是不变的。

①启程阶段，体现企业的使命、愿景、价值观。

②启蒙阶段，讲述企业的发展过程、里程碑事件、荣誉、客户案例。

③归来阶段，讲述企业的行业地位、社会责任感等。

客户故事：3个步骤有效说服客户

在很多场合，介绍产品不如讲述我们与客户之间的故事。

好的客户故事，能够传达企业的价值观、产品的优势、服务的温度等，比自卖自夸更加真诚，也更加有说服力。

客户故事有两种讲法，一种是我们讲，即讲案例；另一种是客户讲，即"客户见证"。

客户故事的写法有很多，这里介绍最常用的客户故事模板，一共有3个步骤，我们逐一拆解。

1. 描述问题

客户遇到了什么问题，遭受了怎样的痛苦？

当潜在客户看到与自己类似的痛苦经历时，很容易产生兴趣，想知道后续情况如何。因此，这里要讲一个故事，展示适当的细节，更容易令潜在客户感同身受。

虽然客户故事的篇幅一般不长，但故事的要素都要有，建议使用"5W模型"，即表述清楚以下几个要素：谁（Who），在什么时间（When），在什么地点（Where），因为什么（Why），遇到什么问题（What）。

2. 如何解决

这个问题是如何被我们解决的？具体讲述我们如何用自己的产品或者服务帮助客户。

如果讲述的内容太笼统，潜在客户会不耐烦，甚至觉得我们是在自卖自夸；如果太详细，又容易喋喋不休，说不到重点。我们可以用一定的逻辑将主要的做法串联起来，比如根据时间顺序、操作步骤进行分点阐述，既说明重点，又不至于让潜在客户失去阅读耐心。

3. 放大价值

强调解决问题过程中的最重要因素,提炼和放大它的价值。这些价值,正好就是我们产品的亮点。

于是,故事听完了,潜在客户对我们的信任建立了,对产品感兴趣的潜在客户便会主动咨询。

举个例子,以下是我的学员(某知名券商的投资顾问)关于"客户故事"的作业。

我有一位客户,是老股民,从 2006 年炒股至今,几经 A 股市场的腥风血雨。他平安跨过了 2015 年的股灾,却没逃过 2018 年的 A 股大跌,2018 年亏损超 40%,近一百多万元,每天都睡不好觉,甚至在闹离婚。

2021 年一次偶然的机会,他在我们公司的 APP 上看到公司总部王老师的投资分析,被王老师的专业所吸引,于是咨询我怎样才能开始跟王老师学习。我很想帮助他,就邀请他先免费体验,体验一段时间看看适不适合自己。结果,经过一段时间的学习和实践,他竟然扭亏为盈。图 3-4 是我们的聊天记录截图,此外,他还亲口对我说:"王老师讲得很不错,跟着她,我踏实!我现在再也不会失眠了!"从那以后,这位客户一直坚持订阅王老师的"稳健成长策略"学习课程。

"稳健成长策略"是一种追求绝对收益、侧重逆向投资、赚取稳健业绩的投资策略。它以 PE 眼光投资,用做实业的模式投资二级市场,不依赖时机选择,笃信精选个股,旨在赚取公司成长的钱,实现组合的稳定增值。

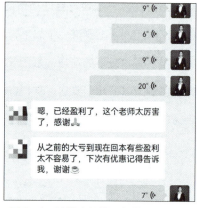

图 3-4 某券商投资顾问的聊天记录

注:该图由图中聊天者提供

这个作业就是严格按照"描述问题 + 如何解决 + 放大价值"模板写的客户故事。

想要客户故事起作用,除了故事本身,辅助的物料与证据也很重要。潜在客户为什么要相信你的故事是真的?如何感受得更明显?需要我们提供聊天记录、数据、图片、小视频等证据进行辅助说服。最好的证据,是客户现身说法,或拍摄客户见证视频。

通过本章,我们学习了爆款文案的写作原则、标题技巧、创作结构、故事加工方法等内容,只要认真理解、练习,文案写作能力一定会显著提高!此外,我为大家准备了一份书单,每本书都是实用的经典作品,供大家进行更深入的学习。

① 《小说课(壹):折磨读者的秘密》,许荣哲著。

② 《小说课(贰):偷故事的人》,许荣哲著。

③ 《千面英雄》,约瑟夫·坎贝尔著。

④ 《故事:材质、结构、风格和银幕剧作的原理》,罗伯特·麦基著。

⑤ 《写作七堂课》,秋叶著。

⑥ 《手把手教你玩脱口秀》,格雷格·迪安著。

⑦ 《李诞脱口秀工作手册》,李诞著。

一 标题练习

①挑选 5 篇爆款文章（阅读量 10 万+），仿照其标题结构写一个类似的标题，并对每个标题的亮点加以分析、总结。

②选择 5 个自己曾经写过的文章标题，运用本章学习的技巧进行优化，并对优化前后的标题特点进行分析、总结。

二 "个人故事"写作练习

用"7 步讲故事"模板，写一个个人故事作为自我介绍。

三 "品牌故事"写作练习

用"英雄之旅"模板，写一个品牌故事或者团队故事。

四 "客户故事"写作练习

用"描述问题+如何解决+放大价值"模板，写一个真实的客户故事。

第 4 章

短视频：
短视频策划与制作技巧

短视频到底有多重要？我们看一组数据，如图 4-1 所示。

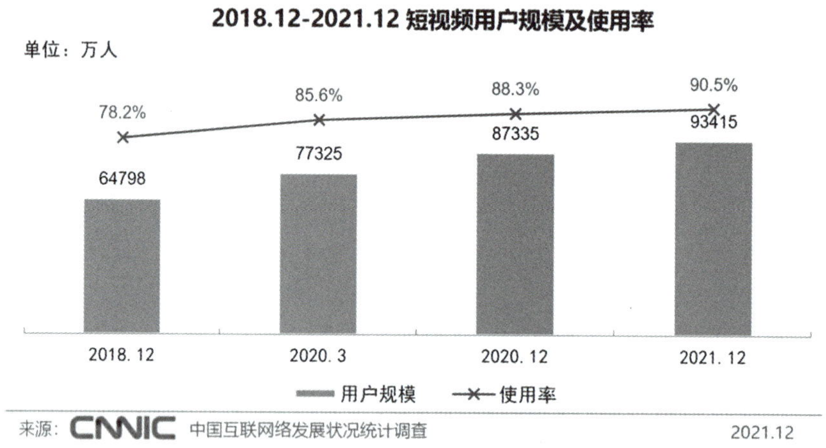

2018.12—2021.12 短视频用户规模及使用率

单位：万人

时间	用户规模	使用率
2018.12	64798	78.2%
2020.3	77325	85.6%
2020.12	87335	88.3%
2021.12	93415	90.5%

来源：CNNIC 中国互联网络发展状况统计调查　2021.12

图 4-1　2018.12—2021.12 短视频用户规模及使用率

数据来源：中国互联网络发展状况统计调查

第 49 次《中国互联网络发展状况统计报告》显示，从 2018 年开始，我国的短视频用户每年都在大幅增长，2018 年 12 月有 6 亿多人，到了 2021 年 12 月，有 9 亿多人，在网民中所占的比例从 2018 年的 78.2% 上升到 2021 年的 90.5%。

而且，这个数字保持着稳定增长的态势，短视频平台一方面加速布局知识领域，推动知识传播；另一方面不断与传统产业融合，创造出更大的经济价值。

可见，如今短视频已经渐渐成为人们工作和生活中必不可少的一部分。

无论你本人是否喜欢看短视频，无论你的用户是否已经养成看短视频的习惯，你都必须要意识到一个事实——短视频的发展是不可逆的，视频对于图文是降维打击！

为什么？

第 4 章
短视频：短视频策划与制作技巧

我们都知道，文案是所有衍生形式的基础，而在文案的基础上，内容可以以不同的形式呈现。

文字是一维的。

图文和声音是二维的，因为图文增加了图片的视觉冲击，声音增加了语音、语调、语气所传达的情绪。

视频是三维的，有文字、有图片，还有声音，对人的感官刺激更强。此外，大多数视频网站都支持发评论、发弹幕，严格来讲，视频应该算 3.5 维。

直播是四维的，有文字信息、图片、声音，还有实时互动。

人们会对高维度的形式产生依赖，习惯了高维度的形式，便难以重新接受低维度的形式。维度的升级需要一个过程，这个过程，很大程度上是不可逆的！

短视频和直播都是比较高阶的维度，两者之间的差异，决定了我们运营策略的不同。

短视频的互动性虽然不如直播，但是作品可以不受时间和平台的限制，随时发布在各个平台，大范围投放，而且，短视频可以反复观看，天天刷屏。因此，发布短视频的主要目的是吸引粉丝，俗称"吸粉"。

直播能够实时互动，这为营造氛围、当场消除消费者疑虑并成交创造了绝佳的机会。因此，进行直播的主要目的是成交。

短视频用来吸粉，直播用来成交，这是最常用的策略之一。

未来，短视频和直播会越来越相似，越来越融合——短视频会创造实时互动的氛围，直播会克服实时的限制，比如，点击某个产品的短视频，会跳转至该产品的直播回放，并通过 AI 技术实现为每个消费者实时解答。

不学短视频和直播，未来所有的"风口"都将与你无关！

本章会讲解短视频创作的重点，下一章会介绍直播运营的关键。

在第 1 章中，我们提到过，著名导演贾樟柯说过这样一段话："其实，你们短视频这个行业的运营者，是作者、制片人、编辑集为一体的，电影要幸运一点，我们是高度分工的，专门有人考虑流量的问题，专门有人考虑资金的问题，导演不用在意这些事情。"

没错，虽然短视频创作的门槛较低，拍摄、剪辑、配音等各个环节的硬件和软件支持更多，但整个拍摄、制作、推广流程并没有变。

短视频是微电影演变而来的。电影的拍摄、制作、推广有哪些流程？简单来说，需要经历选择剧本、筹备资金、确定导演、确定演员、组建摄制组、电影剪辑、发行、宣传、参加电影节等。

短视频的拍摄、制作、推广过程同样如此，只不过，需要由一两个人完成所有工种的活儿。

做新媒体运营的人，必须适应一个人就是一个团队！

当你具备变现能力时，还需要做到一个人就是一家公司！

要成为一名专业的新媒体运营人员，需要掌握以上所有技能，并为结果负责！那么，具体需要学习哪些知识呢？接下来，我们逐一拆解。

4.1 定位：人设、选题与形式的三大定位

定位，解决的是方向性问题，即做什么样的视频、由谁来做、主题是什么。

新媒体账号的主体分为两种。

一种是个人账号，用个人身份证即可注册，归属权在个人，已经认证的个人账号俗称"橙V"；另一种是企业账号，注册时需要用到企业营业执照或者个体工商户营业执照，归属权在企业，认证后的企业账号俗称"蓝V"。

企业账号与个人账号代表的身份不一样，功能和权益也有较大的区别。运营企业账号，对企业的管理制度提出了一定的要求，不同的企业性质，管理差异非常大，本书不做详细论述。

不过，在用户眼里，无论是企业账号，还是个人账号，他们只为自己感兴趣的话题停留，只为好的内容买单，只为喜欢的演员点赞。

所以，一定要牢记：内容为王！

我见过非常多的企业，领导的思维还没有转变，做新媒体运营时眼里只有自我，没有用户。

没有"用户思维"和"利他思维"，做新媒体运营很难成功。

因此，我要与大家达成共识：定位的原则首先是以用户为中心，然后反推我们

应该怎么做，而不是只从自己的企业或产品出发，强行推广。

理解了这个逻辑，大家会发现，运营企业账号和运营个人账号要做的事情几乎是一样的。

所有事情，都要围绕定位来做。

新媒体犹如大海，没有定位，到不了想去的地方；用户犹如大海里的鱼，抛下钓鲫鱼的饵，能钓到鲨鱼才怪。

想做好新媒体运营，至少要做好3个定位：人设定位、选题定位和形式定位。

 人设定位

什么是人设？人设是对"人物设定"的简称。

很多人对人设有误解。第一种误解，觉得人设是死板的，有人设就不能"做自己"；第二种误解，把人设想得太复杂，认为只有明星才需要打造人设。

其实人设特别简单，人设就是每个人给他人留下的印象。

名人之所以会被我们记住，主要就是人设被记住了。说起郭德纲，你会说他是相声大师，德云社班主；说起罗翔，你会说他是刑法律师，幽默的段子手；说起做手机的罗老师，你会说他是连续创业者，初代网红。

不仅你这么说，大家都这么说，说明人设立起来了。如果有一天，大家突然发现这一切都是他们伪装的，事实并非如此，那么他们的社会评价将一落千丈，俗称"人设崩塌"。

只有明星有人设吗？

提起小学语文老师，你可能会想到外表严厉，但内心善良；提起公司楼下的保安王大爷，你可能会想到学历不高，却会讲英语……可见，每个人在别人心目中都会留下一些印象。印象靠什么承载？靠的是一个个标签。实际上，新媒体平台的算法机制也是靠标签进行兴趣匹配的。

小时候，我们可能被教育"给别人贴标签是不礼貌的行为"。但是在互联网上，尴尬的不是被贴标签，而是没有标签，因为没有标签就无法为他人所识别，俗称"小透明"。比没有标签更尴尬的是：被贴错了标签。

所以，我们一开始就要给自己贴上标签，然后努力让大家认可这个标签。等到一想到你，别人就会想到这个标签；或者一想到这个标签，别人就会优先想到你，就算是成功打造了"个人IP"。

定位，就是贴标签！

每个人都有很多标签，包括职业标签、性别标签、社会地位标签、角色标签、性格标签、价值观标签等。

人设定位，需要贴两类标签：专业标签与特色标签。

1. 专业标签

专业标签指的是你在某方面有一技之长。互联网上，英雄不问出处，无论名气大小，无论老少，不分职位高低，只要有一技之长，就有出名的机会。

如何确定自己的专业标签？公式是：领域＋身份。

领域通常可以选择互联网、科技、科普、职场、教育、宠物、美食、旅游、汽车、情感、摄影、时尚、美妆、生活、母婴育儿、舞蹈、动漫、娱乐、搞笑幽默、体育、影视综艺、健康、文学、国学、收藏、航空、法律、房产、三农、历史、军事、财经、艺术、设计美学、运动、户外、游戏、健身、音乐、剧情、家居、国风、心理、武术等。

身份通常可以选择顾问、自媒体、博主、主播、UP主、达人、红人、网红、专家、福利官、首席等。

选择一个领域，再选择一个身份，就形成了你的专业标签。

罗翔是法律专家，陈翔六点半是搞笑自媒体，秋叶是教育博主，傅一声是新媒体培训师……这都是专业标签。

具体操作时，需要注意以下3点。

（1）"领域"可细分

在实际应用中，我们可以根据自己的职业和业务范围，对"领域"进行进一步细分。

比如，我的标签是"职场大V"，与此同时，我可以使用更具体的表达，即"新媒体培训师"。我有很多金融行业的学员，从大的领域来说，他们是"财经大V"，但根据各自的业务范围细分，可以分为"财税专家""基金大V""理财顾问"等。

做专业标签时，最好聚焦在一两个细分领域内，不鼓励当"斜杠青年"，因为标签越多、越杂，越不容易被平台抓取并推荐给精准的用户。

（2）不同平台有差别

在新媒体平台上认证自己的专业标签时，不同的平台表达方式不尽相同。以"傅一声"为例，我早期在今日头条上认证的是"职场达人"，但在微博里认证的是"教育自媒体"，因为微博里没有"职场"这个分类，职场类归在教育大类里，没有细分类，就要放在更大的分类中。目前，我的微信视频号认证是"互联网博主"，因为视频号认为我主要是分享互联网方面的知识，"互联网博主"比"职场博主"更准确。

（3）慎重选择账号主体

一旦进行"蓝V"认证，即以企业作为主体去认证，那么账号的认证就只能体现为认证的企业名了。如果想打造的是个人IP，一定要认证成"橙V"账号。

只有专业标签够不够？不够！

互联网上，任何一个领域的"大V"都很多，你和别人有什么不一样呢？

同样是分享知识的博主，有的用户喜欢思维严谨、逻辑缜密的博主；有的用户喜欢幽默风趣、轻松搞怪的博主；有的用户喜欢勤奋、有激情的博主；有的用户则喜欢看起来懒散、佛系的博主……

每个用户都有自己喜欢的风格，个性越明显，越能吸引精准用户。

这就需要新媒体运营人员给自己的账号贴第二个标签——特色标签。

2. 特色标签

我经常在课堂中让学员练习贴标签，发现有接近半数的学员经常将特色标签贴错。他们总是把特色标签当作专业标签的延展，比如专业标签是"财经博主"，特色标签贴成"专业"。不对！哪个财经博主不说自己专业？这是毫无特色的。

真正的特色标签有哪些？以下角度供参考。

性格特色：幽默、乐观、热情、佛系等。

外形特色：酒窝、爱笑、光头、1.9米大高个等。

风格特色：高冷、治愈系等。

经历特色：兵哥哥、农村小伙、环球旅行体验家等。

成就或地位特色：金牛奖获得者、百大UP主、40岁以下财富精英等。

记忆点特色：大舌头、福建普通话等。

爱好特色：手工达人、会做饭、唱歌好听等。

我们只需要从以上几个维度中挑选最符合自己特点的关键词，就贴好了自己的特色标签，特色标签可以多贴几个。

没有人可以让所有人都喜欢你，我们再优秀，也只能吸引一部分人。

需要注意的是，贴标签的时候要符合实际情况，一旦弄虚作假，早晚有一天会走到人设崩塌的地步。为什么很多明星会人设崩塌？因为他立的是虚假人设，装得了一时，装不了一世。

很多人说，我不愿意给自己立人设，因为我想做自己。我想说的是，任何一个小众的爱好，放在14亿人当中，都有相当大的体量。所以，互联网反而更能让我们有机会不用太在乎身边人的眼光，勇敢做自己。

另外，补充一下，我们的人生不用全部展示在互联网上。到了互联网上，可以把自己当作一个演员，要有演员的自我修养！

二 选题定位

确定好了人设定位后,我们的所有创作和运营工作都要围绕定位展开,这样才能让用户对我们产生统一和强烈的感知。

围绕定位做选题,通过内容征服用户,让自己在某个领域真正站稳脚跟,这就是"卡位"。

做新媒体运营,大部分人遇到的最大问题是缺乏灵感,不知道自己可以做什么。

没有做好选题定位就盲目入局,很可能会导致一种情况,即明明给自己贴的标签是财经博主,但各种题材的作品发布得乱七八糟,平台一看,搞不清楚这个账号到底是做什么的,于是就给限流了。被限流,这个账号就算是"做死了"。

因此,你需要一个选题库。

选题库中至少要有4类选题:专业选题、生活选题、热点选题、活动选题。

为什么至少需要这4类选题?

比如,你是知识主播,天天讲干货知识,太枯燥了,没人看,那么偶尔也要展示一下生活,提高粉丝亲密度。如果你天天讲热点,带来的全是"泛粉"(差异性太大,不精准的粉丝),会导致无法变现,那么最好偶尔讲一些有专业深度的内容,吸引精准粉丝。

选题类别之间要互相组合,且把握好比例。

(1)60% 专业选题

围绕专业标签策划的选题,目的是打造自己的专业形象。以美食博主为例,专业选题可以是如何在家做红烧肉、美食探店、测评不同品牌的辣椒酱等。

(2)20% 生活选题

丰富人设的生活类选题,用于增加记忆点,提高粉丝的黏性。以美食博主为例,生活选题可以是90岁的农村奶奶给我做了一道童年味道的鸡蛋羹。

（3）15%热点选题

围绕与定位相关度高的热点进行创作，容易做出爆款作品。以美食博主为例，给大家做一道黄磊同款美食、分享《中餐厅》里的黄晓明同款菜谱等。

（4）5%活动选题

偶尔开展一些给粉丝送福利的活动，提高和粉丝的亲密度，或者进行引流。以美食博主为例，给粉丝们送自己做的辣椒酱、抽奖送自己制作的腊肠等。

曾获得"2020视频号全V指数排行榜排名第一"荣誉的萧大业，身份是企业管理专家、创业导师、天使投资人和培训师。他的身份主要集中在教育领域，所以他的专业标签为"教育博主"。教育博主那么多，如何体现自己的特色？他给自己贴了好几个特色标签，如"爱大叔不如爱大业"（口号）、"带墨镜"（外形）、"在户外分享知识"（背景）等。

萧大业围绕定位的选题库都包括哪些内容呢？

①专业选题：分享个人成长、管理、领导力等干货。

②生活选题：分享家人的故事，比如一个名为《我的父亲和母亲的相濡以沫》的一分钟视频，获得2.4亿次播放，直接出圈了。此外，他还坚持每周发一个唱歌的MV视频。

③热点选题：结合时事谈管理、谈成长。

④活动选题：发布直播预告，给粉丝提供连麦直播的机会等。

> **小贴士**
>
> "出圈"是网络流行词、娱乐圈常用语，一般指某位偶像或明星知名度变高，不仅仅被粉丝圈子所关注，开始进入大众视野，变成真正的"公众人物"。后来引申到不限于人，事件和物品也可以"出圈"。

三 形式定位

确定好选题库,便解决了"拍什么"的问题。

接下来要考虑的是,不同的选题,应该以何种短视频形式展现?

短视频的形式种类非常多,选择哪一种,是多种因素平衡后的结果——要考虑自己的爱好、平台的扶持方向、用户的欢迎程度、拍摄的成本与后期制作的难度等。很多短视频形式确实很吸引人,但如果我们没有对应的技术水平,很容易弄巧成拙。

我的建议是一步步来,从自己能做好的、简易的短视频开始,在做的过程中不断提升。如果一开始就强迫自己做出非常复杂的短视频,绝大多数人根本坚持不下去,并且,投入很大的成本,短期内没有获得回报,经济压力会很大。

短视频的形式很多,重点推荐以下 6 种。

1. 图文短视频

图文短视频是一种非常简单的短视频形式,在图片或视频片段中加上文字,再配一段音乐即可,如图 4-2 所示。目前,图文短视频是新闻资讯类短视频的重要形式之一。

如果一张图片不够,可以将多张图片拼接起来,加上必要的文字和音乐,制作简单的短视频。

这种形式广泛用于新闻、盘点、风景、书单、老照片合集等。

很多人批评这类短视频的展示太过简单、粗暴,有一定的道理,但有的内容确实适合采用该方式。比如书单推荐,我们将每本书的封面展示出来,配上推荐理由,就够了。又如餐饮店宣传,将店中的美食照

图 4-2 人民网的新闻类短视频

片一张张拼在一起，就是一个短视频，带上本店的团购套餐链接，即可高效地进行"短视频带货"。

2021年11月，抖音对图文类短视频进行扶持，宣布投入上亿流量扶持图文内容，有效降低中小创作者的内容创作门槛。由于发布的图文短视频可以关联地址、小程序等，帮助创作者通过图文"种草"功能实现团购推广变现，吸引了很多创作者参与。

2. 口播短视频

口播短视频，即人对着镜头讲话并拍摄视频，是一种比较简单的短视频形式，如图4-3所示。一个人，一个摄像头，一段文字就可以做成单人口播短视频。两个人，就可以做成访谈类口播短视频。

图4-3　傅一声的口播短视频

口播短视频看起来很容易拍摄，要受用户欢迎、做出爆款却并不容易，需要科学的构图、优秀的文案、良好的镜头感、流畅的表达和自然的表演。可以说，能否拍好口播短视频，是很考验主播基本功的！

3. 解说短视频

如果不想真人出镜，怎么办？解说短视频是一种可供选择的形式。

解说短视频有两种常用的拍摄方法。

（1）以声音为主线

创作者写好脚本后，自己录音或者找人配音，剪辑时给音频中的内容配上合适的画面即可，如图4-4、图4-5所示。这种短视频形式特别适合用于知识分享、科普、教学等，很多知名博主的时事解读类短视频都会使用这种形式。

图 4-4　以声音为主线的解说短视频
@ 温义飞的急救财经

图 4-5　以声音为主线的解说短视频
@ 傅一声

（2）以画面为主线

创作者将需要展示的画面按照一定的逻辑拼接好，在需要的地方配音解读。常用于电影混剪、教学演示等场景，如图 4-6 所示。

图 4-6　兴业银行柜员的短视频作品

4.Vlog（视频记录）

Vlog 的全称是 video blog 或 video log，意思是视频记录，YouTube 平台对 Vlog 的定义是创作者通过拍摄视频记录日常生活，这类创作者被统称为 Vlogger。Vlogger 是新时代喜欢用视频代替文字或照片记录生活的人。

就像 80 后、90 后小时候喜欢写日记一样，对于 00 后、10 后来说，Vlog 已经逐渐成为他们记录生活、表达个性最主要的方式之一，如图 4-7 所示。

Vlog 拍摄主要有两种流派。一种是追求快节奏的酷炫派，往往需要拍摄多组镜头，使用运镜手法；另一种是不强调技术，更关注拍摄场景和现场收音的实用派，

图 4-7　Vlog @ 燃烧的陀螺仪

拍摄与后期剪辑的成本相对较低。

5. 才艺短视频

才艺短视频，无论在什么时代，无论在哪个平台，都是备受欢迎的短视频形式。

才艺包括唱歌、跳舞、脱口秀、模仿、Rap等，短视频平台为有才艺的人提供了展示才艺的舞台。

然而，很多人的才艺并不出众，怎么办？改编！

只要改编得有创意、有意思，就有机会获得用户的喜爱。更重要的是，如果改编后能够和自己的产品结合起来，便能够起到"种草"的作用，如图4-8所示。

图4-8 国家电网的B站鬼畜视频

6. 剧情短视频

剧情短视频是目前各平台最推崇的短视频形式，因为它有情节、人物，能够清晰地表达主题、调动用户情绪、引发情感共鸣，可以在短时间内吸引用户关注。

剧情短视频可以制作得很复杂，也可以制作得很简单，一切以我们要表达的主旨为中心。

剧情短视频的创作空间非常大，几乎可以表现一切。在其他各种形式的短视频中增加剧情，也可以为其他形式的短视频增色不少。

知名钢琴家薛汀哲，早期发布的音乐短视频大多是以演奏为主题的，后来，他创新短视频形式，做了一个剧情短视频系列"当我装成钢琴小白去上课"，假装自己是钢琴小白，和钢琴老师的互动既有看点，又有演奏技巧展示，趣味性很强，如图4-9所示。

在剧情短视频中巧妙地植入广告，也是新媒体运营的主要手法之一。

招商银行的某爆款短视频，讲述了"未来婆婆"劝儿子的女朋友离开她儿子的故事，通过短视频，既宣传了"空头支票"的危害，又为招商银行做了广告，集趣味、知识科普、广告宣传于一体，如图4-10所示。

图4-9　薛汀哲视频

图4-10　招商银行短视频

4.2 创意：轻松写出创意好脚本

创意，解决的是内容创作主题的问题，即每个短视频具体要拍什么、拍什么比较容易火。

大家知道短视频行业有多缺编导吗？在上海，月薪两万都招不到人！常年缺编导，这几乎是所有短视频公司的现状。

而且，非互联网行业的企业做新媒体运营时，比传媒行业更缺编导！其中一个原因是，在这一领域，这些企业的薪酬体系和工作环境根本没有竞争力，基本上招不到优秀的编导，只能由自己现有的员工兼职干。

那么，什么是编导？为什么那么稀缺且重要？

编导有狭义和广义之分，狭义上的编导指的是广播电视编导专业和其同类型专业，如戏剧影视文学专业、导演专业等专业的毕业生及相关从业者，广义上的编导指的是在影视传媒类行业中掌握视听语言等专业技术并进行创作和编排的人。

简而言之，编导的主要职责是"编"和"导"，编导是既能编又能导的复合型人才，曾是广播电视行业中的一个专有名词。

随着全民短视频时代的到来，每个人都是自己的"编导"，短视频编导需要做策划、写文案、懂拍摄、会剪辑、能运营，还得会销售，即从结果出发，为了优质内容和实现变现，根据平台的逻辑算法工作，十八般武艺都得用上，必须全能！

目前，短视频编导和传统编导已经不是一个概念了，在传统媒体工作越久的人，距离新媒体运营反而越远。

因此，企业根本不要幻想招个编导专业的人来就可以解决短视频拍摄的问题，更不要奢望能招到真正厉害的编导——真正厉害的编导，绝大部分都自己创业了。

编导是练出来的，而且是结合具体产品的品牌和定位练出来的。

那么，在非互联网行业做新媒体运营的编导，需要掌握哪些必备的知识和技能？应该以什么方式进行正确地练习与提高？本书将提供实用且具有实战意义的建议。

本书将编导分开讲，这一节讲编剧，重点介绍如何写出好脚本；下一节讲导演，详细说明如何制作并导演出一个优质短视频。

在策划内容时，短视频编剧要时刻牢记以用户为中心，以结果为导向，艺术、审美、技术统统往后排。优先级搞反了，往往会做出"自嗨"的作品，即自己看着满意，用户不买账。

怎样才能策划出打动用户的内容？背后实际上是对互联网的理解、对人性的洞察、对消费者心理的把握，具体参考第2章。

短视频脚本也是文案类型之一，学习完第3章文案写作，我们已经掌握了常见文案的结构和写作技巧，但是要写成短视频脚本，还需要根据短视频平台的算法和用户观看短视频的习惯，对文案进行调整。

如何调整呢？从策划到脚本，做好以下工作，每一步都能踩中爆款的点！

 打破常规

大家有没有在互联网上看到过国企、事业单位的员工跳舞的短视频？中国联通、国家电网、招商银行等，都拍过类似的短视频。

为什么他们跳舞的短视频能火？为什么这些企业会使用让员工跳舞的方式来宣

传？这符合企业的风格吗？

早期使用这种宣传方式的企业员工大多是我的学员，刚开始，企业领导普遍有顾虑，不同意，但我坚决鼓励以这种形式来做宣传。

为什么？因为这虽然是"一着险棋"，但胜算极大。

背后的逻辑是4个字：打破常规。

1. 人设反差

我以中国联通为例，为大家拆解这种宣传方式爆火背后的底层逻辑。

中国联通最开始在互联网上发布短视频，以发布企业宣传片与产品介绍视频为主，出于"政治任务"和"行政要求"，各分公司统一发布这些短视频，结果可想而知——不仅阅读量不过百，而且账号被限流。这就是只考虑自己，不考虑平台规则和用户喜好的结果。

领导看没有效果，于是让年轻人去探索新的宣传主题。

年轻的员工开始尝试在抖音上发布"客服的搞笑对话""手势舞"等短视频，效果不错；在B站上发布"宅舞""鬼畜"等短视频，结果一炮而红。

其他企业纷纷模仿，一时间，全网的企业蓝V账号都在"感谢联通"，带起了企业账号的宣传新风潮。

为什么中国联通的小姐姐跳舞会火？是因为长相好看、舞技高超吗？相比于网红的颜值、互联网上专业舞蹈人士的舞技，她们并没有优势。

让用户产生"中国联通的小姐姐竟然能跳得这么好""中国联通的员工竟然也会跳舞，我很爱看"等想法，才是关键。

用户对这些国企的固有认知是"严谨""死板"，结果其员工在互联网上这么"活泼""宠粉"，形成了强烈的反差。

这个反差，就是打动用户的"流量密码"！

由此，我们探索出了第一条打破常规的公式：反差＝固有认知 × 新形象。

中间的"×"是乘号,固有认知越强烈,新形象越"反常识",人设反差就越强烈,效果就越好。

2. 行为反差

如果我们不像这些大企业一样,原本就在用户心中有非常强烈的固有认知,怎么办?

送给大家一个模板:假如 ×× 像 ××。

这是一个极其讨巧的脚本创意模板,使用这个模板的网红非常多,以Papi酱为例,2022年,她更新的前10条短视频中,有5条是采用该模板创作的,如图4-11所示。

图4-11 "Papi酱"B站主页

《当晚会主持人做了老师》这条短视频的创意是"假如老师上课像晚会主持人";《当代年轻人的奶茶文化》的创意是"假如喝奶茶像喝酒";《我的妈妈是个老甲方》的创意是"假如妈妈说话像甲方"……

把一个群体的常见行为让另一个群体来表现,从而形成"行为反差",是一种非常有效的创作技巧。

大家还可以参考抖音博主"摆货小天才"、B站UP主"导演小策"的作品,将这个模板用得纯熟。

3. 语言反差

表现出"人设反差"和"行为反差",都需要一定的表演能力,否则无法让用户有代入感。如果你觉得自己演技不行怎么办?有一个简单的做法:制造"语言反差",即在台词中体现反差感。

很多脱口秀创作用的就是这个原理。

送给大家几个拿之即用的公式:语言反差=预期+意外;预期=铺垫+目标假设;意外=铺垫+解读。

在春晚经典小品《昨天 今天 明天》中,有这样一句台词:"我们俩越来越老了,剩下的时间越来越少了,以前论天儿,现在论秒了,下一步,我准备带她出去旅旅游,走一走比较大的城市……去趟铁岭。"

这类"包袱",就使用了以上公式。

《昨天 今天 明天》是1999年的春晚小品,21年后,李雪琴在《脱口秀大会》上的金句"宇宙的尽头就是铁岭",同样使用了以上公式,真可以算是"梦幻联动"了。

这就是脱口秀的创作公式,想了解更多相关内容,大家可以阅读格雷格·迪安的《手把手教你玩脱口秀》。

打破常规,是我们做短视频编剧时用得最多的技巧,如果能在反差中融入自己的职业、工作、品牌、产品,就更加巧妙了。在我的课堂上,仅打破常规这一模板,在时间允许的情况下,我会组织学员练习两天,因为其中有非常多值得我们好好琢磨的地方。

 制造冲突

为什么很多大公司花上百万元请明星拍的剧情广告,效果往往不如花一万元找一个"草根"UP主拍的短视频广告?

为什么我们不爱看国内广告,却对很多泰国广告赞不绝口?

要解答这些"为什么",我们首先要理解这些问题的本质。这些问题的本质是,什么样的短视频能够让用户愿意看下去。

以前是电视上播什么,大家就看什么,现在是大家想看什么,就看什么。

什么样的短视频能够让用户愿意看下去?最常用的技巧就是在短视频中制造冲突。

因为有冲突,所以有情绪;因为有冲突,所以期待接下来的发展。

如何制造冲突?送给大家一个公式:冲突=渴望+阻碍。

这个公式怎么用?不断地在脚本中设置渴望和阻碍即可。

具体的情节模板如下。

因为某个原因,主人公想要达到某个目标(渴望),要实现这个目标,是有难度的(阻碍)。抱着必胜的信念,主人公迎难而上(渴望),成功克服了这个困难后,他又遇到了新的困难(阻碍)。因为对目标的渴求过于强烈,主人公辛辛苦苦地克服了新的困难(渴望),紧接着,他再次遇到了其他困难(阻碍)……

反复地使用"渴望+阻碍"公式,不断转折,就能把用户的注意力牢牢抓住。更巧妙的是,最后一次阻碍,是用我们的产品解决的,这就是巧妙植入广告的套路,这就是"创意广告"!

举一个我上课时常用来帮学员练习发散性思维的例子。

假如我们要为某品牌鲜牛奶拍一个短视频广告。

传统广告是怎样拍的?优质牧场的奶牛产出了牛奶,被送奶工通过冷链运送到用户手里,用户喝完很满意,赞扬道:"好牛奶,真新鲜!"

这样的剧情有意思吗?没意思!

我们用上"冲突=渴望+阻碍"公式后,怎么拍呢?

从奶牛产奶到送到用户手里,我们要加阻碍和渴望。

第一层"渴望+阻碍"——

用户(将用户设定为大老板)想喝牛奶。(渴望)

奶牛今早有起床气，挤不出奶。（阻碍）

于是，挤奶工问用户的管家："今天能不能断一天奶？"

第二层"渴望+阻碍"——

管家说："老板说今天送不到奶，以后就再也不要送了！"（加大渴望）

在挤奶工的努力下，奶牛终于挤出奶了。挤奶工把牛奶交给送奶工，没想到送奶工在路上遇到了堵车。（加大阻碍）

于是，送奶工问管家："路上堵车，牛奶晚点儿到可以吗？"

第三层"渴望+阻碍"——

管家说："晚到一分钟老板都有可能不高兴，想想你妈妈的手术费！"于是，送奶工更加渴望准时将牛奶送到。（加大渴望）

送奶工下车，一路飞奔，终于按时将牛奶送到了管家手里。没想到，管家接过牛奶时，不小心将牛奶瓶打翻了。（加大阻碍）

第四层"渴望+阻碍"——

想到得罪老板的后果，管家万念俱灰，她默默地收拾好行李，做好了被辞退的准备。她流着泪跑到阳台上，打算最后环视生活多年的庄园，结果在阳台上看到有人给邻居家送鲜牛奶，管家看到了希望。（加大渴望）

管家跑到邻居家的奶盒旁"借"走一瓶鲜牛奶，回到家以后，老板正好醒了。老板喝完今天的牛奶，发现不对劲儿，说："今天的牛奶有点儿不一样。"（加大阻碍）

管家陷入极度的紧张与恐惧中，然而老板紧接着说："真新鲜，再来一瓶！"

短视频结束，通过挑剔的老板对牛奶的肯定，展现了这款牛奶"新鲜"的特点。

三 引发共鸣

一旦用户产生共鸣，所有的技术、审美、逻辑都显得不那么重要了。引发用户的共鸣，需要用到一些巧办法。

怎样引发共鸣呢？给大家 4 个建议。

1. 事共鸣

找到很多人都有的相同经历。相同的事，很容易引起同样经历过这些事的人的共鸣。

比如，以"大年初二，来自外地的女婿有一个较为统一的行为状态，或独自在老丈人家门外徘徊，或坐在老丈人家里紧张不已、窘态百出"为主线拍摄短视频，很多有类似经历或者看到过类似情境的人便会产生共鸣。

2. 人共鸣

通过对某个人群进行描述，让用户觉得就是在说自己。觉得短视频在为他们发声时，用户经常会产生感动，并且给予高度认同。

比如，以"人到中年，晚上睡觉的时候再也不敢关手机了，因为有时候你关的不是手机，而是一条家人与你之间的应急通道"为核心观点拍摄短视频，会瞬间引起在外打拼、家有老人的中年人的强烈共鸣。

3. 观点共鸣

直截了当地表达自己的鲜明观点，与你持有同样观点的人就会对你表示支持。需要注意的是，这里的观点越强烈越有效，不能模棱两可。

比如，以"大事发生时，请停止你的'正能量'，给求救信号让路"为主题拍摄短视频。

4. 情绪共鸣

通过短视频表达出来的情绪是富有感染力的，快乐会传染，悲伤也会传染。通过环境、音乐、语言、动作等烘托出的强烈情绪，都是引起共鸣的好素材。

四 感觉实用

学习的需求一直在，越来越多的人开始通过短视频学习知识，网友们甚至做出了如下总结：学技能去 B 站；学跳舞去抖音；学美妆穿搭去小红书。

能够为人们提供实用价值的短视频备受欢迎，而且有效期特别长。为什么呢？因为人们在遇到问题时会搜索，而各大短视频平台已经成为新的搜索渠道了。

大家一定要注意——这里的"实用"一定要让用户能够感知到，所以我称之为"感觉实用"。

用户想要了解"新手直播应该如何打光"，而你用了一个小时拍了一个视频，讲解不同灯泡的型号、专业的布光方法等，虽然你的视频确实专业，但由于时间长、内容复杂，用户并不感觉实用，不如演示一下自己用的补光灯效果如何、怎样放置、在哪里买更优惠等。

所以，用户会不会点击和喜欢某条短视频，取决于他们能不能感觉到实用。

如何做到"感觉实用"？送给大家 3 个建议。

1. 优化标题

多在标题中使用场景定位和数字描述，可以有效提高短视频的"实用感"。相关方法，读者可前往第 3 章阅读、学习。

2. 场景导入

多使用场景导入的方法，也可以有效地提高短视频的"实用感"。相关方法，同样在第 3 章中有详细讲解。

3. 善用"清单体"

清单体是一种非常适合应用于实用类短视频的结构。比如，"玩转自媒体的 10

个原则""收纳小物件的20个技巧""7款女生看了忍不住要买买买的小点心"……此外,还有各种排行榜、红黑榜、股市龙虎榜,本质上都是在使用清单体结构。

清单体短视频包含了较多选择,特别容易令用户感觉实用。清单体脚本要把握好质量和数量,质量要高,且表达精练;数量最好使用大家比较喜欢的数字,如7、8、10、18、36等,如果数量太多,保留最精彩的条数即可。

五 美好向往

短视频之所以如此受欢迎,本质是因为人们对于美好的向往和追求。

2017年10月18日,习近平总书记在党的十九大报告中明确指出:中国特色社会主义进入新时代,我国社会主要矛盾已经转化为人民日益增长的美好生活需要与不平衡不充分的发展之间的矛盾。

短视频平台为我们展现了很多美好的东西,比如美食、美景、萌宠、萌娃、正能量等,让用户在疲惫时能够解压,低落时得到鼓励,痛苦时看到希望,平淡中发现美好。

所有正向的、积极的内容都是刚需,都值得用短视频做一遍。

这也是为什么很多短视频明明是随手拍的,甚至有画质不清晰、抖动很严重等硬伤,却能够大火的原因——这些视频传达了非常真实的美好。美好的向往,真实最重要!

以上,介绍了写好短视频创意脚本的5个策划重点,有了创意,接下来,我们便可以根据创意写脚本了。

六 短视频脚本

短视频脚本篇幅较短,并不需要写得太复杂。不同类型的短视频,可以使用不同的脚本模板进行脚本撰写。这里为大家介绍几种常用的脚本模板。

1. 口播短视频脚本

口播短视频的脚本比较简单,把口播逐字稿写好,备注必要的表情、动作即可。记住,口播短视频的脚本一定要多分段,以我的某口播短视频脚本为例。

傅一声作品《假如甲方像女友》脚本(片段)

剧情简介:培训师偶然遇到前任甲方,久别重逢,感慨万千。甲方想要重新建立合作时,现任甲方出现,带着培训师离开(演出恋人分离的感觉)。

人物:3人,A表示前任甲方,B表示培训师,C表示现任甲方。

A:是你?(抬头,惊讶表情)

B:烦总?(瞳孔放大)

A:好久不见,最近过得怎么样?(演出前任恋人的感觉)

B:挺好的!(冷淡中带着一丝忧伤)

A:我听说你接到新项目了,他对你好吗?报价高吗?各方面待遇都好吗?(向前走一步,表示关心)

B:报价挺高的,有项目预算,当天付款,更关键的是,他不会乱改时间。(故作云淡风轻状)

(C出场,看到两人,快步走来)

……

2. 剧情梗概

针对场景较多的短视频,可以撰写剧情梗概,格式如下。

感人公益广告《无名英雄》剧情梗概(片段)

场景一:男生,早,街上。

男生走着走着,突然被路边房子的排水管道排出的水浇到了头,他没有生气,

笑了笑，把路边干枯的盆栽搬过来灌溉。（音乐，起）

场景二：老奶奶和男生，早，街上。

老奶奶推着摊位车，车轮被马路牙子卡住，男生路过。

老奶奶说："来，帮我个忙！"（傲娇的样子）

场景三：男生和狗，午，路边摊。

男生正在吃鸡腿饭，一只狗跑过来要吃的，男生把唯一的鸡腿给了狗，路边摊老板看到后，不解地摇头。

……

3.分镜头脚本

把必要的台词和需要提醒出镜人的事项记录清楚即可，如果是镜头比较多的剧情脚本，可以写成分镜头脚本，模板如表4-1所示。

表4-1 分镜头脚本模板

镜头号	描述	画面	时长	摄法	景别	台词	声音

导演：拍摄、剪辑与导演课 4.3

脚本确定后，接下来便是拍摄并制作短视频的过程。这个过程中的各项工作，实际上就是短视频导演的工作，对短视频导演的要求非常全面，如何拍、如何演、如何剪辑等，都包括在内。

一 短视频导演流程

短视频可以做得很简单，也可以做得很复杂，最复杂的首数剧情短视频，对短视频导演的要求较高，创作流程也较长，包括以下流程环节。

1. 选题会

根据自己想表达的观点、热点事件等，确定自己的选题和拍摄思路。做选题时既要考虑账号或者人设的风格，也要考虑当下的热点、热梗，两者需要巧妙结合。如果是企业的主题类短视频，还要扣题和升华。

如果你是自编、自导、自演，建议每周或每月找一个时间，自己和自己开一个"选题会"，整理一下可以用于创作的灵感和话题。

如果你有团队，可以每周或者不定期召开真正的选题会，将主创人员聚集到一起，采用"头脑风暴"的方式，天马行空地发挥创意，并详细讨论几个重点选题。

不要依赖突如其来的灵感，要学会用流程保障产出。

2021年，我给一家企业的短视频团队做辅导，他们向我诉苦："老师，我们每天都需要更新一条短视频！3个主演都能独立做视频，但就算这样，更新频率也太高了，我们每天绞尽脑汁，依然频繁遇到灵感枯竭的情况……"我询问他们的工作流程后，立刻找到了问题——没有开选题会的习惯。

在接下来的每周一上午，我都会组织他们开选题会，有时候我不在现场，便通过视频会议的形式参加。通过头脑风暴、创意研讨等方式，几次讨论下来，他们的灵感源源不断，每周的话题都多到来不及用，而且都是系列化的。

一个月下来，他们的短视频数量和质量都得到了极大的提升。

2. 写剧本

根据创意模板，确定表达的逻辑和形式，写一个剧本大纲。

如果是口播短视频，把逐字稿写出来即可；如果是剧情短视频，可以写出剧情梗概或者分镜头脚本。

3. 剧本会

剧本大纲确定后，开剧本会的目的是让演员知道你要拍一个什么样的片子。一般，开剧本会时，主要演员到场即可，临时客串的演员不需要全程都在，安排好时间，速战速决，可以提高效率。

剧本会结束后，可以根据演员的试演、彩排情况，优化剧本大纲。

4. 围读剧本

将剧本完善并打印出来，安排演员们围坐在一起读剧本，熟悉台词、揣摩表情、设计动作等，这在影视剧的拍摄中非常常见，我们进行短视频拍摄时也可以借鉴。

假如是外景拍摄，可以提前在室内围读剧本、熟悉台词，以避免到现场后浪费太多时间，影响进度。

5. 拍摄

一切准备就绪后，便可以进行拍摄了。短视频的拍摄要求并不高——如果连拍摄短视频的时间和人力成本都很高，大多数人是无法持续运营自媒体的。假如现场突然发现缺了某个设备、某个人，想办法用其他设备、人员替代即可，稳步推进进度是重点。

有一次，我带团队给宁波某银行拍摄短视频。当天，无线麦克风突然出现故障，如果去买设备或者借设备，要浪费所有已就位的演员两三个小时的时间，成本太高了。于是，我们选择用手机的录音功能来录制声音，后期剪辑时再对口型，与画面匹配。虽然音质确实不如专业的麦克风那么好，但足够用了。

质量、成本、效率之间，我们必须要找到平衡点。

短视频拍摄的具体要求和技巧，在下文"人人必备的拍摄知识"中有详细讲解。

6. 剪辑

短视频的剪辑往往是由拍摄者完成的。短视频剪辑过程中，要牢记以用户为中心。短视频是否"高大上"、技术是否炫酷，这些都不是最重要的，能够打动用户才是我们所要追求的。

具体应该如何做？在下文"剪辑思维与工作建议"中有详细讲解。

7. 上传视频

为了有更好的播放量，需要给短视频取一个好标题、制作一个好封面，并上传高清视频。上传短视频时，需要根据平台的规则、特点进行一定的视频编辑，具体做法请参考本书第 6 章。

二 人人必备的拍摄知识

需要什么样的素材，是编导需要计划的；如何拍出这样的素材，是拍摄者需要考虑的。

事实上，制作短视频时，我们经常是自编、自导、自演、自拍，甚至一人分饰多角，实在找不到拍摄者时，找一位路人帮忙也是可以的。所以，不仅是专门负责拍摄的人，每个人都必须要掌握拍摄的基础知识，主要包括4部分，即构图、景别、运镜和转场。

1. 构图

一个好的构图能让短视频画面更富有表现力和艺术感染力，构图的基本要素包括主体、陪体和环境。

（1）构图的基本要素

主体是画面中的主要表现对象，是吸引眼球的视觉中心。主体可以是人，可以是动物，也可以是某一环境，不论主体是什么，都要保证主体突出。常见的突出主体的方法有两种：一种是直接突出主体，让被摄主体处于画面的中心位置；另一种是间接突出主体，通过对环境的渲染烘托主体。

陪体主要用于给主体作陪衬，起到突出主体的作用。切记，陪体的存在是为了衬托主体，不要喧宾夺主、主次不分。

环境包括前景和后景两个部分，处在主体前的环境，称为前景；处在主体后的环境，称为后景。

（2）常见的构图方法

摄影非常讲究构图，短视频也不例外。短视频拍摄的是动态画面，无论是移动镜头还是静止镜头，拍摄的画面都是由多个静止画面组合而成的，因此，摄影中的一些构图方法同样适用于短视频拍摄。

常见的构图方法有中心构图法、三分构图法、九宫格构图法、对称构图法、引导线构图法、框架构图法、水平线构图法、垂直线构图法、对角线构图法、S形构图法、三角形构图法、辐射构图法、留白构图法等。

> **小贴士**
>
> 关于这部分内容，本书配套的PPT中有图文并茂的详细讲解和示范操作，读者可以下载后自学。

2. 景别

景别指在焦距一定时，由于摄影机与被摄体的距离不同，被摄体在摄影机录像器中所呈现出的范围大小的区别。简单来说，就是"近大远小"。

短视频中常用的景别有6种，由远到近分别是远景、全景、中景、近景、特写、大特写，为了便于记忆，可以编成一句口诀，即"远全中近特大"。

（1）景别的区分及功能

不同景别的区分是什么，如何使用？如表4-2所示。

表4-2 景别分类

景别	拍摄位	时长	效果
远景	从高远处拍摄	3～5秒	人物融于环境
全景	拍摄人物全身	2～3秒	人物与环境并重
中景	拍摄人物膝盖以上	2秒	较偏重于人物
近景	拍摄胸口以上部分	1～2秒	偏重于人物
特写	拍摄锁骨以上部分	1秒	突出人物
大特写	拍摄具体器官特写	0.5～1秒	突出人物身上的某一点

短视频中的景别和传统拍摄中的景别在使用时差异很大,在实际工作中,我的很多学员即使懂得这些知识,用的时候还是频繁出错,我戏称为"一看就会,一做就废"。想要完全掌握使用技巧,唯有勤加练习。

(2)景别的使用技巧

在短视频的景别使用中,善用以下几个技巧,有助于将短视频拍摄得更加精彩。

技巧一:少用远景、全景,多用近景、特写和大特写。一条短视频中,近景+特写+大特写,至少要占到60%以上的比例。

技巧二:切换镜头时,差异较大的景别不要直接衔接。两个差异较大的景别直接衔接,会让用户感觉"跳了一下",非常不舒服。切换镜头时,至少要隔一个过渡景别。

技巧三:不同景别之间要有连贯性,即前一个动作要在下一个镜头中体现出结果。比如,前一个动作是抬手的中景,下一个特写镜头就应该是抬手后的动作。

3. 运镜

运镜又称为运动镜头、移动镜头,指通过移动摄像机机位,改变镜头光轴或者变化镜头焦距所进行的拍摄。巧妙运镜有利于丰富画面场景,表现被摄主体的情感。

常见的运镜方式有推镜头、拉镜头、摇镜头、移镜头、跟镜头、甩镜头和升降镜头等。

4. 转场

视频由一个又一个场面片段组成,为了使短视频表达更流畅,层次更清晰,场面与场面之间进行转换时,需要使用一定的方法,这就是转场。

转场的方法有很多,主要分为两种。一种是用镜头的自然过渡转场,也叫"无技巧转场";另一种是用特技手段转场,也叫"技巧转场"。

常见的无技巧转场包括利用相似性因素转场、利用承接因素转场、利用反差因素转场、利用声音和画面的配合实现转场、利用主观镜头转场、利用景物镜头转场、利用特写转场等。

常见的技巧转场包括淡入淡出转场、叠化转场、划像转场、翻页翻转转场、定格转场、闪白加快转场、多画屏分割转场等。

剪辑软件中的转场选择更多,但建议不要滥用。

> **小贴士**
>
> 关于这部分内容,本书配套的PPT中有图文并茂的详细讲解和示范操作,读者可以下载后自学。

 剪辑思维与工作建议

剪辑是一项细活儿,也是一项技术活儿,只要想不断完善作品,剪辑便没有尽头,学无止境。

对于从事短视频策划、导演、运营等工作的人来说,必须懂得如何剪辑,但不一定要追求极致的剪辑技术。

1. 剪辑工具

简单的剪辑操作,剪映APP都可以完成!很多专业的剪辑师瞧不起剪映,觉得使用这个APP完成的都是傻瓜式操作,但一旦他们开始接触剪映,很多人都大呼"真香",因为剪映是真的好用!

剪映是为抖音而生的,因此,剪映与抖音的结合度极高,抖音里的热点、特效、音乐,在剪映中都可以轻松找到并使用,基本能够满足大家的日常剪辑所需。更加复杂或者大制作的剪辑,企业可以找第三方制作公司来完成。

> **小贴士**
>
> 关于具体的剪辑操作，本书不做详细讲解，在剪映中，大家可以通过"创作者课堂"免费获取。
>
> 如果想要已经整理过的教程，可以搜索并关注微信公众号"傅一声"，回复关键词"运营之巅"，免费领取。

2. 剪辑思维

会剪辑，就能剪出好的短视频吗？不一定！

很多三农短视频被用户喜欢，难道是因为制作者的剪辑技术高吗？

很多知识博主的短视频发人深省，难道是因为有专门的剪辑师吗？

很多大爷大妈随手拍出的短视频火爆全网，难道是因为大爷大妈们偷偷苦练了剪辑技术吗？

答案都是否定的。

比剪辑工具、技术更重要的是剪辑思维。如果你是自己做剪辑，拥有剪辑思维才能做出理想的作品；如果你是找第三方公司做剪辑，更要拥有剪辑思维，才能制定合理的标准、善用专业的力量。

我们应该具备怎样的剪辑思维呢？

美国著名剪辑师、编剧、导演沃尔特·默奇曾提出电影剪辑的"六大法则"，如图4-12所示，我结合目前国内短视频的特色，为大家详细解读大师理论中的精华。

不管你用什么软件完成剪辑，Pr也好，剪映也罢，思路都是一样的。剪辑时要考虑的要素及

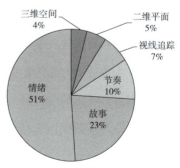

图4-12 剪辑六大法则

其对应的比例为：4%的三维空间、5%的二维平面、7%的视线追踪、10%的节奏、23%的故事和51%的情绪。

每个法则分别代表什么意思？如何做才算是遵守了这些法则？我们一一拆解。

（1）4%的三维空间

想要让用户通过观看短视频"身临其境"，需要在短视频中体现清晰的位置关系。短视频制作者有义务告诉用户正确的物理空间关系。

虽然三维空间的重要性只占4%，但没有三维空间是万万不能的。

电视剧经常使用远景开场，比如后宫剧往往使用大臣上朝的镜头开场；战争片大多使用一场大战开场，这都是最快地交代三维空间的方法。不仅如此，还能间接传递朝代、历史背景等信息。

在短视频中，出于条件、技术、时长等限制，我们较少使用远景镜头，那么，该如何体现三维空间呢？

使用多景别！比如曾经大火的李子柒视频，全程用固定镜头。只要稍加观察，我们就会发现，李子柒非常擅长用3个镜头来表现一件事情，如图4-13所示。

图4-13 李子柒的短视频画面

为什么不运镜呢？因为运镜对摄影师的要求、对拍摄设备的要求更高，"用最低的成本做出最好的效果"，是我们需要遵循的原则。

（2）5%的二维平面

二维平面给视频剪辑带来的影响，关系到剪辑后给用户呈现的镜头是否越轴、建立的人物位置关系是否合理。什么意思呢？举个例子。

拍男主和女主正在对话的镜头时，很多新手会怎么拍？把镜头一架，确保两个人物都在镜头中后，简单粗暴地进行拍摄。在这种情况下，用户既看不到演员的表情，又感受不到演员的情绪，非常无聊。

图4-14　正反打镜头的拍摄现场

那么，怎样拍摄能更好地体现这一场景呢？最好使用正反打镜头，即在男主身后拍女主讲话，在女主身后拍男主讲话，谁讲话就拍谁，如图4-14所示，这是最简单的摄影技巧之一。

使用这一摄影技巧时有一个原则，即在人物对视方向的一侧拍摄正反打镜头，这是为了让用户在二维平面上看视频时，觉得两个人是面对面的，如图4-15所示。如果越轴，用户在二维平面上看视频时，会感觉两个人是看向同一个方向的，逻辑容易混乱。

图4-15　使用正反打镜头拍摄出的对话效果

（3）7%的视线追踪

用户在看视频时，注意力会集中在一个地方，所以，剪辑师要学会引导用户的视线，让用户觉得很舒服、很自然。

剪辑前，剪辑师要清楚自己想让用户把关注的焦点放在哪里，并按照这个思路来剪辑。如果视线追踪没做好，用户很容易因为不知道该看哪里，或者前后衔接不上而注意力涣散。

合理把握视线追踪的技巧是做好关键要素的衔接。那么，什么是关键要素？能够最高效地吸引用户注意力的要素，就是关键要素：如果大部分要素是动的，我们就看静的；如果大部分要素是静的，我们就看动的；如果画面中有人，我们就看人物的眼睛；如果这个人物正在聚精会神地看着什么，我们就跟着他一起看；如果画面中没有主体，我们就看整体环境……

（4）10%的节奏

节奏感比较抽象，我努力解释一下，希望大家能有所感觉。

大家记得早期的抖音短视频是怎么拍的吗？

早期的抖音短视频是先有音乐，再有拍摄者跟着音乐跳舞，或者做动作。所以，拍摄者有没有节奏感并不太重要，音乐已经为大家定好了节奏，大家只要"跟着节拍走"就可以了。

后来，有经验的拍摄者慢慢懂得了"卡点"，即跳舞、换动作时，和音乐的最高点或者最低点保持一致。

如此来看，音乐和音效是非常好的辅助我们建立节奏感的利器。

那么，如果没有音乐，怎么办？

分享几个常用技巧。

技巧一：使用空镜头。什么是空镜头？空镜头又称景物镜头，常用以介绍环境背景、交代时间空间、抒发人物情绪、推进故事情节、表达作者态度，具有说明、暗示、象征、隐喻等功能。善用空镜头，可以很好地调节节奏，在快和慢中间添加"缓冲带"。建议大家在看电影和电视剧时，多留意空镜头的用法，或者研究一下短视频创作者李子柒的作品。

技巧二：省略过程。比如，上一个镜头是老婆在整理沙发时发现了老公藏的私房钱，下一个镜头直接转到老公睡在楼道里，中间的过程完全省略，但大家都懂，这就非常适合短视频！

技巧三：快慢结合。在该放缓的时候放缓，该加速的时候加速，以动衬静，以静衬动。推荐大家看 B 站上的知名短视频——《中国历史年表》，这个短视频将这一点做到了极致。

（5）23% 的故事

大多数短视频，本质是讲好一个故事，即每个视频片段表现的并不只是片段本身，而是通过片段的承接，让用户看到一整个故事。

看到图 4-16 所示的 3 个镜头，你觉得发生了一个什么故事？

图 4-16 《动物世界》片段

对应的故事是这样的：猎豹走来，长颈鹿注意到了，危险正在一步步降临……

每个镜头都在传达不同的信息时，剪辑师需要做的最基本的事情，就是把这些信息连贯成故事。剪辑短视频时，为了避免故事拖沓，提高完播率，我们的技巧是——在用户能看懂的前提下，使用尽量少的镜头。

（6）51% 的情绪

为什么情绪独占 51%，超过了其他法则占比的总和？

短视频之所以比文字、图片带给用户的体验感更强，很大程度上是因为短视频将画面和声音结合起来，传达了情绪。

用户在看短视频的时候，有 3 样东西是被牵着走的，一个是眼睛，一个是耳朵，还有一个就是看不见的情绪。如果说视觉和听觉是"物理攻击"，情绪就是"魔法攻击"。

好的视频总是能够自然而然地调动用户的情绪，而且会让用户的情绪跟随情节的发展发生自然变化。如果长时间陷在一种情绪中，用户难免会感觉疲倦与不耐烦，所以，短视频一定要有张有弛，不能一个节奏从开头一直持续到结尾。

情绪是如何形成和被改变的呢？

第一，营造情绪。情绪的建立有一个过程，在真正进入会引爆情绪的情境前，可以使用各种方式，对爆点情绪进行铺垫、烘托。

做一个展现自己人生奋斗历程的视频时，高潮部分一定是现如今取得的成就。那么，如何让高潮部分燃起来？需要在视频开端做大量的铺垫工作，比如小时候家境贫寒、高考失利、只身来到大城市打拼的心酸经历等，这些铺垫全部在为最后的"逆袭"烘托情绪。

不过，短视频不会像电影一样，有那么长的时间留给我们进行铺垫，怎么办？

可以多用组接镜头，即将多个镜头组接在一起，快速营造情绪。比如，在 12 秒的片段中，剪辑 12 个镜头，快速强化情绪。

组接镜头的规律是：一组短镜头快速组接在一起，可以渲染快乐、焦急或愤怒的情绪；一组长镜头组接在一起，可以渲染闲适、懒散、忧伤、无聊、无奈、失落的情绪。

此外，镜头运动也能够助力情绪变化，比如，急推镜头或甩镜头有助于强化情绪，拉镜头有助于舒缓情绪等。

第二，打破情绪。一个人从非常愤怒，到非常平静，有非常大的情绪落差，打破情绪时，最好有缓冲。比如，放出愤怒的情绪镜头后，最好先使用长镜头进行 12 秒左右的情绪冷却，再放出平静的情绪镜头。

不过，使用这种长镜头，对拍摄者的审美和节奏的要求比较高，有没有更简单的方法？

有！那就是增加细节。通过细节动作的特写镜头，用微表情带动情绪的变化。

眉头紧蹙表示忧愁；瞳孔放大表示震惊；握紧拳头表示愤怒；额头冒汗表示紧张；摩拳擦掌表示兴奋；用手摩擦衣服表示尴尬……这都是情绪最为直接和直白的表现方式。

除了使用长镜头、细节动作，还可以通过使用滤镜、使用文字、使用音乐等方式来打破情绪。

以上便是剪辑的六大法则,做好前49%,你的技术没有问题,做好后51%,才更有可能拍出打动他人的短视频！这六大法则是优秀短视频的客观评判标准,大家可以对照着这些法则给自己的作品打分,看看哪里还需要改进,如表4-3所示。

表4-3 剪辑自查表

剪辑原则	满分比例	自我打分	改进点
情绪	51%		
故事	23%		
节奏	10%		
视线追踪	7%		
二维平面	5%		
三维空间	4%		
总分	100%		

短视频的剪辑门槛很低,入门很容易,但精进需要耗费大量的心血。非互联网行业的新媒体运营人员在刚开始接触短视频拍摄和剪辑时,切记不要钻牛角尖,不要因为追求完美,将大量时间耗费在钻研剪辑技术上。剪辑是工具,不是目的,通过短视频制作与投放,提高新媒体运营水平、为企业带来效益才是目的！初期,剪辑只要做到60分,就差不多够用了！

3.剪辑工作建议

在实际工作中,我还有6个针对短视频剪辑工作的建议,希望非互联网行业的新媒体运营人员注意！

建议一:不要滥用特效与转场。在对使用特效的技巧不是特别精通时,尽量少用特效，转场同理。因为用得越多，拍出的短视频越容易因为混乱感强而让用户感觉不舒服！短视频的时间短、节奏快，不必要的修饰最好全部省略，切记，过犹不及。

建议二：短视频作品的剪辑风格尽量保持一致，甚至可以形成固定的模板。这样，用户在平台上看到的每一集都比较连贯，更加容易沉浸其中，账号也更容易吸引到精准的粉丝。

建议三：视频清晰度不是越高越好。剪辑后导出短视频时，一般选择输出清晰度为 1080P 的短视频即可，不要贪图高清晰度的画质。即使输出的短视频拥有 4K 的画质，上传到短视频平台的时候依然会被平台压缩成 1080P 的画质。压缩的过程会对原画质造成损伤，还不如一开始就导出 1080P 画质的短视频。

建议四：使用素材时，一定要注意版权问题。尤其是企业账号的运营人员，一旦出现侵权行为，可能会给企业带来巨大的麻烦。如何规避版权问题呢？尽量使用自己的素材，或网站上明确标注可商用的素材。

建议五：合理规避敏感词。对于一些比较敏感的词语，添加字幕时可以使用谐音或者拼音来替代，防止被平台的审核机制误伤。比如，"钱"可以用"前""米""Q"来替代。

小贴士

提出这一建议，并不是让大家钻平台审核机制的空子。保证所发内容合理合法，符合社会主义核心价值观，是每一个新媒体运营人员都应该具备的基本素质。

建议六：短视频，"短"很重要！不要添加长时间的片尾，"戛然而止""意犹未尽"是最好的。

4.4 应用：如何用小成本做出高业绩

我问过很多学员："你们的短视频做出来以后是怎么用的？"

这些学员大部分来自国有银行等规模较大的企业，企业中有专门的短视频运营团队，他们给予我的回答大多数是："发抖音。"

"效果怎么样？"我继续问。

"效果不好，老师，我们拍了很多短视频，但关注的人寥寥无几，怎么办呀？"

"这些短视频发布后，同事们会给你们点赞吗？"我继续问。

"同事们都不感兴趣，没人理我们。"

于是，我转而问他们分公司的同事、基层的员工，有没有关注到总部发的短视频，基层员工表示完全不知情。

如果是这样，形象地说，叫"守着金矿在乞讨"。

以终为始，怎样用短视频创造高绩效，怎样用短视频变现等，都是需要在拍摄短视频前就考虑的问题。如果发布的短视频既不能赋能同事，又不能服务客户，做短视频的意义何在？难道要和网红抢饭碗吗？

据我观察，绝大多数朋友都没有真正用好短视频。

因此，这一节，我详细地和大家聊聊短视频怎么用，以及怎样用更小的成本做出更大的业绩。

第 4 章
短视频：短视频策划与制作技巧

短视频是目前大家喜闻乐见的一种形式，短视频宣传，本质上是把过去所做的所有有效宣传用短视频再做一遍，走出和同行的内卷，用新的方法和新的渠道来错位竞争、降维打击！

记住一句话：过去所有的宣传推广动作，都可以用短视频做一遍！

 所有线下动作，都值得用短视频再做一遍

假如你在街边开了一家店，就可以在这个门店里拍短视频，只要短视频火了，这家店会跟着火。因为在门店里拍短视频发布在互联网上这个行为，相当于在互联网上多开了一家零成本的店，所吸引的用户，都有可能成为线下店的潜在客户。

那么，拍什么短视频呢？你在店里做什么，短视频就拍什么！拍短视频并发布这个动作，不过是把线下宣传动作在互联网上重做一遍而已。

假如你开了一家餐饮店，就拍制作美食的过程，用户看视频被勾起了食欲，便会来线下"打卡"，这就是打造网红店的秘密。

我有一个客户是兴业银行，从 2020 年开始，他们每年都会举办一次短视频大赛，让银行网点的员工把日常工作中容易犯的错误、需要掌握的岗位技能拍成短视频。通过短视频萃取经验，寓教于乐地完成新人培训和全员学习，这就是把过去的"传帮带"和线下培训用短视频做了一遍，效果非常好！

 所有文字，都值得用短视频再发布一遍

把热度高的文字或者文章转拍成短视频，能够非常高效地完成二次宣传！这样做了之后，爱看文字的用户可以选择看文字，爱看短视频的用户可以选择看短视频，同样的素材，观看量翻倍！

如果需要快速制作短视频，可以制作图文短视频；如果需要塑造专家形象，可以拍摄真人出镜的口播短视频；如果要做深度解读，或者需要用到很多素材，可以制作解说短视频……

如果要给用户写一封感谢信，做成短视频并配上音乐，感染力飙升；如果要给用户发一个通知，邀约其到店体验新业务，做成很燃的短视频，更加能够吸引用户的注意力、调动其积极性。

用什么短视频形式，取决于具体的短视频内容和制作成本。

很多人早上起床时，有翻一翻微信群、朋友圈的习惯，抓住这一时间段，在微信群、朋友圈中发前一天的重要新闻，点击率很高。

各行各业，很多新媒体运营人员习惯发文字，我便指导自己的金融业学员做"财经早报"视频版，发现用户的点击率大大提升！时间长了，用户养成了阅读的习惯，你不发，他还来催你呢！

三 所有新媒体平台，都值得用短视频再发一遍

现在，几乎所有平台都可以发布短视频，而且，短视频是大部分平台重点扶持的内容形式。

如果发一个平台有1000阅读量，那么，发10个平台就有可能得到10000阅读量；如果一个平台每天可以带来1个新用户，运营10个平台，每天就可以得到10个新用户。如果某一天，发布在某个平台上的短视频成了爆款短视频，瞬间带来1000万阅读量，吸引了1万个新用户，那就赚大了！

做好短视频后，发布的平台越多，机会就越多，这是一笔很容易算的账。

那么，哪些平台的影响力较大，建议优先布局呢？

1. 头条系平台

抖音、西瓜视频、火山小视频等平台，都是字节跳动旗下的平台，统称"头条

系平台"。将做好的短视频发布在其中一个平台上，可以一键同步发布到其他平台上，带来更多流量，非常划算。

2. 腾讯系平台

包括微信视频号、公众号、腾讯新闻、QQ 空间、朋友圈与各个微信群等，这些平台不仅流量大，而且非常方便引流，可以快速与潜在用户互换联系方式。

3. 百度系平台

包括百家号、好看视频等平台。百度系平台拥有百度搜索、百度 APP 等流量入口，引流效果非常可观。而且，因为有搜索推荐，百度系平台上的内容时效性更长，即使是几年前发布的作品，如今都可以得到大量曝光。

4. 电商平台

以淘宝为代表的传统电商平台正在学习抖音等平台，希望用短视频留住消费者、用短视频为产品带货。如果你制作的短视频是为产品带货的，不妨发布到电商平台上进行尝试。

5. 新浪微博

新浪微博非常重视短视频，只要是原创的短视频，都会被投稿到各个频道，获得大量流量。

6. B 站

B 站正在从年轻人的 ACG（动画、漫画和游戏）网站逐渐向全品类内容网站过渡，发展迅猛，是非常值得运营的平台。

7. 小红书

小红书对短视频形式的内容非常重视，只要内容好，素人在小红书得以爆红的概率非常大。

除此之外，还有很多选择，比如糖豆、同花顺、雪球等。每个平台都有大量用户，多平台运营，是性价比很高的事情。

四 所有客户交流，都值得做成短视频

与客户的沟通与交流，越来越考验技术了。

"顾客关怀"这一理念最早是由欧洲最多产、最广为人知的管理作家、思想家之一的大卫·克拉特巴克提出的，他认为顾客关怀是服务质量标准化的基本方式之一，涵盖了公司经营的各个方面，从产品、服务设计，到包装、交付和服务，也称为"客户关怀"。

中国电信等公司，过去有一个部门叫"客户关怀部"，日常工作是通过短信、电子账单、生日关怀等方式关怀客户，致力于提升客户满意度和忠诚度。

然而，这些短信、电话逐渐被客户认为是"打扰"，而非"关心"。

怎么办？需要以客户更喜欢的形式，或者更新颖的方式与客户进行交流。

比如，端午节，你给客户发一条祝福短信，客户可能不喜欢看，点开即关。但如果你给客户发一个祝福视频，客户很可能会看一看。如果这个视频做得非常精美，适合传播，客户还有可能保存下来发给其他朋友，并在内心感谢你！因为这些日子，很多人会为给亲朋好友发什么新鲜有趣的祝福而苦恼，你帮他解决了这个难题。

又如，年底给客户的邮箱发一份账单，客户可能连点都不会点开。但如果做成一份视频版的"年终报告"，客户不仅会看，还有可能会转发朋友圈。

我的很多证券公司的学员，现在每年过年前，都会花两三周的时间，为每一位

客户做一份"投资者报告",整理客户的投资收益数据,配上激励人心的语言和动听的音乐,做成短视频发送给客户,令客户非常满意,成为公司的忠实客户。

这方面做得比较好的是网易云音乐、支付宝、今日头条等公司,大家可以"抄作业"。

> **小贴士**
>
> 在网络环境中,"抄作业"被趣指为借鉴别人做得好的地方。

五 所有产品,都可以用短视频宣传

在传统媒体时代,想快速打造品牌,花重金拿下央视标王即可,只要在中央电视台的黄金时间段播出自己的广告视频,就有可能成为家喻户晓的大品牌。

如今,央视广告的风光不再,因为在"人人都是自媒体"的时代,每个人都有为自己代言、为自己的产品代言的机会。

所以,每个人都可以生产出很多短视频,每个产品都可以拥有自己的宣传短视频,从不同的角度,用不同的创意打动用户。

我有一个客户是中国联通,在一些喜爱短视频的用户比较集中的省市,他们会为每一项联通的业务、每一款联通的产品做好几套短视频广告。凭借这种方式,中国联通在这些省市占有越来越多的市场份额。

这类短视频的脚本应该怎么写?本书的第3章中有详细的讲解。

六 所有服务,都可以用短视频升级

请思考一下,你所任职的行业的服务,可以用什么样的短视频加以升级?

短视频有着更丰富的视觉冲击、听觉刺激、实景演示，在更好地服务于用户方面有明显的优势。

用户在互联网上买了一个家具，快递送到后，需要自己组装，此时，一个商家亲自演示的组装视频教程比纸制说明书更受欢迎。

无论是对于小商家来说，还是对于大企业来说，短视频都是提升用户满意度的利器。

我给海尔集团的学员上课时，要求学员把用户购买产品前会问的问题、购买产品后会遇到的问题都拍成短视频，发给用户，实践下来效果非常好。后来，我们还把这些短视频发布在各个新媒体平台上，主题包括"空调的滤芯如何拆装？""洗衣机的门打不开了怎么办？""冰箱的声音特别大是什么原因？"等，某些其他家电品牌的用户家里的电器坏了，在互联网上搜索解决方法时搜到海尔的短视频，再次购买家电时便不自觉地开始留意海尔的产品。

如今，越来越多的人把抖音、B站等平台当作搜索引擎使用，带用户感兴趣的话题发布相关短视频为自己做宣传，未来的商机是无穷无尽的。

七 所有个人品牌，都可以用短视频打造

短视频是打造个人品牌的利器之一。

在本书第3章中，我分享了如何写好个人故事、品牌故事和客户见证故事，如果将这些故事拍成短视频，比文字的力量还要大！

过去，人们见面时，通常会礼貌地递上一张名片；后来，微信名片成为我们的电子名片。很多人加了微信好友以后，会发送自己名片的图片，或者一串长长的自我介绍，但是这类信息，越来越少有人阅读了，此时，如果你独辟蹊径，发的是一个讲述个人经历的短视频，将精彩的人生历程和高光时刻浓缩在一个一分钟的短视频里加以展示，更容易引起他人的兴趣，给他人留下深刻的印象，并快速拉近彼此

间的距离。此外，制作短视频对个人情况加以介绍的行为，还可以很好地强调价值、凸显专业、增强信任感。

通过短视频发表自己的观点、展示自己的生活、输出专业的内容，是当前打造个人品牌最有效的手段之一。

本章实训

 一 定位练习

根据自己的实际情况,填写定位表,如表 4-4 所示。

表 4-4 定位表填写练习

人设定位	选题定位	形式定位
(专业标签)	(专业选题)	
(特色标签1)	(生活选题)	
(特色标签2)	(热点选题)	
(特色标签3)	(活动选题)	

 二 短视频拍摄练习

应用构图、景别、运镜和转场技巧,拍摄一个时长不超过一分钟的剧情短视频。

剪辑思维练习

使用如表 4-5 所示的剪辑自查表,分析 10 个视频作品。

表 4-5 剪辑自查表

剪辑原则	满分比例	自我打分	改进点
情绪	51%		
故事	23%		
节奏	10%		
视线追踪	7%		
二维平面	5%		
三维空间	4%		
总分	100%		

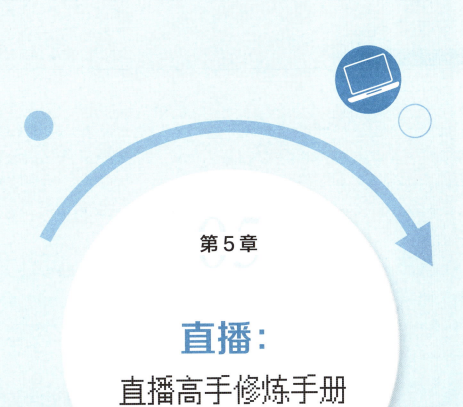

第 5 章

直播：
直播高手修炼手册

我有一个学生，大学专业是机械工程，但由于在校期间一直利用业余时间做直播运营，毕业时已经拥有了相当丰富的直播运营经验。直播运营这个一技之长，使得他拥有两个比较好的职业选择。

第一个选择，入职一家互联网公司，比如字节跳动。好处是进"大厂"能够获得较高的职业起点，大公司的工作履历、专业提升，对他未来的发展有好处。美中不足的是距拿到 Offer（录用通知）还需要一段时间的努力，可能会错过其他机会，且作为新人，工资比较低。

第二个选择，去杭州做直播运营。以他的能力，可以拿到 2.5 万元至 3 万元的月薪，算是远超同龄人的高薪。担忧是 2022 年，直播异常火爆，行业严重缺人，但这个"风口"能持续多久，谁都没有把握。

很多朋友看到这里，都心生好奇：直播运营人才这么受欢迎吗？

2022 年 2 月 25 日，中国互联网络信息中心发布的第 49 次《中国互联网络发展状况统计报告》显示，截至 2021 年 12 月，我国网络直播用户规模达 7.03 亿，较 2020 年 12 月增长 8652 万，占网民整体的 68.2%。其中，电商直播用户规模为 4.64 亿，较 2020 年 12 月增长 7579 万，占网民整体的 44.9%。

新媒体的发展太快，造成了很多新职业人才的紧缺，这是事实。但是否有真才实干，能否持续发展？借用巴菲特的名言：只有在潮水退去时，你才会知道谁一直在裸泳。

如图 5-1 所示，杭州的新媒体从业者是这么描述直播现状的——

第 5 章
直播：直播高手修炼手册

文化 （回复很慢请见谅）

杭州直播带货的服务商，过去两个月已经开始倒掉第一批了。行业过热，竞争太激烈，月销70万元的直播间运营负责人保底工资拿到了5万元，半年时间主播时薪从100元涨到了250元，挖一个千川投手工资从8000元涨到2万元。多数品牌方不赚钱、绝大部分服务商苦不堪言，站在促进共同富裕的角度来看，从业者还比较开心。

短期内热度估计还是消不掉，虽然一家家倒下，还是会有一批批冲进来。很多苦于在当地招不到人才的公司跑到杭州设个办事处，装个直播间就开干。在杭州，人倒是很容易招的，只是没想到月薪8000元招来的运营助理干了三个月就以操盘手的简历找了一份薪资翻两倍的工作。杭州直播公司的员工平均在职时间有半年吗？杭州的老板们能否来评论一下，说说你们了解的数据。

没做过抖音的淘新手运营张口2万元底薪+高提成

没沾过案例边的运营总监换个公司就能底薪10万元+各种分红

话术磕磕巴巴的主播底薪低于3万元都不来面试

但凡能跟某知名主播沾边的，去面试都能要到2万元底薪

播羽绒服的主播时薪价格低于500元不播号称谁谁谁的投手，结果连莱卡都不知道是啥

干过3个月中控，懂点投放就去干运营忽悠老板

新账号1000粉丝播不起来就说限流，园区平均2个月就会换一批新公司进来

但凡来找我聊的，供应链都是全杭州最牛的，一问，我们才刚开始做

没错，你在杭州各种奇葩都能遇到……

类似的事情每天都在上演

图 5-1　直播从业者的朋友圈动态

这两条朋友圈动态引起了很多人的共鸣：直播人才非常紧缺，直播人才的水平亟待提升！

目前，在很多大企业，都是由老员工转岗做直播，或者兼职做直播，工作起来非常艰难。

本书反复强调一个理念——我们要全面掌握每项新媒体运营工作的底层逻辑和方法，才能应对工作的复杂性和多变性。

做直播工作，要掌握哪些方法，提升哪些能力呢？

首先，要懂得根据自己的行业和产品找到正确的直播模式，其次，将"人""货""场"3个方面的细节做好。掌握了这些，便掌握了直播的底层逻辑。

5.1 直播模式：不同企业的直播打法 >>>

所有企业都可以做直播，但做法千差万别。

快消品主要以直播带货为主，通过直播展示产品的卖点和优势，能够有效地促进销售，但这个做法在金融行业行不通，理财产品、投资服务等是不允许在直播间直接销售的。

除了行业差别，不同体制、不同基因、不同规模的企业，在直播模式上也存在极大的差别。大企业有大企业的资源优势，小企业有小企业的灵活优势，如何探索出适合自己的直播模式，决定着直播是企业的"面子工程"还是"第二增长曲线"！

小贴士

第二增长曲线是什么？

被称为"欧洲最伟大的管理思想大师"的查尔斯·汉迪提出这样的观点：企业如何才能在激荡起伏的市场环境中存活下来？答案是——持续打造你的第二增长曲线。

一切事物的发展都逃不开一个"生命周期"的自然规律，即经历从诞生、成长、成熟，到衰退、结束的过程，这个过程表现为一个S形曲线（称为"第一曲线"）。企业要在第一曲线到达巅峰之前，找到带领企业二次腾飞的"第二曲线"，才能实现永续增长的愿景。

FACT 经营矩阵

2021年上半年，抖音联手贝恩推出了《抖音电商FACT⁺全域经营方法论白皮书》，提出了"FACT"经营矩阵：F指阵地自营（Field），A指达人矩阵（Alliance），C指主题活动（Campaign），T指头部达人（Top-KOL）。"FACT"经营矩阵为企业做直播规划提供了很好的方向指引，企业可以基于不同阶段的情况，灵活分配四大经营阵地的运营资源与营销投入。这个模型不仅适用于抖音电商，同样适用于其他直播平台。

其中，阵地自营和达人矩阵是稳定日常销量的主要手段，主题活动和头部达人则是实现规模化销售的有力推手。

1. 阵地自营（Field）

什么是阵地自营？指的是企业自己开直播间。大到大公司的总部团队，小到街边门店的个体经营者，只要开了属于自己的直播间，都可以算是"阵地自营"。

阵地自营让每家企业，甚至每个人都可以在直播平台开一家店，而且是零租金、低门槛、可以触达全国消费者的店。在阵地自营中，企业对于品牌形象、货品选择、优惠力度等运营节点拥有更强的把控能力，这是阵地自营的优势，需要好好利用。

太平鸟女装、花西子、完美日记等品牌率先在抖音平台通过阵地自营的模式取得巨大成功，如今，阵地自营已经成为各大品牌、厂家、经销商的标配了，也是直接面对消费者的最佳渠道之一。

如何规划阵地自营呢？有几种不错的选择。

（1）线上线下联动

消费者在线上直播间下单后，到线下门店中核销。比如，中国邮政是善用"线上线下联运"的高手，2022年，我开始对很多省市的邮政网点进行培训，协助他们进行该方面的尝试，直播效果非常好，大大提升了各类产品的销量。

（2）直销

品牌方或厂家开设官方直播间，直达消费者，省去了中间环节，缩短了变现路径，有效地提高了转化效率，比如，华为、vivo等手机厂商。

（3）经销商直播

经销商开设专卖店直播间，主打爆款产品，利用综合优势进行转化。比如，中国移动的直播间也卖手机，为了提升吸引力，搭配充值话费、购买/赠送上网权益等福利。

（4）店播

以门店为单位进行直播，主要用于服务周边消费者。

从2021年开始，中国石油在很多省份指导加油站工作人员进行直播。我培训了很多城市加油站的直播人员，有的加油站人手非常紧张，也坚持每周至少播3场。经过长时间的实践，中国石油将不适合直播的加油站直播业务暂停，重点扶持适合直播的加油站，产生了很好的效益。

2. 达人矩阵（Alliance）

阵地自营就像挖一口井，打出水需要时间，需要试错，但一旦成功，将产生源源不断的效益，属于"慢"打法。

达人矩阵的打法见效快，相应的成本也高。借助达人资源，企业可以更快地提升知名度和销售业绩，是放大生意增长的绝佳助力。

运营圈一度流传着这样的说法："想要成功推广一个品牌、推出一个产品？三步足矣！"

第一步，找KOC在小红书发5000篇测评。

第二步，在知乎铺2000篇问答。

第三步，把产品送进网红达人直播间，同时找抖音腰部达人进行带货推广。

这个"三步走"，被一些人称为"新消费品牌崛起的三把斧"。

> **小贴士**
>
> KOC全称为Key Opinion Customer，意思是关键意见消费者，指能够影响自己的朋友和粉丝产生消费行为的消费者。

这套"新消费品牌崛起的三把斧"，对于具有爆款潜质的产品推广来说，是很有参考意义的，比如，筋膜枪、电动牙刷等产品。

如何选择达人？怎样与达人合作？是很多企业非常关心的问题。分享一个非常实用的模型，如图5-2所示。

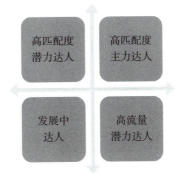

图5-2　达人矩阵模型

横坐标代表的是商品的曝光度，通常情况下，达人名气越大，粉丝越多，推广力度越大，产品的曝光度就越高。纵坐标代表转化率，象征着流量变现的成功率。

根据产品曝光度的高低和曝光后转化率的高低，可以把达人分为4类。

（1）高匹配度主力达人

产品曝光度高且曝光后转化率高的达人被称为"高匹配度主力达人"。比如，美妆品牌，去找"口红一哥"带货；科技产品，去找罗老师带货，这些达人都属于高匹配度主力达人。

高匹配度主力达人是达人矩阵的首选，不过成本也很高，因为头部达人的议价能力强，企业往往需要给到超低价，甚至亏本价。

（2）高匹配度潜力达人

产品曝光度低但曝光后转化率高的达人被称为"高匹配度潜力达人"。高匹配度潜力达人虽然短时间内没有办法让产品得到足够多的曝光次数，但由于转化率高，依然非常值得合作。

这类达人通常是各领域的垂直博主，企业要多留意这些达人，如果能适时进行广告投放、抓住营销节点，可能会为企业带来爆发的机会。

（3）高流量潜力达人

产品曝光度高但曝光后转化率比较低的达人被称为"高流量潜力达人"。达人的流量比较大，可以为产品带来很多曝光，但由于各方面原因，转化效果并不理想。想要提升转化率，需要尝试精准人群覆盖、话术优化等，如果还是没有效果，就需要换人。

与这类达人合作，是我的很多客户在合作过程中踩坑最多的，他们找了一些看似流量很大的"大V"，甚至是明星进行带货，结果发现根本没有带货效果。其本质原因是人、货、场的组合不对，这一点，我们会在下文中进行详细讲解。

（4）发展中达人

产品曝光度低且曝光后转化率低的达人被称为"发展中达人"。和这类达人合作，需要在产品组合、宣传话术等各方面进行有针对性的调整，如果能够合作到快速见效的达人，不失为一种机会。毕竟这类达人的报价一般不高，只要出现一个爆点，就足以实现扭亏为盈。

在达人组合过程中，企业比较明智的做法是个别高匹配度主力达人＋大量高匹配度潜力达人＋发展自己的员工作为发展中达人，实现全面布局，既考虑眼前利益，也为未来做打算。

放眼市场，绝大多数企业在做直播时已有足够成熟的产品，但没有太多网红潜质，即使找达人直播，效果也不明显，甚至花了很多冤枉钱，那该怎么办呢？

此时便需要采用另一种打法——培养达人矩阵，孵化自己的员工成为达人。

目前，市面上孵化达人的市场非常混乱，企业找第三方合作孵化的模式，我个人是不太看好的。

在证券公司，我们可以培养分析师、投资顾问等成为达人，企业自己就是一家MCN公司（网红孵化机构），这些员工既了解业务，又具备主播的能力；既方便管理，又能与客户建立深度信任，是企业的重要竞争力。

我坚定不移地认为：所有企业都应该组建自己的达人矩阵！这对企业来说是一项极其值得的投资，是未来新媒体运营的必由之路。

值得欣喜的是，目前，越来越多的企业高层具备这方面的前瞻性和格局，正在大力培养自身的达人矩阵。

3. 主题活动（Campaign）

主题活动能够带来流量的聚集，是引爆销量的重要手段，作为新媒体运营人员，一定要好好策划。

（1）开发主题玩法

目前，主题活动有4种常见的玩法，我们来逐一拆解。

玩法一：平台大促。企业积极参加平台的促销活动，抓住机遇做爆品。

目前，主要的平台大促有年货节、3·8大促、5月大促、6·18大促、8·18新潮好物节、中秋国庆大促、11·11购物狂欢节、12·12大促等。在这几个主题活动节点，各大传统电商平台和新兴电商平台都会大力搞活动，消费者也更愿意在这些促销节点消费。

玩法二：营销IP。营销IP主要指集合平台资源和品牌优势，共同打造"品牌日""新品发布"等特色活动，一般有明确的主题，如果产品主题正好与之匹配，往往可以获得比较好的联动效果。

以抖音平台为例，主要的营销IP有抖音超品日IP（3～5场/月）、抖音开新日IP（2～3场/月）、抖音新锐品牌IP（2场/月）、抖音品牌首秀IP（3～6场/月）、抖音大牌见面礼IP（2～3场/月）等。

玩法三：行业活动。针对某些细分行业组织的主题活动。

图书品类有"4·23世界读书日大促"；教育产品有"开学季大促""暑假大促"；家居建材行业有"家装节大促"；电信通信行业有"5·17电信日大促"等。

玩法四：其他主题活动。很多品牌会做专场活动，比如品牌宠粉日、新品发布会等。

（2）把握活动节奏

无论哪种主题活动，想要取得理想的效果，都需要做好活动策划和执行。具体而言，需要把握前期、中期和后期各个阶段的活动节奏，任何一个环节出问题，轻则没有效果，重则引发公关危机。

前期要做好筹备工作和预热工作，筹备工作包括确定合作对象、合作方式、合作品类等，同时利用内外部渠道进行多方面宣传——内部渠道以激活老用户为主，外部渠道以吸引潜在的新用户为主。

中期要根据活动的节点和规则做好氛围营造和各类保障工作，尤其是对于有爆单可能的产品，一定要提前协调库存、客服、物流、供应链等配套服务。

后期要及时做好交付和福利兑换等工作，同时通过短视频、社群团购等方式二次"种草"，再掀一波小高潮。

活动后，别忘记对沉淀下来的用户做持续的经营规划。

4. 头部达人（Top-KOL）

除了主题活动，头部达人也是品牌活动的有力推动者。

> **小贴士**
>
> "头部达人"泛指有影响力的达人,即某个领域的专家或名人。头部达人的粉丝黏性高并愿意为之买单,适合自身调性较高的品牌进行合作投放。头部达人一般有引导行业方向的影响力。
>
> 比头部达人影响力小的被称为"腰部达人",影响力更小的被称为"尾部达人"。三者之间没有明确的界限,仅为互联网上的习惯性称呼。

头部达人不仅能够带动产品迅速爆单,还有可能把原本没有那么知名的品牌推上热销榜。比如,花西子、玉泽等网红品牌的风靡就得益于淘宝头部达人的力捧,这样的例子数不胜数。

找头部达人合作的门槛较高。首先,头部达人报价较高,不是所有企业都愿意付出那么高的推广成本;其次,头部达人会评估品牌和产品是否与他们的定位相关,很多企业即使愿意出高价,达人也不愿意与之合作。

所以,与头部达人合作,一定要"把钱花在刀刃上",具体怎么做呢?有两种方式可选。

(1)混场

混场是指把自己的产品放进头部达人的直播选品库中,也许能在一次直播中被头部达人带货5分钟——短短的5分钟,就可能被直播间里上千万的用户一抢而空。利用头部达人的影响力,企业后续还可以反复宣传。

(2)专场

专场指的是企业和达人合作举办专场活动。做专场活动,人力物力投入非常大,企业一定要选择合适的头部达人。选择达人时不能仅看达人的人气高低,很多明星的人气很高,但带货转化率非常差,究其原因,是人、货、场的匹配度有限,下文会详细讲解人、货、场相关内容。

二 流量的十大来源

解决了经营模式问题后,具体到每一场直播,最让企业头疼的问题来了——没有流量!

作为企业,一定要意识到:直播不是给自己看的,也不是给所有用户看的,而是给此时此刻在直播间里的人看的!

假如直播间只有 10 个人进来,即使所有人都成交,也只成交了 10 个人;假如直播间有 10 万人进来,就算转化率只有 1%,也能成交 1000 人,由此可见,流量是直播成败的基础。

不同的直播平台有不同的规则,不过,流量的来源大同小异,了解以下 10 种流量的来源,做好吸引流量和留存流量的工作,便可无往不利。

1. 用户搜索

用户主动搜索,是最精准的流量。

在淘宝、京东、拼多多这样的电商平台,用户想要了解什么产品,往往会先主动搜索关键词,然后从大量的产品中挑选。过去,用户主要看详情页介绍、评价等,如今,可以看直播讲解和答疑,大大提高了产品的成交率。而且,在同类产品中,正在直播的产品会获得平台的优先推荐。

除了在电商平台,在抖音、小红书等平台,用户的搜索习惯也在逐渐养成。让我们的产品被用户搜索到,变得越来越重要。

2. 自然推荐

平台的自然推荐流量是直播运营的争取重点,大多数新媒体平台会根据算法机制把直播推荐给潜在的、对产品感兴趣的用户,这是我们免费获取流量的巨大机会。

不同平台的具体功能有差异，自然推荐流量的规则也略有不同，且不断变化，我们需要跟上平台发展的脚步，多探索平台的各类玩法，才能获得更多的流量。

以抖音平台为例，自然推荐流量包括推荐 Feed 流、直播广场、同城推荐、关注 Tab 等。

3. 短视频引流

俗话说，短视频和直播不分家！

为什么呢？我们设想一个场景，用户在抖音刷到你的产品短视频，正看得津津有味时，页面显示主播正在直播。出于好奇，他可能会点进去看看，如果此时主播所讲的内容正好匹配了他的兴趣点，可能当场就把他"转化"了。如果短视频的内容和直播的产品特别匹配，那么点进去的用户的购买概率会更高。

所以，很多账号会在直播前发布大量介绍本场直播或者直播中产品的短视频，就是为了进行短视频引流。

4. 宣传预约

宣传预约指的是在直播前通过宣传让潜在用户预约直播，使我们提前积累更多会进入直播间的用户。有的平台是有预约按钮的，比如微信视频号、微博等，用户点击"预约"按钮后，在正式开播时会收到平台的提醒，预约提醒功能有效地确保了精准用户不会流失。

不过，有的平台并没有这么贴心的功能，怎么办？我们可以进行人工预约和开播提醒。提前让那些对直播感兴趣的用户加运营者的企业微信或者进直播通知群，这样，开播时便可以及时提醒他们。

为什么要做这么麻烦的工作？我们一定要意识到：很少有用户会记得我们什么时候开播，更少有用户会为了我们的直播定闹钟，引导预约和及时提醒是必要的工作。

5. 个人主页

用户可以通过主播的个人主页进入直播间，因此，个人主页也是重要的流量来源之一。

用户什么时候会访问主播的个人主页？往往是新粉丝想要对主播有更多了解，或者老粉丝想看看主播最近在干什么的时候，前者要求我们要做好个人主页的"装修"，后者要求主播保持魅力。

6. 主播魅力

这些年涌现的知名主播，大多数是"草根"出身，他们不是一入场就这么受欢迎的，绝大多数主播是通过一场一场的直播积累粉丝。每一场收获一些粉丝，经过长期的积累，才有现在的人缘和口碑。

直播团队需要持续提升魅力，才能够长久地留住用户。

7. 平台社群

大多数平台都有社群，比如，抖音有抖音群、微博有微博群、同花顺有同花顺群……把粉丝引流到群里，可以增加我们通知和触达他们的机会。

8. 站外引流

把用户从其他平台吸引到直播间来，被称为"站外引流"。比如，很多企业在抖音开直播前，会在朋友圈、微博、QQ等渠道大力宣传，把对直播感兴趣的人吸引过来。

9. 社交裂变

让直播间里的用户为我们转发、扩散直播消息，可以带来更多用户，这是增加直播流量的重要手段之一。

怎样让用户愿意为我们做转发、扩散？除了粉丝的自发行为，我们还可以做一些设计，比如转发次数前10名的用户能获得惊喜福利等。

10. 付费投放

上述9种流量来源都可以帮助我们免费获取流量，最后介绍付费投放。

付费投放指的是花钱买平台的流量，只要回报比投入高，付费投放是最好的流量增长手段。以抖音为例，我们可以通过Dou+、千川竞价广告、品牌广告等方式购买流量。

投放是一项门槛较高、专业度很强的工作，我们通常把负责投放的专业运营人员称为"投手"。不是所有产品都适合做投放，也不是所有投放都能挣钱，投放亏钱的企业比比皆是。如何培养投手？我们经常讲，"投手都是用钱喂出来的"，即大多数投手都需要经历大量的投放实战，才能摸索出适合自己的投放模式。这个试错的过程，非常"烧钱"。

我有一个朋友，2021年在抖音上投放了总计500多万元，获得了3000元的回报，代价非常大。中间，他们公司更换了好几波运营人员，反复试错，终于积攒了一些经验，但发现由于投放的竞争对手越来越多，流量价格水涨船高，回报还是无法覆盖投入，只得作罢。

即便如此，投放也是每位直播运营人员的基本功。在快速起号、测试定位等方面，投放功不可没，我们需要尽快掌握正确的投放方式。

专业的投放流程分为5步。

（1）进行投放设置

具体包括选择投放方式、选择投放速度、选择转化目标、选择投放时间、选择投放日期（范围）、设置日预算、设置出价等。

（2）选择定向人群

需要考虑的要素包括用户的地域、性别、年龄、兴趣领域等。

（3）添加创意

需要选择创意形式、选择创意分类、选择创意标签等。

（4）发布投放计划并跟踪转化效果

发布投放计划后，要及时跟踪投放转化效果，如果内容涉及违规，需要及时调整投放计划。

（5）数据分析

投放结束后及时进行数据分析，并根据数据分析结果进行投放优化。

三 重构人、货、场，精准定位

上文为大家详细介绍了主要的直播经营模式和流量来源，选择比较多，能够玩转一项足矣。那么，我们应该怎样判断哪种模式比较适合自己呢？又应该怎样根据自己的实际情况做设计呢？

标准非常简单，只需要牢记3个字——人、货、场。所有成功的直播，都是人、货、场的成功组合。

具体而言，"人"指的是直播团队和用户；"货"指的是直播间的选品和内容；"场"指的是直播间。

直播之所以能够颠覆很多传统营销方式，是因为直播能够用最小的成本，最大程度地实现"人、货、场一致"！

什么叫"人、货、场一致"？我们来看一个例子。

某空调企业请某明星做代言人，拍摄一个广告片，用于发布在电视上。

我们分析一下这种传统电视广告的人、货、场——人是明星和电视前的用户；货是空调和广告片；场是电视。

明星和空调并没有什么必然联系，人和货不一致；用户在电视上看到这个空调广告后，想买的话，要去其他地方购买，货和场是割裂的，不一致。可见，电视广告的人、货、场是割裂的，推广效率自然不高。户外广告、平面广告同样如此。

再来看看直播是怎样做的？格力电器董事长董明珠在直播间卖格力空调——人是董明珠和用户；货是格力空调和格力空调的产品卖点；场是直播间，用户想买可以直接下单。

董明珠和格力空调是匹配的，即人和货一致；用户想要购买空调可以在直播间当场下单，即货和场一致；如果直播间设在格力电器的生产工厂，董明珠作为公司的掌舵人，人和场也是一致的。

直播最大的威力就在于"人、货、场一致"，成功的直播就是对人、货、场的重构！理解了这一点，我们便能够合理分析市面上的各类直播，知道哪些直播形式是持久的，哪些只是短时间博眼球的，并能够结合行业和产品，选择适合自己的直播形式。

接下来，我用一张表介绍主要的直播形式。如表5-1所示，从人、货、场3个维度进行分析，帮助大家迅速找到自己的定位。

表5-1 不同直播形式的人、货、场分析

直播形式	人	货	场	适用范围及举例
店铺直播	店长或者导购	自有产品与异业产品	门店场景或者库房内的货物堆积场景	品牌自播与门店直播。比如太平鸟女装、老庙黄金
原产地直播	原产地老板或者供应链老板	主打的天然产品或者工艺品	户外、加工现场、打包现场等	农产品、工艺品、珠宝加工产品等
慢直播	无人，通常使用监控或者摄像头采集画面	不带产品，或者通过自主加购物车让用户静默下单	现场实况直播或者多画面切换	风景、活动转播，现场实况见证。比如火神山方舱医院建设、明星演唱会

（续表）

直播形式	人	货	场	适用范围及举例
直播沙龙	主播与嘉宾	线上活动策划，卖货或者植入产品	将线下活动同步到线上	适合各类活动。比如刘润的跨年演讲，刘畊宏的健身直播
知识直播	主讲人	知识分享或者访谈	室内为主，比如演播厅	教育、金融、知识付费等领域。比如招商银行财富论坛、樊登读书会
连麦直播	主讲人与嘉宾	聊天、知识分享或者访谈	室内为主，比如演播厅	教育、金融、生活、情感、知识付费等领域。比如明星访谈、微博教育分享等
嗨购直播	5位左右的高颜值主播	蹦迪、唱歌或者互动，用户静默下单	蹦迪场景	短期内有效果，能否使用这一形式，受企业风格、形象限制。比如美少女嗨购、美少年嗨购
秀场直播	才艺主播或者高颜值主播	唱歌、跳舞、聊天为主	室内或者户外	适合个人网红。比如小阿七、摩登兄弟
游戏直播	游戏主播或者解说员	游戏过程	游戏画面投屏	适合游戏行业从业者或者爱好者。比如指法芬芳张大仙、方山厨子

随着直播行业的发展，人、货、场，每一个要素的内涵和要求都会不断更新，我们只有把握好每一个要素的核心要求，才能在直播这条路上越走越远。

人：优秀主播养成记 5.2

什么样的人适合做主播？优秀主播是如何炼成的？这是很多客户问过我的问题。

从 2020 年开始，我一共培训过超 12 万人次的主播，他们来自各个行业、各个岗位，有的是公司创始人，有的是基层员工，有的是门店店长，还有很多是刚进入职场的新人。培训并陪伴过很多非互联网行业的主播之后，我总结了主播最重要的 5 点素质：乐于分享、坚持、热爱、不断学习与职业化心态。

如果你们公司想挑选员工做直播，可以参考这 5 点；如果你已经是一位主播，可以从这 5 个方面提升自己。

主播的挑选标准

1. 乐于分享

主播的职责是分享好的观点或者好的产品给用户，从而影响用户，激发他们的购买欲望，因此，乐于分享并善于分享是对主播的基本要求。

有的人不愿意抛头露面、有的人心理包袱过重、有的人在线下能够滔滔不绝但到了直播间便放不开……这些人都不适合做主播。

但要注意的是，乐于分享不等于爱唠叨，只顾自己说得痛快，不顾用户的感受，不会有好的直播效果。

2. 坚持

我有一个直播基地,直播基地里的全职主播每天要直播6个小时,保证直播时长是最基本的岗位职责。有的企业更拼,打造"日不落直播间",即24个小时连续直播,三四位主播轮流上播。

如果主播需要在镜头前工作6个小时,加上前期与后期的其他工作,每天至少要工作10个小时。

分享一下我们直播基地全职主播小杨的一天行程。

主播小杨每天早上6:00开始直播,5:00就得起床,洗漱、吃饭、化妆后,5:50前调试好设备,6:00开始直播,中午12:00左右下播。下播之后吃个午饭,看看数据,复盘一下就到了下午2:00左右,利用下午的时间准备下一场直播的选品和脚本,傍晚才下班。为了持续提升自己,晚上,小杨还要到其他主播的直播间观摩学习。

主播真的没有表面上看起来那样光鲜亮丽,想要从事这一职业,一定要做好吃苦的准备。

3. 热爱

主播的工作这么辛苦,是什么支撑着他们坚持下去?是金钱吗?不好意思,大多数主播并不像头部主播一样能够赚到很多钱,无非就是有一份工作而已。

能够坚持下去,很大程度上归因于他们热爱直播。某头部主播曾一年直播389场,除了坚持,更重要的是因为他能从直播中收获了金钱以外的成就感。

我没有见过一个朝九晚五、按时下班的人能把直播工作做好,对于主播来说,加班是常态,熬夜是家常便饭。

我有一个就职于中国石油的学员,入职第4年开始接管直播工作,短短一年便升职为高级主管,比很多同龄人的晋升快很多,但也比很多同龄人辛苦很多——她经常工作到晚上11点才下班。她对我说："做直播的这一年，比我过去3年干的活都多，但我很爱这份工作。"

主播对工作的热爱，用户是能够感受到的。没有人愿意停留在主播表现冷淡的直播间里。

4. 不断学习

主播这个职业出现的时间并不长，很多人不知道，这一工作对人的综合素质要求非常高。在很多非互联网行业的企业中，主播并不是专岗，而是由其他岗位的员工兼任，这些员工本身没有受过专业的训练，也没有很多经验，需要学习的地方很多，无论是公司组织的系统化培训，还是自己利用业余时间学习，都必须有坚持学习的习惯。

5. 职业化心态

主播是一个职业，想做一个好主播，必须要有职业主播的心态。有的主播被自己过去的身份桎梏，无法接受主播的身份，这是不可取的，很容易导致自己在直播间放不开，甚至"翻车"。还有的主播总幻想"一夜爆红"，心态浮躁，也是不可取的。

以培训师为例，很多培训师认为自己为人师表，不愿意学习直播间互动技巧，仍然用课堂培训的授课方式进行直播，结果学员在直播间里根本就没有耐心听讲，培训效果自然不好。并且，很多人对直播存在偏见，放不下骄傲或恐惧。

从2020年到2022年，我给很多培训师分享过如何在直播教学中兼顾讲师和主播双重身份，我发现，有接近半数的培训师是无法接受的，无法踏出自己的舒适圈。直播，是挑战，也是机会，能够及时转换身份，勇于学习和实践的培训师，大多取得了不错的业绩。

主播的能力提升

具备了成为主播的基本素质后,便需要提升具体的直播技能。主播需要掌握的技能非常多,我最长做过连续14天的主播训练营,几本书也写不完,本书摘选其中最重要的部分与大家分享。

人际沟通中有这样的定律：沟通效果的55%由肢体语言、面部神情等视觉呈现决定，38%由讲话语气、口吻等听觉呈现决定，只有7%由表达的具体内容决定。

大多数新人主播,面对的主要难点在于"说什么"和"怎么说",对应到沟通定律中,"说什么"占7%,别看占比小,它是一切的基础;"怎么说"占93%,它决定了说出来的效果。

沟通定律提醒主播：既要做好内容层面的话术设计，又要提升语言表达和视觉呈现的能力！

如何掌握各项技能呢？这是一个系统工程,通常我们会在线下花5天到10天的时间做集训,本书摘选几个最关键的技能和训练方法,介绍给大家。

1. 直播话术精练

直播中的话术种类非常多,包括开场话术、转场话术、产品介绍话术、抽奖话术、下播话术、黑粉处理话术等20多种。

本书详细介绍最重要的两种话术——开场话术和产品介绍话术。

（1）开场话术

开场话术的优劣可以在很大程度上决定一场直播的成败,好的开场可以快速提升人气,防止用户流失。

给大家分享一个直播开场话术的模板。

第一步,介绍直播间。要让用户觉得这是一个非常值得信任的直播间。

第二步,介绍主播。要让用户觉得主播非常靠谱,愿意相信主播讲的话,进而接受主播推荐的产品。

第三步，送福利原因。 开场时送福利能够快速积累人气，而为什么要给用户送福利，说明原因很重要，这个原因说得好，能够提高福利的吸引力和用户的参与积极性。常用的送福利原因有：宠粉、新号开播、庆祝、促销、特别互动等。

第四步，福利放送。 什么福利最有吸引力？主播说的不算，需要多选几样福利品，在直播间测试用户的反应和实际效果。

这个模板怎么用？我给大家做个示范。假如我要做一场为本书带货的直播，运用"开场四步法"，可以这样说。

欢迎所有宝宝进入我的直播间，这里是傅一声老师本人的直播间，只讲干货，不割"韭菜"。（介绍直播间）

我是新媒体营销培训师傅一声，累计培训过超 12 万人次的学员，学员来自各行各业的头部企业。直播间里有没有傅老师的学员？听过傅老师讲课的宝宝请扣 1！（介绍主播）

今天是我的新书上市的第一天，为了感谢所有朋友的支持，我和北京大学出版社联合给大家带来宠粉福利。（送福利原因）

我们为大家准备了 100 本书，今天来到直播间的所有宝宝，都有机会获得第一批签名书！（福利放送）

开场话术主要用于将人气拉起来，人气上来后，便需要趁热打铁地转化。很多主播一开始直播就说："今天主播给大家推荐××产品！……"接着便开始漫长的产品介绍环节，等你费尽口舌地介绍完，还没上链接呢，用户就跑得差不多了。

为什么会这样？要解决这个问题，必须先解决直播带货中的灵魂三问：**为什么用户会对我的产品感兴趣？用户怎样才能够觉得我的产品符合其需求？用户怎样才能够信任我，在直播间里买我介绍的产品？**

（2）产品介绍话术

为了解决兴趣、需求、信任三大难题，我们同样做了话术模板——"产品五步法"，使用这一模板设计自己的话术，能够大大提高直播间的转化率。这个模板是目前很多成功主播介绍产品时使用的话术模板。

第一步，发现痛点。 通过描述场景，使用户快速代入，产生共鸣，发现痛点。

第二步，放大需求。 引导用户意识到如果这个痛点不解决，后果很严重，或者让用户认识到痛点可以被解决。

第三步，给出方案。 介绍产品的卖点和亮点，体现优势。

第四步，第三方见证。 通过展示资质证书、用户证言、聊天记录，或进行趣味实验等，让用户进一步相信我们的产品和解决方案，解除抗拒，增强信任，打消疑虑。

第五步，报价。 先报一个原价，再给一个优惠价格，最后增加赠品。几招下来，用户会倍感超值，马上下单。

同样为大家做一个示范，假如傅老师在直播间里卖这本书，使用"产品五步法"，应该这么介绍——

有没有朋友刚开始做新媒体运营，不知道该从何下手？

有没有朋友做了一段时间新媒体运营，发现很难出效果？

有没有朋友想系统地学习如何在新媒体平台上引流获客、快速成交客户？

中招的朋友请把"有"字打在公屏上！有以上困扰的朋友请把"有"字打在公屏上！（发现痛点）

新媒体运营是一个新兴的岗位，所有人都在快速地向前奔跑，如果别人都在学习，只有你不学习，你便很难适应互联网的变化，也很难在这个领域做出成绩。同时，新媒体运营是一个不看背景与资历的工作，只要我们能够把握规律，搞定转化，很容易出成绩。（放大需求）

做好新媒体运营，需要我们了解整个行业，把握底层逻辑，掌握文案写作技巧，懂得短视频和直播的内容创作及运营技巧，善用公域流量和私域流量。我们团队10年的运营经验以及陪伴上百家大企业的实操经验全部汇总在这本书里，一定能给从事新媒体运营工作的朋友带来借鉴和参考。（给出方案）

大家看，这是我在××企业培训现场的照片（展示照片），我们用了5天的时间学习……（展示课程表），用了3个月的时间吸引了××万粉丝（展示账号截图）。（第三方见证）

我为企业培养新媒体运营人员的项目报价在20万元到50万元不等，学员需要至少5天的脱岗学习和至少3个月的实践辅导，而今天，购买一本书，只需要一杯咖啡的钱，就可以把这些课程精华学到！而且，今天出版社给出了企业团购优惠价，每本书只需要××元，还赠送配套的PPT课件、资料包等，简直太划算了！5、4、3、2、1，上链接，买它！

> **小贴士**
>
> 以上列举了直播中最重要的两类话术，更多话术，可以搜索并关注微信公众号"傅一声"，免费领取。

新手主播往往只关注直播话术的内容，容易忽略语调、语气、情感等表达技巧，这是刚入行时的常见误区，接下来，我们就来讲讲主播表达能力的提升技巧。

2. 表达能力提升

主播要想增强语音语调的感染力，提升表达能力，直播时有以下技巧。

（1）语速

直播时的语速主要由主播的人设和主题内容决定，比如，知识主播大都习惯娓娓道来，带货主播则会将语速加快到正常语速的1.2倍至1.5倍。

通常来讲，带货直播的语速要比其他类型直播的语速快，但在表达重点信息时，需要放慢语速，并重复多次。

（2）音量

音量有高低起伏才不容易让用户产生听觉上的疲劳感，尤其是在一些需要营造现场氛围的地方，应该适当调高音量。

如果一个人的音量不够，可以团队一起说，音量瞬间上去，现场氛围立刻拉满。比如，很多主播在重要福利发放时、上链接时、倒计时时，组织整个团队一起喊，非常有气势。

（3）轻重

提及重要信息时加重语气，用户更容易抓住重点。同时，说话时有轻有重、层次分明，会令用户听得更专心。

（4）爆发力

说话有爆发力的人，字句铿锵，更加具有说服力。如果一个人说话软绵绵的，往往让人觉得没有自信，听着不靠谱。

爆发力绝对不是靠扯着嗓子喊，那样坚持不了多久，嗓子就哑了。

要练习爆发力，往往需要我们善用腹式呼吸，利用横膈膜发力，用户听着有力，实际上主播发声时很轻松。这属于主播的基本功之一。

（5）停顿

直播绝不是一直不停地说，很多优秀的主播不是口才极佳的人，而是懂得什么时候该停顿的人。

主播应该对用户什么时候需要思考，什么时候需要反应，什么时候需要动手操作了如指掌。想要做好停顿，只需要做好一件事：直播前把自己当成用户去演练一遍，预估反应和操作需要花多长时间。

假如用户点击某个按钮需要3秒钟，那么，直播到对应节点，就需要给用户留出3秒钟的时间，此时的停顿不等于不说话，可以放音乐，或者说一些不用思考的"废话"。

（6）画面感

主播的表达不仅是把话术念出来，还应该为用户创造一个有画面感的世界。

如何营造画面感？除了本书第3章中讲到的利用场景思维营造画面感以外，在表达时适当地夸张也是有效手段之一。

（7）情绪

在主播技巧训练中，最难教的是情绪，因为情绪往往是一个人真实状态的表现。一个"被迫营业"的人，很难表现出由内而外的热情，而情绪是会传染的。

所以，新手主播不要过分关注话术和技巧，展现出自己的热情和正面情绪，更容易打动用户。

（8）口音

直播间里能不能有口音？当然可以！

在互联网上直播和在电视台播报新闻不同，真实和真诚比标准普通话有用得多！在直播间里，并不需要讲标准普通话，只要你的口音不影响用户听懂你说的话，就没有问题。尤其是东北口音、川渝口音等，甚至天然具备优势，能够快速活跃气氛。

3. 优化视觉体验

用户看直播，眼睛是习惯盯着屏幕"看"的。主播给用户看什么，会极大地影响用户的感受与决策。

俗话说，耳听为虚，眼见为实。

那么，我们应该给用户看什么呢？要把握以下3个原则。

（1）看起来舒服

虽然直播对画质的要求并不太高，但画质太差也是有反作用的。一般来说，只要保证画面清晰，不会令人感到不适，用户就不至于因为画质差而退出直播间。画质不是竞争力，而是基础要求。如果能在背景、服装、化妆、道具上下些功夫，使其更加美观，直播就更具有吸引力了。

（2）留住用户视线

能够让用户的视线一直停留在直播间非常重要，用户乐于关注变化的画面，合理的变化，能够让用户在视觉上不觉得疲倦。这一点与第4章"剪辑六大法则"中的

"视线追踪"类似。

关注用户，是很多新手主播容易忽视的。很多新手主播直播时，喜欢盯着屏幕中的自己看，而主播的眼睛看向屏幕中的自己时，从用户的视角看，眼睛是耷拉着的，并没有直视用户。正确的做法是，主播大多数时间要盯着镜头看，主播看用户，用户才会看主播。

新手主播在介绍产品的时候还容易犯一个错误，即产品的展示时间过短。很多新手主播推荐产品时，将产品在镜头前晃一下就放下了，这也是没有考虑用户视觉需求的表现之一。大家可以思考一下，主播介绍产品时，对用户而言，他们想看的是主播还是产品？显然是产品。新手主播将产品一晃就放下了，没有关注到用户要仔细观察产品的需求，只关注了自己。

资深主播在介绍产品的时候，通常会把产品拿起来，推到镜头前，用自己的手掌作为背景，帮助用户清楚地看到产品的细节。

（3）适时提供第三方见证

主播所讲的话是否有依据？怎样让用户感同身受？让用户看到证据更有说服力。

当主播讲到自家产品所获得的荣誉的时候，能不能展示一张荣誉证书给用户看？当主播介绍产品具备某项功能的时候，能不能现场演示给用户看？能够做到这些，主播的话更具有说服力，用户在视觉和听觉上的感受一致时，观看直播的体验感会非常好。

此外，要想在视觉上达到好的效果，需要我们前期做充分的准备，必要的物料、背景、服装、道具、趣味实验等，都需要精心的设计。这些准备工作虽然耗时，但特别值得！

三 直播团队搭建

一个直播团队需要多少人？

投入多少人力才能把直播做好？

这是所有企业准备做直播时都要考虑的问题。对于大部分企业来说，起步阶段，对直播的效果没有把握，岗位不好设、预算不好批、考核标准不好定……使得直播工作的推进就像老牛拉破车——慢慢吞吞。

有的企业做直播能够快速见效，如食品饮料、美妆个护、服装服饰、珠宝首饰、家居建材等领域的企业。这些企业可以成立专门的全职团队，各司其职，快速入场并快速变现。

有的企业做直播时，短期内难以立刻产生业绩转化，且产品的转化周期比较长，如银行、证券、保险、能源、石化、地产、物业等领域的企业。这些企业可以搭建直播项目组，设1~2位负责人，辅以一些兼职人员，先入场，再发展。

无论人员多少，直播的每项工作都需要认真完成，只不过有的企业有条件做到分工明确，有的企业只能安排有限的人员身兼数职。

对于绝大多数非互联网行业的企业来说，做直播需要一定的摸索周期和实践周期，可以随着经验的累积和业绩的提升，逐步提升人员配置，一步步来。

根据直播间资源投入状况及运营目标，我们可以把直播团队配置分为自由版、入门版、标准版、高级版、豪华版5个级别。

1. 自由版配置

自由版配置：主播（1人）。

一个人能不能做直播？当然可以！

我就是一个人做直播，前台、后台，自己一手操办。我最多可以一个人操作6块屏幕，实现多机位、多平台直播。怎么做才可以做到这种程度？没有什么秘密，无非是多尝试、多积累经验，熟能生巧。

直播最自由、最灵活的配置便是一个人。用户眼中的他是主播，其实他也是策划、运营、技术，一个人承担了所有工作。

几乎所有主播都是从一个人开始打拼的，每位主播都应该是"多面手"，必须了解各个角色的工作内容，才能在直播间灵活应对各种情况。那些一开始就做主播，不了解后台规则、摄像原理、布场技巧的人，很难成为优秀的主播。

2. 入门版配置

入门版配置：主播+运营（2人）。

一个人直播对主播的要求是非常高的，如果有条件，"主播+运营"是商业直播的入门版配置。

一个人负责出境，另一个人负责直播运营，这是十分高效且合理的分工，也是绝大多数企业直播起步阶段的直播团队配置。

对主播的要求：有镜头感和分享欲、能吃苦、有热情；有比较强大的心理素质，不紧张、不怯场；表达能力较强，能够流畅地做完整场直播；能够引导用户关注、互动、下单等。

对运营的要求：除了出境主播的工作，其他都要懂，能够配合主播完成各种运营工作，是主播最坚实的后盾。此外，运营负责人还需要不断研究平台的最新玩法，掌握各种软件和硬件的操作，成为团队的技术担当，甚至还需要额外承担直播小助理或者招商选品的工作。

3. 标准版配置

标准版配置：主播+运营+策划+助理（4人）。

如果有条件，在入门版配置的基础上，增加一个策划，并给主播配一个助理，就形成了直播的标准版配置。

这里的"策划"，在很多公司被称为"编导"，是至关重要的一个角色。策划负责研究活动流程、确定主播人设、招商选品、协调内外部资源等。在大多数企业中，策划是沟通领导与直播团队的关键点，是决定直播风格和流程的操盘手。此外，策划还是创意和宣传的主要负责人，需要根据直播运营的需求，策划和制作各类宣传物料，争取各种推广资源。

另一边，好的助理可以让直播如虎添翼。助理的作用主要体现在以下几点。

①引出话题并带动用户与主播互动。

②在主播忘记某些信息时巧妙提示或者及时补充，在主播说错话时及时救场或者协助纠正。

③配合主播表演，与主播"一唱一和"。

④引导用户关注、分享直播间；指示小店位置；引导用户加购物车；进行操作指引等。

优秀的助理可以逐步成长，从"协助主播"到"双人直播"，甚至成长为能够独当一面的主播。

4. 高级版配置

高级版配置：主播×2+运营+策划+助理+商务+客服（7人）。

如果直播的业绩转化效果好，为了提升直播工作的效能，可以在标准版的基础上增加主播人数，同时配备专业的商务和客服。

设置两位主播，对于企业而言灵活度更高，无论是两位主播一起上，还是分时段直播，都可以保证直播常态化。

随着直播频率和效果的提升，需要有人专门负责选品等外部对接事务，这便是"商务"的主要工作。发展到这一阶段，自家的产品往往已经不够用了，需要对外选品，或者和其他企业做一些联动与合作，商务的工作优劣，一定程度上决定了直播间的"天花板"。

配备专业的客服，便于在直播中回答关于产品的相关咨询，处理用户领福利、注册会员等常见问题，并在直播后持续处理用户咨询的各项问题，包括物流、下单、退换货等。

5. 豪华版配置

豪华版配置：主播×4+运营+策划+助理+商务+客服+场控+投手+拍摄+剪辑+审核（10人以上）。

使用豪华版配置时，企业可以根据实际需要进一步增加每个岗位的人员，或者增加一些细分岗位。

主播人数可以进一步增加，这样可以延长直播时间，或者同时开设多个直播间，提高企业的直播影响力。

此外，还可以安排负责后台操作的场控、负责流量投放的投手、负责拍摄宣传视频与直播精彩花絮的拍摄人员、负责视频剪辑的剪辑师、负责把控直播风险的审核员等。

在实际工作过程中，我们应该意识到，不是人多、配置强就能将直播做好。在缺乏直播经验，缺少直播产出的阶段，直播配置越强，团队配合越难，压力越大，反而不利于直播的顺利推进。

所以，直播配置最好循序渐进、逐渐完善。

5.3 货："4+1"带货策略

直播变现有两种逻辑，一种以产品为核心，典型的行业如快消品行业、服装行业、食品行业、家电行业等，产品的品牌、质量、名气、外观、价格对直播效果的影响极大，选品极其重要；另一种以内容为核心，主播主要靠内容打动用户，完成引流或者成交，典型的行业如金融行业、教育行业、咨询行业、法律行业、健身行业、知识付费行业，以及大多数高端服务业。在第二种情况中，用户认可内容、信任主播，才有可能成交，主播说什么和怎么说，比卖什么更重要——内容也属于人、货、场中的"货"。

本书所指的选品包括"产品"和"内容"，具体操作方法是"4+1"带货，"4"代表4类产品的组合，"1"代表至少有一个知识营销。

"4+1"带货是我们与很多企业一同实践后总结的非常有效的方法，熟练掌握这一方法，对主播的能力提升和业绩转化大有裨益！

一、直播供应链

很多企业的直播一开始就困难重重，如果不加以优化，便很难搭上直播变现的列车。为什么？我讲个案例大家就明白了。

中国移动很早就开始在自己的APP上尝试直播，2020年，受疫情影响，进一步加大了组织员工在各大新媒体平台上直播的力度，由于我培训和辅导中国移动员工的时间足够长，我几乎体验过中国移动在所有平台上的直播。

中国移动如何选品？显然，不是所有产品都适合直播，像电信套餐、电话卡这种虚拟产品，在很多平台无法上架。怎么办呢？中国移动很多地区的领导要求主播多卖手机。

没想到，虽然中国移动在国内几乎无人不知，无人不晓，手机带货却收效甚微，直播事业屡屡碰壁。

大家想一想，中国移动卖手机，有优势吗？

首先，目前市面上主打的华为手机、vivo手机、苹果手机等不是中国移动生产的，中国移动不是品牌方，也不是厂家直销，只不过是一个代销商，并没有品牌优势。

其次，中国移动有没有价格优势呢？不好意思，由于受中国移动集团分工和采购流程的制约，中国移动在品牌手机的裸机销售方面并没有价格优势——即使他们一分钱不挣，也没有价格优势。遇到热门机型，甚至无法及时拿到货，可以说是毫无特殊竞争力。

最后，手机的复购率太低。即使中国移动有很多存量用户，也很少有人会在短时间内频繁买手机，所以直播间根本留不住人。

在不考虑其他原因的情况下，以上3点足以令中国移动的直播事业碰壁。事实证明，在尝试过程中，中国移动的大部分直播间都销量惨淡，甚至主播只要开始推荐手机，观看人数直线下降。

如何破局？

既然症结在选品和供应链上，那么，主要的破局方式有两种。

方式一：扩充产品线。既然手机带货的优势不明显，就尝试扩充产品线，用更有优势的产品来提升人气，比如有福利价的产品、超值的套餐、赠送的话费等。

方式二：补充高复购率产品。既然手机、终端、宽带等产品的复购率太低，就用复购率高的产品来弥补不足，让用户每天来了都能看到值得买的产品，比如引入一些农产品、零食、大牌化妆品等。

要做到内部多产品组合营销，需要打通内部供应链；要做到对外选品，和其他企业合作，需要打通外部供应链。

说到底，供应链是直播的重要保障。目前，中国的头部主播无一不在供应链上有着巨大的优势，很多头部主播都有自己的供应链基地，而且为了直播，对供应链进行了颠覆式创新。

他们之所以成功，知名经济学家薛兆丰道出了本质。

传统电视购物是品牌商找主播，付推广费和广告费，主播推销。电商直播大部分时候是用户需要什么，愿意接受什么样的价格，去找主播，主播再去联系商家进行生产和供应。有需求才有生产，关系是倒过来的，整个供应链链条是围绕末端转的。

绝大多数非互联网行业的企业并没有条件自建供应链，更别提让供应链围着直播转了，但大家可以在原有的商业模式基础上，做一些补充。

那么，直播供应链都有哪些模式呢？电商自媒体@张牧歌总结了十大经典供应链模式，如表5-2所示。

表5-2 不同供应链模式及其分析

模式类型	具体分析
品牌集合模式	供应链利用自身优势资源，通过和线下专柜进行品牌合作，建立直播基地
品牌渠道模式	品牌方具有一定的线下门店基础，依托原有资源，创建供应链，定期开发一批款式并邀约主播合作，或绑定主播做联名款
品牌电商模式	品牌方有电商团队或店铺，在新品上市时，通过直播获取销量的基础数据，从而安排后期推广，通过自然搜索带动整店成交

（续表）

模式类型	具体分析
批发档口模式	供应链主要存在于批发市场，单个档口与在线下市场走播的主播合作，或将批发市场商户整合为供应链，邀约主播
尾货组合模式	供应链有大量尾货资源，通过建立直播团队服务主播，或与直播机构合作，开发新的销售渠道
工厂生产模式	工厂有正常的生产订单，场地也比较宽裕，可邀约主播进行直播，货品不足时可以随时生产
设计师模式	供应链和设计师品牌合作，或者先签约设计师设计打版，然后与工厂合作生产，最后邀请主播进行直播
精品组货模式	供应链团队有很强的选品能力，能够匹配合适的主播，进行深度捆绑合作
代运营模式	有电商基础和一定的直播资源，可以帮商家解决电商环节的问题，邀约主播到场进行直播，并负责处理售后问题，只拿提成或者服务费
商业地产模式	装修一个大型直播供应链基地，邀请机构入驻并孵化主播，同时邀请供应商将货品放进供应链基地，既收取主播合作机构的费用，又收取供应商的费用

二 产品组合

解决了供应链的问题，扩充了自己的产品品类并提高了竞争力后，就要制定每场直播的排品策略了。

如果直播间没有排品策略，人气和销量都会比较惨淡。

我有一个客户是方太厨电，方太厨电是主打高端厨电的品牌，全国各地的门店大多是几百上千平方米的大店，主营产品是洗碗机、烹饪一体机、净水器等，价格总体偏高。

方太厨电开始做直播时,有的门店在购物车里添加的全是这些主打产品,价格高昂,且复购率低。很多用户进入直播间一看,发现不是自己要买的,就退出了,直播间的人气和销售数据都不理想。

我给方太厨电的员工培训时,第一课就讲如何将不同的产品进行组合,让潜在用户和忠实用户能在直播间里各取所需,让对价格敏感的和不敏感的用户都愿意多听主播介绍,这就是排品的意义。

我们通常把产品分为引流品、福利品、利润品、赠品4类,直播间里的产品必须涵盖这4个类别。有的产品价格高,有的产品价格低;有的产品负责提升人气,有的产品负责赚取利润。

1. 引流品

如何提升直播间的人气?最常见且有效的手段是送福利,通过送福利,吸引更多潜在用户和忠实用户进入直播间。

这些福利通常被称为"引流品",因为它们能够起到很好的引流作用。

(1)引流品的特点

想设置合理的引流品,必须清楚什么样的产品适合作为引流品。关于引流品的特点,我总结了以下3点。

特点一:对用户具有强吸引力。 什么产品具有强吸引力?一般,我们会选择数款产品作为实验品,在实验中检验每一款产品的引流效果,实验效果好的就会成为引流品。

特点二:价格较低。 拿出价格相对较低的产品进行赠送或者低价销售。比如,卖服装的直播间可以用袜子当引流品,卖家电的直播间可以用热水壶当引流品。主要卖低价产品的直播间,可以直接用主要产品当引流品;主要卖高价产品的直播间,可以选择用低价的其他产品或者配件当引流品。直播时,一定要学会控制成本。

特点三：大众化。如果引流品比较小众，大多数用户都不清楚其价值，便很难起到引流的作用。如果自己的产品比较小众或者价值难以估算，可以采购一些比较受大众欢迎的产品做引流品，比如网红产品、日用品，甚至发红包都行。

选好引流品后，设计好开场话术即可。开场话术如何写？本书第 5 章"人：优秀主播养成记"中有详细讲解。

（2）设置引流品的技巧

很多企业在具体设置引流品的过程中会产生一些疑问，这里，我梳理了在过往培训中被提及频率较高的问题，为大家总结了 3 个引流品设置小技巧。

技巧一：根据预算，灵活设置引流品。如果是低成本的引流品，可以多设置一些，甚至做到"人人有奖"；如果引流品的成本较高，或者预算有限，可以将引流品的数量设置得少一点。

在中国电信的某次直播中，我们对引流品进行了如下设置：流量包不限数量——所有在直播间里的用户可以领到 5GB 流量包；现金奖品数量有限——话费 200 元，分为 10 个 20 元红包，抽奖获得。

技巧二：不要给获得引流品设置太高的门槛。要让用户觉得自己是有很大机会得到引流品的，用户才会积极参与。如果引流品数量多，可以让每个用户都获得；如果数量有限，可以采用抽奖的方式来控制获得数量。

技巧三：使用实物产品作为引流品，效果更好。最好不要使用优惠券等产品作为引流品，为什么？因为只有用户准备下单才需要使用优惠券，在用户没有确定要不要下单之前，优惠券对他来说是没有任何吸引力的。

2. 福利品

福利品是直播间里卖得最好的产品，也称"爆品"，通常有着超高的性价比。

很多朋友有疑惑，刚刚说引流品是直播间"福利"，现在又来了一个"福利品"，福利品和引流品究竟有什么区别呢？

简单来说，设置引流品的目的是提升人气，甚至可以赔钱赚吆喝；福利品则是可以赚钱的，只是利润比较微薄。

如何选择合适的福利品？福利品有如下 4 个特点。

特点一：有机会打造成爆款。虽然福利品的利润不高，但是销售数量大，可以取得薄利多销的效果。

特点二：大众化。假如我们在抖音、快手这类公域流量平台直播，官方给我们推送的用户都是陌生人，这些人未必精准。我们怎样把他们留住并快速转化呢？一定得用他们感兴趣的产品。这就要求福利品是与大众相关的产品，不能太小众。

特点三：高性价比。很多品牌会把性价比最高的产品拿来做福利品，实践下来效果非常不错。

特点四：可以定制套餐。可以把多个产品组合成一个套餐，作为福利品进行销售，效果也很不错。

我有一个客户是德尔科技，他们的地板以环保知名。

直播时，我们把儿童房地板作为福利品，对用户的吸引力非常大。一旦用户为儿童房选用了德尔地板，其他区域大概率也会选择德尔地板——福利品不仅有利润，而且会为我们带来更多商机。

3. 利润品

利润品才是企业真正想要在直播间里销售的产品，但如果直播间里只有利润品，人气上不来，没有用户，成交量自然惨淡。通过引流品和福利品吸引到尽量多的用户后，接下来便需要趁热打铁，把利润品推荐出去。

利润品可以放很多，但最好有周密的计划，如果我们一股脑地把利润品全放上，用户不知道该选择哪个，反而不利于成交。

为了提升利润品的销量，我们需要做充分的准备工作，比如，准备各种物料、照片或视频等第三方见证材料，制作产品展示图等宣传图。我在为企业培训直播团队时，要求学员必须给每一个利润品做一张产品展示图，把产品的亮点、卖点等展示出来，如图 5-3 所示。

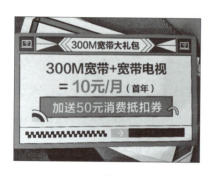

图 5-3 中国移动某直播团队的产品展示图

4. 赠品

赠品指的是用户下单后，主播给用户赠送的产品或服务，加送赠品是提升转化率的重要手段之一。

用户为什么要选择在直播间消费而不是去其他渠道消费？用户为什么要选择当场买而不是考虑清楚后改天再买？因为有赠品！赠品是"逼单"的有力武器。

赠品如何设置？有以下思路。

思路一：赠品可以选择配件、周边等。比如，买画送画框，买绿植送肥料等。

思路二：赠品可以是普通款产品的加量款或附件。比如，买 4 升洗衣液发 4.5 升洗衣液，或者赠送洗衣柔顺剂。

思路三：赠送售后服务。比如，买家用电器送清洁服务，买科技产品送延长保修期服务等。

思路四：赠送引流品或福利品。有时候，引流品和福利品也可以直接拿来当赠品。

如果方太厨电的线下体验店要做直播，该如何设置产品组合呢？

引流品：1 元抢双耳汤锅、雨伞、围裙；抽奖送价值 198 元的张小泉 6 件套；送清洁套装；送菜谱。

福利品：40 元抢防火阀（市场价 140 元）；买爆款烟机送灶具，直播间专属价 7299 元。

利润品：油烟机 + 灶具入门款，直播间专属价 3980 元；洗碗机，直播间专属价 5999 元；集成烟机 + 灶具旗舰款，直播间专属价 10780 元。

赠品：在直播间付定金，送九阳电饭煲、防火阀，以及价值 298 元的套刀。

增加知识营销

某知名主播因为参加一场活动而停播一天，没想到当天晚上就有女粉丝给他留言责怪他，严格来说不是那位女粉丝，是那位女粉丝的老公。

那位女粉丝的老公说："你今天为什么不直播？你不直播，我老婆跟我吵架了。平时我老婆看你直播，我打游戏，我们相处得很和谐；今天你突然不直播，她连游戏都不让我打，跟我吵了一晚上。"

看完这个故事，大家有没有觉得哭笑不得？这是事实，很多头部主播的带货直播已经成为粉丝的陪伴了，粉丝无聊时、洗碗时、带孩子时，都把直播开着，即使不买东西，也愿意在直播间里待着。

"即使不买东西，（粉丝）也愿意在直播间里待着"，这是直播的极高境界了。留住用户，就有机会成交。

2022 年，俞敏洪老师带领新东方的老师们转型直播，通过生动有趣的"双语直播"，为粉丝带来英语教学、知识讲解，得到了高度认可，从而成就了"东方甄选"直播间的爆火。

那么，为什么粉丝不买东西，也愿意留在带货直播间里呢？

主要有两个原因，第一个是直播间非常有趣，主播的幽默、才艺可以留住粉丝。第二个是粉丝能在直播间里学到东西。

幽默和有才艺，不是人人都能做到的，需要有一定的天赋和专业，但"让粉丝学到东西"，是大多数主播可以做到的。

在直播间里分享一些知识，就是"4+1"策略中的"1"——每场直播至少安排一个知识营销。

分享哪些知识呢？整理出和主题有关的用户痛点，或者和产品有关的使用攻略即可。

卖空气炸锅，可以分享用空气炸锅制作美食的菜谱，比如烤鸡翅、烤玉米、自制爆米花等。

卖化妆品，可以设计一个"美妆小课堂"栏目，分享美妆技巧和护肤知识等。

卖理财服务，可以分享财商知识、金融科普、股市解析等。

卖母婴产品，可以分享育儿经。

卖绿植，可以分享养花、修枝、插花、浇水的知识等。

……

每个行业都有相应的知识科普、用户痛点、时事新闻，只要我们努力提升自己的专业水平，整理和沉淀行业知识，就会有源源不断的内容可以分享给用户。用户听得多了，不仅能够增强对直播间的黏性，对主播的信任也会大大提升，我的很多粉丝，都是听了我多次直播之后才购买我的书和课程的。

场：直播间搭建 3 件事

5.4

如何搭建直播间？很多人以为就是买些设备，搭建一个能直播的"场所"。

这种想法没有错，但太简单了！

有直播的场所后确实能直播，但有没有效果就不好说了。

直播的"场"不是指"场所"，而是指"场域"。简单来说，我们要搭建的直播间，是一个稳定的、用户愿意留下来且愿意与我们互动的直播场域，有了这样的场域，用户、平台和企业才是共赢的。

> **小贴士**
>
> 场域理论，是社会学的主要理论之一，是关于人类行为的一种概念模式。场域理论指人的每一个行动均被行动所发生的场域所影响，而场域并非单指物理环境，也包括他人的行为以及与此相连的许多因素。

要搭建平台、用户和企业三者共赢的直播间，只需要做对 3 件事。

其一，选对平台。选择适合自己的直播平台——平台为我们提供舞台，带来流量；我们帮平台留住用户，为平台贡献 GMV（商品交易总额）。

其二，搭好场子。使用各类硬件与软件，搭建好自己的直播间。

其三，做对事。不触碰互联网禁忌、不违反公约，懂得什么该做，什么不该做。

> **小贴士**
>
> GMV，全称为 Gross Merchandise Volume，即商品交易总额，代表销售额。GMV 多用于电商行业，是衡量直播变现效果最直观的指标之一。

一 选对平台

艾媒咨询（iiMedia Research）发布的《2022年中国直播行业发展现状及市场调研分析报告》显示，中国直播用户最常使用的电商直播平台是抖音、淘宝和快手；电竞直播平台是虎牙、斗鱼和企鹅电竞；体育直播平台是腾讯体育、央视体育和PP体育，其中，腾讯体育的用户比例达到58.6%，远超其他平台；YY直播、花椒直播和腾讯NOW是用户最常使用的娱乐直播平台。

本书从企业的角度出发，讲一讲在不考虑娱乐直播和游戏直播的情况下，企业应该选什么直播平台。

企业选择直播平台，不仅要考虑平台是否有流量，还要考虑平台用户画像、平台规则、品牌调性、产品特性、可行性等。具体来说如何选呢？我们要先对常见的直播平台以及各类平台的用户习惯进行了解。

直播平台主要分为3类：电商型直播平台、兴趣型直播平台和社交型直播平台，每类平台分别对应不同的运营逻辑，同时又有所交叉，头部平台的综合性越来越强。

最开始，抖音是一个兴趣型直播平台，但随着近年来抖音对电商的不断完善，目前，它同时是一个非常重要的电商型直播平台。

1. 电商型直播平台

目前，企业最需要关注的电商型直播平台有 5 个，分别是淘宝、京东、拼多多、抖音、快手。

对于企业掌舵者来说，如果自家企业有淘宝店、京东店、拼多多店，一定要组建一个直播团队，在原有的基础上增加直播业务——客服、供应链都是现成的，增加主播岗位即可，成本和收益都很好计算。

很多人好奇，抖音和快手怎么也能算电商型直播平台？其实，随着这几年电商的发展，抖音小店和快手小店被接受度越来越高，已经有很多用户养成了在抖音、快手上购买产品的习惯。企业在抖音和快手上直播带货，本质是在抖音和快手上开了店，主播就是导购员。

在电商型直播平台上做直播，可以让产品展示更立体、互动更快捷，明显提升进店转化率和询单用户转化率。

对于拥有电商渠道的企业来说，这 5 个平台都要布局直播。

我的一些客户，比如耐克、海尔、方太厨电等，都已经整合了过去的电商资源，在这 5 个平台一起直播，统一运营。

在抖音和快手直播还有一个好处，能够让每个分公司、每个门店都开起自己的直播小店，大大拓宽品牌推广渠道，覆盖更多用户。

电商型直播平台的运营关键是提升进店率和转化率。

2. 兴趣型直播平台

兴趣型直播平台指的是抖音、快手、小红书等靠内容吸引用户关注的平台。目前最大的兴趣型直播平台是抖音和快手，此外，有很多细分人群的垂类平台和网站也是不可忽视的，比如，金融企业可以关注炒股人群聚集的同花顺；科技企业应该对 B 站等年轻人聚集的平台多加关注。

用户使用这些平台的初衷是放松、娱乐或者学习，没想到在平台上"逛着逛着"，被某个产品吸引，产生了兴趣，不由自主地进直播间被主播说服，下单购买——非常容易完成冲动消费。不过，正因为在这些平台上产生的消费大多数是冲动消费，退货率难免相对较高，这就要求企业严格把控产品质量，提升用户满意度，降低退货率。

什么样的企业适合布局兴趣型直播平台呢？

如果企业的产品满足以下特性，一定要布局兴趣型直播平台。

特性一：产品的交互性比较强。 什么是交互性？简单来说，就是产品具有比较多的讨论点。

兴趣型直播平台上的用户，提起洗衣机，很可能缺乏讨论兴趣，但是提起空气炸锅，讨论度瞬间飙升。因此，空气炸锅比洗衣机的交互性强，更适合在这类平台上直播带货。

讨论的人越多，主播就越容易通过有趣的内容获得精准用户的关注，从而有机会将产品推荐出去。

特性二：产品购买前需要进行复杂决策。 如今，人们越来越习惯通过网络获取信息，如果企业的产品正好需要用户在购买前进行复杂决策，就特别适合在兴趣型电商平台上做直播。

装修就是一个下单前需要进行复杂决策的事情。客厅如何设计？卧室如何设计？瓷砖怎么选？地板如何挑？有好多好多话题。人们在互联网上搜索和学习时，很可能因为频繁刷到某产品，从而产生购买欲望。

特性三：折扣大的刚需产品。 我们常喝的饮料、常用的洗护产品等，几乎不需要企业做市场推广，只要价格合适，就能吸引用户购买。所以很多刚需产品品牌都在直播间里做团购促销，用户买得多，给一个折扣价，企业和用户都很开心。

特性四：新奇的产品。 很多网红产品都是借助兴趣型直播平台爆红的，用户在直播间里看到一些自己没见过的东西，会被激发好奇心，看着看着可能就会不由自主地下单了。

兴趣型直播平台的运营关键是人气、用户停留时长、用户互动率和GMV（商品交易总额）。

3. 社交型直播平台

有人的地方，就可以做直播运营。

微信和微博，是目前最大的两个社交型直播平台。此外，一些小众人群的社交平台也是不错的选择。

社交型直播平台的发展前景非常广阔，由于用户对好友的信任感普遍更强，这类平台上的直播人气、转化率、复购率都比较可观，是典型的"货找人"。

> **小贴士**
>
> "货找人"模式以"人"为中心，在用户画像的基础上挖掘用户需求，用丰富、灵活的场景，引导、吸引用户购买。

社交型直播平台的运营重点是涨粉、建立用户信任、把控选品质量与提高复购率。

在社交型直播平台上，除了可以做视频直播，还可以做音频直播，比如荔枝FM、全民K歌、喜马拉雅FM、QQ音乐等平台，都是非常优秀的音频类社交型直播平台，其流量和商业价值不容小觑。

社交型直播平台适合所有企业，而且，企业可以借助这类平台做"全员营销"。

> **小贴士**
>
> 全员营销，指企业调动员工、经销商、合作伙伴、用户的社交资源，借助他们的社交影响力，将产品或者服务渗透到不同圈层，从而实现用户价值和品牌价值的不断提升。

选好平台后,我们即可根据平台规则和特性,在各个平台搭建自己的"场子",也就是直播间。

搭好场子

搭建直播间,需要我们善用各类直播设备等硬件和各种配合直播的软件,硬件和软件都很重要,财力有限时,硬件不够,软件来凑。

1.硬件设备

搭建直播间需要用到哪些硬件设备?我坚持的原则是:够用就行,逐渐完善。

我有一个黑龙江客户,企业的直播团队还在组建时,就由人力资源部牵头花费上百万元搭建了一个专业直播间,采购的设备都是别人推荐的高端设备。

等直播团队组建好以后,一试,发现这个直播间并不好用。由于房间格局已经固定,不方便进行改动,很是费了一番脑筋。

这就是典型的冲动型投入,不仅铺张浪费,而且不利于后期调整。

相反,我有一个杭州客户,他们在抖音和微信视频号中已经有500多万粉丝了,保持着每天一场直播的频率,每场直播都稳定有20万元左右的销售额。有这样优秀的销售业绩,他们的直播间设备如何呢?所有设备的成本加起来,不到1000元——补光灯是借的,绿幕是在互联网上购买的19.9元包邮的平价款……这些"低端"设备,丝毫不影响他们的直播表现。

那么,在控制投入的情况下,有哪些硬件设备是进行直播所必需的呢?准备好以下硬件设备足矣。

(1)背景

准备货架或者绿幕作为背景。绿幕的用途是便于抠图,使用绿幕时,直播间可以切换图片或视频作为虚拟背景,产生"沉浸式"直播感。

就个人喜好而言,我不推荐大家制作广告痕迹十足的KT板作为直播背景,营销感太重,平台和用户都不喜欢。

(2)补光灯

补光灯是直播间必不可少的一个硬件设备,好的打光可以让我们的直播间明暗更合理、人物更好看、产品的卖相更佳。

补光灯的档次差别非常大,普通的补光灯两三百元,基本能应付一般的直播场景。如果追求更好的打光效果,可以配置更多专业补光设备,但价格较为昂贵,一套上万元很正常。

小贴士

要想充分发挥补光灯的作用,打光技术很重要,常见的打光方式如下。

①顺光:投射方向和拍摄方向大致相同的光线。顺光能够使人物脸部受光均匀,减少瑕疵感,但缺少立体感和深度感。

②侧光:从被摄体左侧或右侧投射来的光线。侧光能够形成明显的阴影和投影,反差鲜明,层次丰富,有利于表现空间深度感和立体感。

③轮廓光:对着摄像机方向照射来的光线,可产生逆光效果。轮廓光能够起到分离主体和背景的作用,增加画面的形式美感。

④蝴蝶光:通常在被摄者脸部正前方,自上向下45度角投射到人物面部,在鼻子下方投射出一个阴影。蝴蝶光适合骨骼分明的人,阴影的形状就像蝴蝶一样,可以带来一定的层次感。

⑤伦勃朗光:对着人物面部,侧上方45度方向的光线。伦勃朗光能够使人物面部大部分在阴影中,立体感强,五官明显。

(3)画面采集设备

可以使用手机、电脑摄像头、摄像机、手机虚拟摄像头等采集画面,也可以增加预算，升级设备。

（4）声音采集设备

麦克风与声卡。声卡可以美化音色、播放背景音乐和音效，对直播氛围的营造很有帮助，非常实用，建议大家配备。

如果主播主要是坐着直播，可以直接买声卡套装，一般套装中会包括话筒；如果主播主要是站着直播或者在户外直播，建议购买无线麦克风。

（5）辅助设备

提词器、大电视、白板、纸、笔、指示牌、手机支架等。

> **小贴士**
>
> 想要获取完整版设备清单与型号，搜索并关注微信公众号"傅一声"，回复关键词"运营之巅"，即可领取。

2.软件设备

除了硬件设备，为了做好直播，还需要学习很多软件的操作方法，比如海报制作软件、视频剪辑软件等，这些软件的具体用法，我们将在本书第8章中详细讲解。

三 做对事

在直播时做错事、说错话的后果很严重，轻则直播间被封，重则给企业带来公关危机，甚至带来严重的社会危害。

企业的品牌影响力越大，主播的能力越强，越需要严于律己，不断提升自己的修养。

哪些行为是被鼓励的？哪些行为是受指责的？哪些行为是平台禁止的？在各大

平台的平台规则中都有详细的说明，建议大家养成定期查看、学习平台规则的习惯。

在长期实践中，我整理了一些容易被忽略的行为规范，本书要特别加以强调。

1. 各平台一致的"红线"

①法律禁止的行为；

②危害国家及社会的行为；

③侮辱或者诽谤他人，侵害他人名誉、隐私和其他合法权益的行为；

④借助国家重大活动、英雄烈士等进行商业营销宣传的行为；

⑤危害年轻人安全的行为；

⑥涉及危险行为、易造成人身伤害的行为；

⑦传播不良价值观的行为；

总结一下：直播间不是法外之地，法律禁止的一切行为，都不允许在直播间里发生。同时，用户的眼睛是雪亮的，所有不道德的行为都难逃被举报的命运。

2. 直播禁售商品

不是所有商品都可以在直播间推广与销售，以抖音平台为例，根据《抖音社区自律公约》，以下商品被禁止或限制销售。

包括但不限于枪支弹药、爆炸物、管制刀具、安防工具、野生动植物、违法出版物、医疗美容服务、医疗器械、药品和保健品、成人用品、"三无"产品、殡葬用品、宗教用品、烟草等。

3. 一般人不知道的直播禁忌

①未成年人不得从事主播职业，不仅如此，直播间里最好不要有未成年人出现；

②车辆驾驶过程中不能直播，因为涉及危险行为；

③不能在直播间诱导用户。怎样算"诱导"？比如让用户在评论区打 3 遍

"666"作为领取福利的条件,可能会被系统判定为诱导用户;

④不能在某平台直播间里提其他平台。比如在微信视频号直播,就不能提抖音、淘宝等平台,很可能会被判定为违规引流,可以称呼为某音、某宝;

⑤不能在直接间里发布广告与联系方式;

⑥直播间里不能出现抽烟、喝酒、打架等行为;

⑦直播间里不能衣着暴露,不能展示大面积文身等。这一点其实很难把握,平台很容易"误伤"。比如,2022年,知名健身主播刘畊宏曾因胸肌太大被禁播;因为腋毛重,周杰伦也被警告;

⑧未获授权,不能在直播间里直播影视剧、电影、相声、评书等内容;

⑨直播间里不能长时间无真人出镜,长时间挂播,或者长时间播放直播回放;

⑩直播过程中不能诋毁、谩骂他人,不能说脏话;

出现以上行为,平台会根据严重程度对主播进行处罚,轻则警告、断流、禁播,重则永久禁播、封号!

4. 金融业的合规要求

金融行业的直播必须更加谨慎!除了需要遵守以上规则以外,还需要遵守中国人民银行、中国银行业监督管理委员会(银监会)、中国证券监督管理委员会(证监会)、中国保险监督管理委员会(保监会)等的监管要求。此外,从业者还要学习本公司的合规审查要求。

我根据中国人民银行、中华人民共和国工业和信息化部、中华人民共和国国家互联网信息办公室、银监会、保监会、证监会、国家外汇管理局、国家知识产权局等相关部委陆续出台的管理要求,结合金融企业的实际直播经验,总结如下。

①开展直播的营销人员应当为金融机构从业人员并具备相关金融从业资质,且自媒体账号要指定合规人员审看;

②禁止为非法集资等非法金融活动提供网络营销,包括但不限于非法集资、非

法发行证券、非法放贷、非法荐股荐基、虚拟货币交易、外汇按金交易等；

③不得为私募类资产管理产品、非公开发行证券等金融产品开展面向不特定对象的网络营销；

④开展金融产品网络营销时要分区展示各类金融产品，不得进行骚扰性营销和嵌套销售；

⑤不得含有虚假、欺诈或引人误解的内容；

⑥不得引用不真实、不准确或未经核实的数据和资料；

⑦不得明示或暗示资产管理产品保本、承诺收益、限定损失金额或比例；

⑧不得夸大保险责任或保险产品收益，或将保险产品与资产管理产品等金融产品简单类比；

⑨不得利用学术机构、行业协会、专业人士的名义或者形象作推荐、证明；

⑩不得利用演艺明星的名义或形象作推荐、证明；

⑪以弹出页面等形式开展营销的，应当显著标明关闭标志，确保能够一键关闭；

⑫不得欺骗、误导用户点击金融产品营销内容；

⑬不得利用国务院金融管理部门的审核或备案为金融产品提供增信保证；

⑭券商不得通过"大V"引流开户，如图5-4所示；

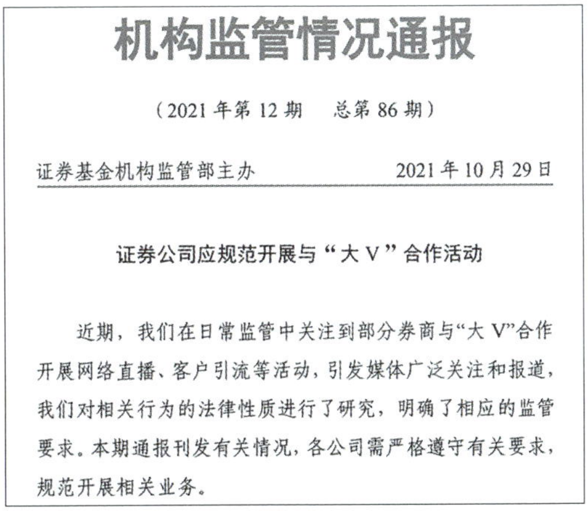

> **机构监管情况通报**
>
> （2021年第12期　总第86期）
>
> 证券基金机构监管部主办　　　　　2021年10月29日
>
> **证券公司应规范开展与"大V"合作活动**
>
> 近期，我们在日常监管中关注到部分券商与"大V"合作开展网络直播、客户引流等活动，引发媒体广泛关注和报道，我们对相关行为的法律性质进行了研究，明确了相应的监管要求。本期通报刊发有关情况，各公司需严格遵守有关要求，规范开展相关业务。

图5-4　证券行业机构监管情况通报文件

⑮证券公司直播时应该保持客观专业的态度，主要聚焦经济形势分析、市场变化情况点评、经济数据解读等宏观层面；

⑯券商直播不得使用低俗、夸大、诱导性、煽动性标题或用语；

⑰券商直播禁止荐股，不得通过穿奇装异服等方式追逐市场热点。

一、直播模式分析练习

确定自己的直播模式,分析练习表如表5-3所示。

表5-3 直播模式分析练习表

直播形式	人	货	场	备注

二、选品练习

根据实际情况,完善选品组合,不断扩充选品库。

引流品:

福利品:

利润品:

赠品:

"开场话术"练习

根据模板，编写一场直播的开场话术。

"产品介绍话术"练习

根据模板，为一款待推荐产品编写一套产品介绍话术。

第6章

公域流量：
抖音、公众号、视频号、微博、小红书、B站运营

若将文案、短视频、直播比作运营子弹，通过对第 3 章至第 5 章的学习，大家已经可以创作出好的作品了，即攒了好多子弹。要想赢得胜利，接下来便是选择适合自己的战场，也就是选择合适的平台。

选择平台时需要考虑的有平台流量规模、用户画像、行业或产品的匹配度等。

很多人在选择平台时存在这样一个误区：喜欢跟风。比如，看到抖音的用户规模大，便一窝蜂地涌入抖音赛道。事实上，如今活跃着的新媒体平台上都有大量用户，无论哪个平台，都有足够多的目标人群。并且，各个平台会越来越像，差异越来越小——很多人的固有认知是抖音以一线城市的青年用户为主，快手以小镇青年为主，殊不知，两个平台的用户画像已经越来越相似了。

那么，到底该如何选择合适的平台？

对于个人而言，选择自己最感兴趣、最熟悉、最有可能成功的平台即可；对于企业而言，主流的平台都要布局，打造平台矩阵是新媒体运营成功的必由之路。

一个短视频发布在一个平台上，可能带来1000阅读量，那么，发布在10个平台上，可能就是10000阅读量。通过大量的测试，哪个平台上的账号火了，再对哪个平台投入更多的精力和资源即可。

目前，哪些平台值得重点运营呢？

本书挑选了目前流量、生态、变现都比较友好的 6 个主要平台——抖音、微信公众号、微信视频号、微博、小红书和 B 站，进行重点介绍。其中，微信公众号和微信视频号需要联合运营，所以放在一起讲解。

6.1 抖音运营

提起布局新媒体，很多人的第一反应是运营抖音账号。

确实，作为一个国民级平台，抖音早已深入人心，在抖音记录生活，已经成为很多人的习惯。

抖音发布的《2021抖音数据报告》显示，2021年，抖音见证了1517万次出生、2.53亿次长大、1819万次毕业、3347万次结婚和715万次退休。

2021年抖音电商生态大会公布，抖音的日活用户已达到6亿人次。

那么，这些年运营抖音账号的人越来越多，竞争越来越激烈，运营难度越来越高，我们还有机会吗？

虽然抖音上每天都有很多新内容，但优质内容依然是稀缺的；虽然抖音上的创作者很多，但专业运营依然很少——很多企业还停留在仅仅发布广告宣传片的运营阶段。所以，对于绝大多数企业来说，抖音中仍然有着巨大的机会！

在早期的抖音运营人员中，流传着这样一句话——"每个人都有机会火15秒"，无论有没有背景，无论品牌大小，无论企业规模大小，只要能够创作出平台和用户喜爱的内容，就有机会获得平台的推荐，触达几亿人。

那么，系统推荐哪些内容，不推荐哪些内容？我们如何在系统推荐原理的指导下创作和运营？一起来深刻理解一下抖音的算法机制吧！

算法机制：如何利用算法获取流量？

抖音的算法机制非常复杂，而且在不断地更新迭代，不过，对于运营人员而言，把握总体的算法原理和机制即可。

1. 发布细节

在抖音上发布短视频作品时，不能随心所欲地上传，要注意以下几个方面。

（1）封面

短视频的封面犹如文章的标题，占据着最多的页面，最容易吸引用户的注意力。同一个抖音账号的短视频封面不仅要能够吸引用户注意，激发用户兴趣，而且最好保持风格一致。

（2）文案

在抖音上发布的文案包括标题、话题、@3部分。

标题撰写可以参考本书第3章介绍的取标题技巧；带上与内容相匹配的话题，能够帮助系统更加精准地将内容推荐给合适的用户；@官方账号或者同领域的"大V"，只要得到官方账号或"大V"的回复，就能大大提升曝光度。

（3）关联热点

发布短视频时，可以在抖音电脑版后台选择想要关联的热点，若通过审核并成功关联热点，将会获得更多推荐。

（4）高清发布

清晰度不高的短视频很容易被用户划走，因此，我们在上传短视频的时候一定要选择"高清发布"。如果手机发布的短视频清晰度不如原视频，推荐使用电脑发布，清晰度更有保障。

（5）发布时间

根据主要目标用户的活跃时间来确定发布时间。比如，情感类内容在深夜发布效果更好；职场类内容在工作日的早高峰、午休时间、晚高峰发布效果更好……平时多在不同时间发布短视频测试曝光量，比较效果的差异，才能逐步找到最合适的发布时间。

2. 审核要求

点击发布后，系统会对作品进行审核，如果作品有问题，无法成功发布。想要顺利通过审核，我们必须做到不违反平台的规则、不碰触敏感词，具体要求请参考本书第 5 章的"场：直播搭建 3 件事"。

3. 查重要求

发布作品时，系统会在全网范围内核查作品里的画面和文字，评估其与已发布作品的重合度，如果重合度过高，会被判为"抄袭"或者"重合度太高"，无法通过审核或者无法得到系统推荐，甚至被处罚。

通过审核和查重后，一个短视频便成功发布了。

4. 推荐机制

短视频成功发布后，系统需要判断这个短视频好不好，应该推荐给谁，以及应该推荐给多少人，这是由推荐机制决定的。

进入推荐机制判断环节后，系统会给每个短视频打标签，并根据这些标签，将短视频推荐给对这些标签感兴趣的人。

那么，会推荐给多少人呢？抖音采用的是"赛马机制"。

> **小贴士**
>
> "赛马机制"是很多互联网企业使用的一种经营管理策略,简单来说,就是给竞争者相对包容的环境和试错的机会,谁跑得快,谁的权重就高,谁就能获得优质的资源。

系统首先将短视频推荐给一小群用户,然后观察被推荐的这些用户看了多少(完播率),有多少用户点赞、多少用户评论、多少用户关注等,将用户的行为统计为数据。如果数据非常好,则推荐给更多的用户;如果数据不好,则停止推荐。

所以,数据好的短视频会不断地被推荐到更大的流量池中,只有不断地在每一个流量池中战胜同类型的其他短视频,才有可能越来越火。

很多朋友看到这里就明白了:想要火,需要得到系统的推荐;想要得到系统更多的推荐,需要拥有好数据。

所以,抖音的运营,基于数据分析。

二 运营关键:基于数据分析的运营指标

运营抖音账号,一定要学会数据分析,并能从数据中找到可取之处和不足之处。

如图 6-1 所示,是某金融企业抖音账号的后台数据,从后

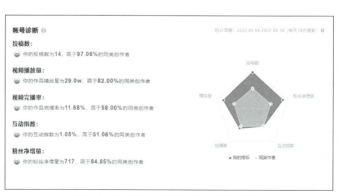

图 6-1 某金融企业抖音账号的后台数据

第 6 章
公域流量：抖音、公众号、视频号、微博、小红书、B 站运营

台数据中，我们可以看到抖音对账号进行评价的标准、账号的运营状况。

账号诊断指标一共有 5 个，这些指标是如何统计的？有什么意义呢？

投稿数：统计周期内发布的作品个数。

视频播放量：作品被观看的次数。

视频完播率：作品完整播放次数在作品被观看次数中的占比。每日完播率指当日完播浏览量与总浏览量的比值。

互动指数：作品被观看、点赞、评论、转发的综合得分。

粉丝净增量：账号净增粉丝数，通过涨粉数减去掉粉数得出。

通过后台数据，我们可以诊断出该账号的运营状况：投稿数、视频播放量、粉丝净增量表现较好，视频完播率和互动指数相对较差。了解这一运营状况后，运营者便可以有针对性地调整运营方案，提升视频完播率和互动指数。

如何通过提升每个指标的表现，进而提升账号的运营效果呢？我们逐一分析。

1. 投稿数

投稿数是统计周期内发布的作品个数，这个指标反映的是账号的"活跃度"。

投稿数越多，账号的活跃度越高，对提高账号的权重越有利。

那么，投稿数为多少比较好呢？最低标准是保证周更，行有余力的情况下，每周更新两三条，如果能够做到每天更新两三条，便视为非常优秀了。

创作者很多，但能够保持固定更新频率的不多，大多数人无法长期坚持。系统更喜欢稳定更新的账号，还是"三天打鱼两天晒网"的账号？显然是前者，因为前者长期活跃的可能性更大。

2. 视频播放量

视频播放量即作品被观看的次数。

视频播放量是最直观的数据，系统每天都会统计出前一天的视频播放量。我

们要努力实现的运营结果是将视频播放量稳定在较高水平，并偶尔能够有爆款视频出现。

每条视频都上热门，不现实；从来不上热门，很难将账号运营起来。上热门，有时候需要一定的"运气"，在保持较高质量水准的情况下稳定输出，出爆款的概率很大。

如果视频的播放量长期保持在低水平，比如每条视频的播放量都不超过100，那么系统会判定这些视频是质量不高的视频，长此以往，账号的播放权重会被调低，也就是很多人说的"限流"。如果视频播放量长期保持在20以下，说明这个账号已经"死了"，需要开新号。

所以，我们不能为了追求更新频率牺牲视频质量。在培训过程中，有些学员将自己的账号拿给我诊断，我一看，发了300条短视频，只有300个粉丝——这个账号可以说是已经废了。

3. 视频完播率

视频完播率指的是作品完整播放次数在作品被观看次数中的占比。

视频完播率是抖音运营中最重要的数据指标，视频完播率高，系统更有可能推荐这个视频；视频完播率不高，则基本不会获得系统推荐。

充分重视视频完播率的创作者，更有可能做出爆款视频，否则，很容易陷入"自嗨"。

很多学员请我帮忙诊断账号为什么运营不起来。

我问："你觉得问题出在哪里？"

一部分同学回答："老师，我真的不理解，我发布的视频中都是干货，为什么系统就是不推荐呢？"

还有一部分同学回答："老师，我们不一样，我们拍的都是轻松愉快的办公室日常，不烧脑啊，为什么视频播放量也这么差？"

第 6 章
公域流量：抖音、公众号、视频号、微博、小红书、B 站运营

我让他们打开后台看数据，视频完播率都很低。

这就是原因，因为视频完播率低，所以作品一直得不到系统推荐。

为什么视频完播率会低呢？第一种情况，干货太多，用户听不懂，或者听得很累，便把视频划走了；第二种情况，很多新手团队拍出来的日常剧情短视频主题无聊、节奏拖沓、主演演技也不行，用户看几秒就看不下去了。

所以，要重视视频完播率。

（1）了解视频完播率

要想提升视频完播率，需要了解视频完播率的两层含义。

在抖音手机端打开每个作品的"作品数据详情"，我们可以看到"5s 完播率"和"整体完播率"两个指标。

指标一：5s 完播率。5s 完播率指的是作品播放时长达到 5 秒的被观看次数与作品被观看总次数的比值，即统计有多少人看完了作品前 5 秒。

指标二：完整完播率。完整完播率指的是作品被完整观看的次数与被观看总次数的比值，即统计有多少人看完了作品。

（2）提高视频完播率

想要提高 5s 完播率，需要我们的短视频开场足够吸引用户，不要放一些无用的片头、寒暄、公司 Logo 等；想要提高完整完播率，则需要精心设计视频过程中的每一个环节，让用户一步步看下去。

除此之外，还有以下提高视频完播率的技巧。

技巧一：视频时长尽量短。夸张一点说，在不影响信息传递的基础上，视频时长能有多短就多短！

中国联通客服在 B 站上发布了很多爆款跳舞视频，一般是跳整首歌，即 3 分钟至 5 分钟。

发现这些视频在 B 站上的播放效果不错后，他们把同样的视频发布到了抖音平台上，可是效果很一般。为什么？因为三五分钟的视频在抖音上的视频完播率一般

不会很高。

我在给中国联通的分公司员工培训的时候，遇到了几个负责给中国联通客服投稿的同学，建议他们把完整的跳舞视频剪辑成几个片段来发布，尝试提高视频完播率。

于是，他们试着把视频开头、音乐副歌部分剪辑出来，制作成总时长控制在一分钟以内的短视频，在抖音平台上发布的效果果然好多了，产生了爆款视频。后来，他们干脆选择热门音乐或者经典音乐的7秒至12秒片段跳舞，效果太棒了，产生了几十条点赞量破10万的爆款视频！2021年，仅用了3个月时间，中国联通客服抖音账号涨粉300多万。

视频时长越短，用户看完的概率越大，这是最简单的提升视频完播率的技巧。好的视频，应该是让用户看完后"意犹未尽"的。

技巧二：视频节奏相对快一些。用户在观看快节奏视频时不容易分心，因此，可以适当地给视频设置倍速播放。

技巧三：用情绪留住用户。如何重视视频所传达的情绪，用情绪留住用户？参照第4章的"剪辑六大法则"。

技巧四：多发评论。很多用户看视频时有看评论的习惯，评论多一些，可以有效地提高他们对视频的兴趣。视频刚发布时没有用户评论怎么办？可以自己多留一些"神评论"，或者组织同事、粉丝先评论一轮。

> **小贴士**
>
> 神评论，指的是作品评论区里精彩的评论，这些评论往往出其不意，出人意料，令网友眼前一亮，不禁为评论点赞，继续评论该评论。

4. 互动指数

互动指数是作品被观看、点赞、评论、转发的综合得分。如何让用户愿意点赞、评论与转发？互联网上有很多技巧，但不少技巧已经过时了，与其说是"技巧"，不如说是"套路"——很多人用了过多的套路，过犹不及。

比如，有的人会在短视频中说："我做短视频非常不容易，希望得到大家的一个免费的小心心。"

这种"乞讨式要赞"的行为刚开始非常有效，但用的人多了，很多用户非常反感，反而不点赞了，纷纷表示："你的短视频做得好，我自然会为你点赞，你这种索要赞的行为，让我非常反感！"

本书中，我们反复强调：把内容做好，比使用花里胡哨的"技巧"更重要。

只要我们明白用户会因为什么互动，便能够在内容中有意识地"无形引导"，而非向用户索要互动。

用户什么时候会点赞？用户会为短视频里的行为或者人物点赞、为创作者的用心和不易点赞、为产生共鸣点赞。

用户什么时候会评论？在用户想发表自己的看法、想表达同意或者反对、想与评论区中其他人的评论交流时会评论。

用户什么时候会转发？在短视频内容能够成为他的"社交货币"时、在他想让其他人看到这条短视频时、在这条短视频引起他的共情时，他自然会转发。

5. 粉丝净增量

粉丝净增量由涨粉数减去掉粉数得出。如果账号能够稳定涨粉，平台会判定这是一个优质账号；如果账号总是掉粉，那便很难获得平台的推荐。

那么，如何让账号稳定涨粉呢？做到以下几点即可。

第一点：保持统一。风格相对一致、选题范围明确、视频色调统一。

第二点：制作系列视频。"追剧"式观看体验，能够大大提高粉丝的黏性。

第三点：慎重"蹭热点"。有过长时间新媒体运营经验的朋友都知道，蹭热点虽然容易带来阅读量、播放量，但实际上对提高粉丝黏性有反作用，甚至容易掉粉。为什么呢？因为蹭热点带来的粉丝不精准，他们很容易在短暂关注后很快取消关注

（取关）。

第四点：保持稳定的更新频率。只有稳定、持续地更新，才能被粉丝记住。否则，当你间隔很久，突然更新一条短视频，很可能发现，自己的账号居然遭遇了"掉粉潮"。这是为什么呢？因为粉丝早已把你忘记，突然看到你更新，很可能诧异地说："我怎么还关注了一个这样的账号？取关吧！"

第五点：尊重粉丝。有些网红，粉丝多了以后便开始不尊重粉丝，口无遮拦。若让粉丝感到不适，粉丝自然会取关。

三 抖音变现：引流与转化的途径

抖音运营该如何变现？很多人的认知是比较片面的。对于企业来说，想要通过抖音变现，考虑得应该更长远一点。

大家经常会看到很多明星直播带货时销售额过亿的宣传，久而久之，便觉得在抖音上直播带货，销售额过亿是一件很正常的事情，这真的是很多人的"错觉"！

很多人不知道明星带货业绩宣传的背后有多少虚假数据、明星效应和广告投放。

2020年，中国消费者协会（中消协）微信公众号发布《"双11"消费维权舆情分析报告》，在这份报告中，中消协点名了3位知名人物：汪涵、李佳琦和李雪琴，其中，李雪琴参与的一场直播带货涉嫌机器刷量、数据造假，当天结束时宣称有311万用户，实际直播间里只有不到11万用户的真实数据，其他用户人数是花钱刷量得来的。

抖音运营不是一夜暴富的捷径，但抖音账号是企业对外展示的名片之一、线上触达用户的渠道之一，通过运营抖音账号，有希望提升品牌价值，带来更多用户。

流水不争先，争的是滔滔不绝。

——《道德经》

所以，如何持续、稳定地变现，才是我们运营抖音账号的重点。

抖音如何变现呢？可以分为两类，一类是直接变现，带来看得见的收益；另一类是间接变现，带来无法直观计算的收益。

1. 直接变现

直接变现的方法主要有以下 5 种。

（1）直播带货

直播带货可以说是最直接、见效最快的变现手段。只要把产品上架到抖音小店中，就可以直接售卖，直播间更是可以高效地展示产品，如果辅以丰富的促销活动，还能更好地销售产品。

需要注意的是，不是所有产品都能直接在抖音上直播带货，比如金融产品、医疗器械等，是禁止在抖音上直播带货的。

（2）短视频带货

短视频带货即在短视频中宣传某个产品或者植入某个产品的广告，用户可点击购物车直接跳转到购买界面进行下单。

近年来，短视频带货的效果越来越差，更多企业选择用短视频来激发用户的兴趣，在直播间完成成交。

所以说，带货时，短视频和直播可以互相配合。

（3）付费推广

通过付费推广，让用户看到我们的短视频广告或者直播间入口，引导用户点击进入直播间或者跳转到成交页面。

（4）私信引流

引导精准的用户私信企业，加上联系方式，完成成交。

（5）账号主页引流

在账号主页留下联系方式，让用户能够联系到我们。如果是认证过的企业号，主页上可以设置公司电话和地址。

抖音的直接变现方式不仅仅是上述的这些，随着功能的更新，未来还会增加。

2. 间接变现

有的产品在禁售类目中，或者产品的销售流程比较长，需要一定时间的沟通才能成单，这便需要进行间接变现。

我们都知道，很多用户并不是第一次接触就能成交，可能需要多次触达或者慢慢"养鱼"，才能在一段时间后完成成交。进行间接变现，可以为我们带来大量的"潜在用户"，这也是一笔宝贵的财富。

间接变现的方式主要有如下8种。

（1）获得用户线索

假如你任职于一家做机械零件的企业，由于产品的非标准化，很难在互联网上直接销售，你会如何使用抖音促成成交？可以尝试这样的方式：在抖音上发短视频，吸引潜在用户，引导用户通过站内私信，或者站外渠道商、展会等各种形式联系你，经过3个月甚至更久的个性化设计和谈判，完成机械零件订单。

这个订单的完成和抖音运营有没有关系？当然有关系。

变现金额好不好计算？不好计算。甚至你都不知道用户是不是因为看了你的抖音短视频才产生了合作意向。

在这种情况下，抖音为我们提供的是用户线索，后续还有大量的跟踪、服务工作要做。目前，很多高端服务业、制造业企业是通过这种方式间接变现的。

（2）增加用户信任

假如你的用户一直在将你所任职的公司的产品和另一家同类公司的产品做比较，忽然有一天，他无意中看到了你们的抖音短视频，通过抖音短视频，他了解到了你们公司的优势与产品的亮点，觉得还是你们的产品比较好，于是下了订单。

这个订单与抖音运营有没有关系？有关系，但不好量化。

不管怎么样，抖音为用户提供了了解我们的窗口，在增加用户信任方面，是有功劳的！

从这个角度来说，无论你的产品是面对终端用户的，还是面对企业端采购的，都需要运营抖音账号。为什么？因为你的用户会刷抖音，这就够了。

（3）增加企业曝光量

在抖音上增加企业曝光量，从而提升品牌影响力，这是很多企业运营抖音账号的初衷。

现在，很多企业在抖音上做推广，本质上是在做品牌宣传，让自己的品牌影响力更大。因为虽然抖音运营对于销量的贡献很难量化，但非常重要！

越来越多的企业把过去在传统媒体上做投放的预算用来培养团队做新媒体运营，或者用来激励全体员工提供优秀短视频作品，效果非常好！

我有一个知名客户，是百年德企，坐标南京。2020年之前，他们每个月的广告费投入是50万元，交给当地的一家广告公司负责投放，主要投放渠道为机场、高铁站、地铁站等。恰好，他们委托的广告公司是我朋友主理的。

我问企业："你们的广告投放效果如何？"

企业的运营负责人告诉我："说实话，有没有效果，我是感受不到的，但这事必须干，这些预算，我们不敢省。"

我问广告公司的朋友："你们为他们投放广告，效果如何？"

广告公司的朋友告诉我："说实话，我们也不知道，反正每年把投放渠道铺满就是了。无论效果如何，成本摆在这里，我们没赚他们多少钱。"

听完两个人的回答，我吓出一身冷汗，他们这是在盲目地花钱啊！后来，经过我的培训，企业的几个主要事业部开始做抖音运营和社群运营，把过去用于广告投放的经费用于激励员工——根据抖音短视频的播放量和社群的涨粉量进行激励。这两年，企业的品牌影响力明显提高，不少用户表示在抖音上看到过该品牌的短视频。

（4）提升复购率

运营抖音账号，有时候能够为用户提供更好的服务体验，从而提升产品的复购率和销售业绩。

用户在哪里，我们的服务就应该去哪里——用户不愿意接电话，就不要天天打电话"关心"用户了；用户越来越少看电视了，就不要拼命地在电视上打广告了；用户跑到抖音上来了，我们能不能在抖音上服务用户？

很多企业明白了这一点，于是，由用户服务部牵头做抖音运营和自媒体平台布局。比如银行、证券公司、电信运营商等，已经有不少企业探索出了成熟的模式，效果很好。

（5）打造 KOL

企业自己就是一个 MCN 机构，员工都可以被打造为 KOL（关键意见领袖）。粉丝会因为信任 KOL，选择购买企业的产品。

> **小贴士**
>
> MCN 机构，即网红孵化中心，是专业培养和扶持网红达人的经纪公司（机构），也有人称它为红人俱乐部。

（6）打造创始人 IP

对于一些企业来说，创始人亲自入局拍抖音短视频的性价比极高。创始人 IP 具有品牌人格化、不可复制性、信任值转化成本低、传播形式丰富等特点，打造创始人 IP，不仅省去了请明星代言的成本和风险，而且一旦企业家吸粉，对于品牌和销量的助力是巨大的。格力的董明珠、老乡鸡的束从轩、多行业创业的罗老师，都是成功典型。

不仅企业家，每个人都可以打造创始人 IP，每个"草根"都有机会在抖音吸粉。

我曾为不少企业家协会的会员辅导过创始人 IP 打造方法，踩过很多坑。根据过往经验和教训，我想提醒大家：打造创始人 IP 需要花费创始人很多时间和精力，不是找个团队就能替创始人完成的，需要创始人充分重视并愿意投入，才有可能成功。

（7）为线下引流

近年来，大量新品牌通过抖音爆红，很多老品牌通过抖音"翻红"，重回人们的视野,线下门店的访问量随线上讨论度的飙升同步增长。

(8)激活团队,打造企业文化

根据我的观察,爱拍抖音短视频的团队,工作氛围大多很好,企业的凝聚力极强。并且,通过抖音的"软文化输出",可以润物细无声地影响合作伙伴与客户。

金融行业是一个人员流动率比较高的行业。

我有很多在证券公司任职的学员,我发现,爱拍抖音短视频的营业部员工跳槽率很低,因为他们在公司工作得很开心,情感也更紧密,对公司的忠诚度更高。

我还有很多在保险公司任职的学员,班组长带头拍短视频,整个团队的员工流失率都降低了,并且很容易增员。

以上列举的变现手段,只是众多变现手段的"冰山一角"。

我并不提倡企业在刚开始做抖音运营时制定过严的考核指标,也不提倡因无法量化指标便不敢投入,更不提倡因为害怕有潜在风险而"因噎废食"。

保持开放与包容的心态,带着热情和利他的态度,不断学习、实践和迭代,无论哪个行业,无论公司大小,一定会获得巨大的收获!

6.2 微信公众号与视频号运营

很多人没有意识到——微信公众号（以下简称"公众号"）已成为公域平台之一，过去的运营思路需要做一些调整。

随着微信生态的完善，公众号和视频号正在逐步扮演公域平台的角色。

过去，很多企业引导用户关注公众号，通过公众号文章触达用户，其实是在把公众号当私域平台运营。为什么现在不一样了？

原因一：随着自媒体的爆发，公众号的打开率越来越低。即使是订阅过的公众号，很多用户一年也不见得打开一次。无法有效触达用户，就不算是合格的私域平台。

原因二：公众号开始采用算法推荐。用户看完一篇公众号文章后，系统会自动为用户推荐3篇同类文章，这些文章可能来自用户没有订阅过的账号，这不正是公域平台的特点吗？

并且，随着公众号图文阅读量的巨量下滑，微信为自己补充了一个专门用来承载短视频和直播的平台——视频号。

目前，非互联网行业的企业大多数都运营了公众号，并把公众号当成企业的官网或者服务平台来打造。随着新媒体平台格局和功能的变化，我们的运营策略和方法也要更新迭代，要想抓住微信的流量红利，必须同时运营好公众号和视频号！

抓住"公众号+视频号"的红利

1. 公众号与视频号的时代定位

在 2021 年腾讯公开课上，"微信之父"张小龙详细阐述了腾讯给视频号的定位，张小龙说："视频号到底是什么？视频号有一个简单的定义：是一个人人都可以创作短内容的平台，是一个公开领域的内容平台。"

张小龙的话让我不禁想起了公众号开屏页面的一句话："再小的个体，也有自己的品牌。"

由此可见，视频号和公众号的使命是一样的，都是内容平台，是用户对外发声的窗口。那么，为什么微信在拥有公众号的情况下还要做一个视频号出来呢？难道是想和抖音竞争吗？要解决这个疑问，听听张小龙怎么说。

在官方公众号时代，在机场，企业会贴一个自己的公众号二维码；在小程序时代，在机场，企业会贴一个自己的小程序二维码；在视频号时代，微信也致力于为企业提供更全面的服务能力，希望在机场能够看到企业的视频号二维码，希望视频号能够成为个人和机构的官方网站。

视频号的本质是视频的载体，随着时代的发展，视频逐渐成为人们传递讯息最容易接受的形式，这里的视频是指云端的结构化视频，而非存储在文件夹中的本地视频文件。这就好比公众号时代，公众号的价值就在于传递文章，而文章也是指云端的文章，而非个人备忘录中的文章，信息因为传递而变得更有意义。

——张小龙

张小龙的意思是，公众号是文章的载体，视频号是短视频的载体。

如今，视频号除了是短视频的载体外，直播的威力也逐渐显现。

从 2021 年开始，视频号出圈的事件越来越多，周杰伦、五月天、崔健、西城男孩等的视频号音乐节，让很多用户大呼："我的青春回来了！"

视频号竖屏春晚、孟晚舟归国、神舟十三号发射等，视频号通过社交分享，给短视频和直播带来了新的传播启示。

由此可见，视频号不是和抖音抢流量的短视频平台，而是在短视频时代，连接微信生态的核心。

所以，在短视频时代，我们的运营策略也需要及时迭代。

2. 公众号与视频号的联动现状

对于企业而言，过去把公众号当作企业的一张名片，如今需要增加一张视频号名片；过去在公众号菜单里植入了很多服务，如今需要在视频号里植入这些服务。

如果让企业从 0 开始做视频号，说实话，起步有难度，且单纯依靠视频号变现也有难度，但如果企业能够将公众号与视频号联合运营，便能够更快地抓住微信提供的红利。公众号与视频号可以在哪些情境中互相助力呢？只要将公众号与视频号相关联，便可以实现以下联动。

①视频号直播时，用户可以在公众号上看到直播的提示，点击即可一键跳转至视频号直播间。对于拥有大量公众号粉丝的企业来说，可以借助这一联动，快速完成视频号吸粉，并在直播间成交客户。比如，银行、电信运营商、超市等提供生活服务的企业，能从中获得极大的机会。

②公众号首页可以直接显示对应的视频号，用户点击即可进入视频号主页。这一设计，能够快速将公众号粉丝导流到视频号中。

③公众号文章中可以插入视频号短视频。这一设计，不仅可以提高公众号内容的丰富度，而且可以为视频号导流。

④视频号首页可以直接显示对应的公众号，用户点击即可进入公众号主页。这一设计，可以将视频号粉丝导流到公众号中。

⑤用户在视频号直播间看直播时，可以一键关注公众号，让直播为公众号导流。

⑥视频号发布作品时,可以选择与公众号文章一起发布,这样用户在看短视频的时候可以一键点击进入公众号文章,了解图文详情。

⑦视频号直播时,可以同步发布公众号文章,用图文详情来转化用户。

以上是几个比较重要的公众号与视频号互相导流的功能,我相信未来还会有更多好用的功能出现。这些功能,无一例外地指向了一个共同的目的——公众号与视频号联动。

3. 公众号与视频号联动对企业的意义

公众号与视频号能如此紧密的联动,对企业而言意味着什么,有什么好处呢?

(1)激活并转化粉丝的新机遇

企业辛辛苦苦运营起来的公众号,这些年来,看得人越来越少了,甚至根本就没人看了,怎么办?用视频号来唤醒这些粉丝,借助短视频和直播激活与转化他们。

(2)提高内容的利用效率

同样的内容,可以写成文章发布在公众号上,也可以剪辑成短视频发布在视频号上,做到"一鱼多吃"。

二 公众号排版保姆级教程

自 2012 年 8 月公众号诞生以来,经过这么多年的发展,公众号的功能已经非常完善,文章中不仅可以插入文字和图片,还可以插入视频、音频、超链接、小程序、商品卡片、投票、地理位置、广告等。

不过,功能越来越完善,不代表用户的阅读习惯也有同步的变化,在大多数用户的认知中,公众号还是以发布图文类文章为主的。

公众号文章如何写?请看第 3 章的文案部分,这里不做赘述。这里想强调的是,文章的篇幅越长,越需要有好的阅读体验,否则,用户还没看完就退出了。

为了有好的视觉观感，需要做好排版。本小节，我们就来详细讲解公众号的排版技巧。要做好公众号排版，至少需要关注以下5个环节。

1. 文字排版

（1）字体

公众号默认字体为"helvetica"，此外，还有"微软雅黑""arial"和"sans-serif"选项。helvetica字体略高，微软雅黑字体偏宽，前者更具立体感，适合用于篇幅较长的正文段落，后者适合作为小标题使用，更体现厚重感。

（2）字号

这些年的趋势是字号越来越大。

过去，公众号最主要的用户群体是年轻人，一般使用14号作为正文字号，使用16号或18号作为标题字号。文字较密集的文章或者严肃的时评类文章，正文通常选用16号字。

如今，16号字或者17号字更加受欢迎，甚至连公众号的默认字号都已经是17号了——过去，17号字被认为是"老年人专属"。

确实，图文时代已经过去了，长篇大论且字体小的排版已经不"时尚"了。人们因为经常看短视频，养成了"沉浸式阅读"的习惯，逐行看文字会很累。让字号大一点，文字少一点，是图文小编必须适应的。

（3）字体颜色

公众号文章中文字部分的颜色，不建议用纯黑（#000000），手机端阅读时会感觉比较刺眼，灰色会更温和一点。常用的字体颜色有#595959、#3f3f3f。

（4）字间距

对于一般的文本来说，字号越小，字间距就要越大，以便使文字易于辨认。相反，如果将字号调大，字间距紧凑一些更便于阅读。图文小编可以在编辑器中对字间距进行调整，通常设为1px；排版轻松娱乐类文章或情感文章时，可适当增大字间距。

(5) 行间距

设置行间距，主要是为了让密集的大段文字有距离感，避免用户在阅读时产生压力。建议设置行间距为1.75倍或者2倍。

(6) 段间距

段间距一般用回车键打出的空行来代替，也可以进行手动设置。正文中设置段间距为15，在阅读界面上看起来比较美观。

段间距有不同层次的划分。

①空三回车：用于小节与小节之间。比如，一个小节结束后，空三回车，下文是另一个小节的开始。

②空两回车：用于二级标题下的分隔。

③空一回车：用于段落与段落间，内容主题相对而言比较接近。

④换行不空：用于两段文字讲述同一个内容，只是在阅读时需稍作停顿的情况。

(7) 对齐方式

标题——居左/居中对齐。用大一号字体，确保用户能一眼注意到。

正文——尽量使用两端对齐，部分使用居中对齐。居中对齐主要适用于轻松愉快的娱乐型文章，一句话一行，读起来很快。

图注——居中/居右对齐。用小一号字体并加灰色。

需要注意的是，使用左对齐型排版时，首行不需要缩进。

(8) 两端缩进

不同于传统出版物，新媒体文章的阅读载体主要是手机，需要在两侧留白，因为对于曲面屏手机来说，若过于靠边，用户会看不到部分内容。

在微信公众号中，可以直接使用默认编辑器或者排版工具设置"两端缩进"，如图6-2所示，通常会设为8或16。如果文章内容比较轻松，可以适

图6-2 "两端缩进"设置区

当增加两端缩进的量。

（9）段落长度

在传统的图书排版中，出现长段的文字并无不妥，因为页面有足够的空间，读者也有足够的耐心。但是在手机上，用户习惯快速阅读、碎片化阅读，读到很长的段落时，很容易产生压迫感，失去耐心。

因此，在公众号文章中，段落的长度一般不超过6行。

在整篇文章的排版中，最好做到长、中、短段落结合，这样能让用户在大段文字中迅速找到关注点。

尤其是金句，最好独立成段，以确保吸引用户的注意。

2. 颜色搭配

在公众号文章中，除了图片，正文颜色最好不超过3种，颜色太多会显得杂乱。

另外，尽量不要使用饱和度太高的颜色，也就是日常所说的鲜艳颜色，鲜艳颜色看起来比较刺眼，视觉观感不好。

颜色方面，如果没有企业主色或者主题色，可以使用安全且有格调的黑、白、灰。

3. 标点符号

乱用标点符号，也会导致排版凌乱。很多用户对标点符号乱用是非常反感的。

（1）省略号

不要用6个句号（。。。。。。）作省略号，也不要用3个点（...）作省略号，3个点是英文中的省略号。

中文省略号的正确用法为"……"，在中文输入法状态下，可以用组合键Shift + 6打出来。

（2）破折号

在中文输入法状态下，可以用组合键Shift + "-"（键盘上，0右侧的键）打出来，即"——"。破折号占 2 个汉字字符的空间，不能用连字符（--）代替。

（3）项目符号

有时候，公众号文章中会有一些并列关系的条目或者句子，可以用项目符号标记。

①有序列表。在有序列表中，数字序列是最常见的，数字序列之外，还有英文序列、罗马文序列等。需要注意的是，数字后面使用的是圆点（.），如"1.""2.""3.",而不是顿号（、）。

②无序列表。在无序列表中，小黑点（●）是最常用的，小方块（■）跟中文搭配也很和谐，小圆圈（○）则多用于注释内容。有一点需要注意，无序列表中，每句话后都要加句号（。）。

③三角符。公众号文章中，经常可以看到两种三角符号，有不同的用处：正三角符（▲）经常居中放在照片下方、注释内容前面，起指示作用；倒三角符（▼）经常单独居中成行，用于分隔两部分内容，引出下文。

④分隔符。除倒三角符外，还有很多符号可以用作分隔符，比如分割线。分割线是最常用的一种分隔符，不同编辑器中有不同样式的分割线，是公众号排版中很重要的元素之一。除了可以用在文中，分隔符也可以用在文末。

⑤进度符。选择同一个符号，用类似进度条的方式来标注公众号文章的进度，实际使用中，可以更换其中某一个或某几个符号的颜色，让用户知道文章读到了哪一部分，起到提示进度的作用。比如，第一部分❖；第二部分❖ ❖；第三部分❖ ❖ ❖……

4. 排版规范

（1）强调

可以用底色、边框与不同字体、颜色的变化，告诉用户这一段很重要，帮助用户快速浏览文章、把握重点。

除了设置不同的字体、颜色效果外,最常用的强调方式是"加粗""变斜""加底线"3种。加粗、变斜是通过墨色浓度变化或形状变化将强调内容与正文进行区分,这源自西方数百年来的排版规则;加底线则是打字机盛行之后留下的使用习惯。

强调方式很多,但是千万不能乱用,更不能同时用在一个段落里,切记过犹不及。

(2)下划线

下划线是打字机时代的产物,如今已经过时。使用下划线,有时会喧宾夺主,对文字阅读形成干扰。除超链接外,其他句子尽量不要使用下划线。

(3)斜体

斜体是从英文排版中引入的,在英文段落中可以使用斜体。

对中文来说,设置斜体后很容易失去中文字形原来的结构和美感,所以尽量不要在中文段落中使用斜体。

(4)引用

公众号文章中的摘要、资料、人物对话、重点语句等,都可以使用引用内容。

引用内容要独立成段,如果有版权限制,请记得加上引用说明。

(5)中英文混排

对于文字排版来说,经过几百年的出版印刷实践,人们普遍得出的结论是:每两个字符之间必须有一定的合理空间。如果字符之间的距离过于狭小,就像两个挨得很近的鸡蛋,随时有相碰撞的危险;如果字符之间的距离过大,那字符就会失去张力和紧张感,使阅读变得困难、乏味。

所以,字符之间的距离应该合理,使得即使在很紧凑的句子中,或者在印刷质量很差的情况下,也不会混淆在一起,影响阅读。对于中英文混排的文章来说,尤其如此。

中英文之间加空格,比如"傅一声在外企用 Jerris 作为英文名"。

中文与数字之间加空格,比如"我猜你看这本书的时候还没到 12 月"。

中文中夹杂英文单词时使用全角标点,比如"这是我给读者准备的 iPhone,来读者群里抽奖吧"。

对于完整的英语句子，使用半角标点，比如"我很喜欢乔布斯的名言：Stay hungry. Stay Foolish."。

如果文章中的字间距很大，可以选择不额外加空格。

5. 引导内容设计

（1）顶部内容

好的顶部内容，是公众号的"名片"。

大家都知道面试时第一印象的重要性，同样，对于一个公众号来说，公众号文章的顶部内容决定着用户对该公众号的心理认知——良好的设计会提高内容的可信任感，而那些粗糙的模板式内容，不仅难看，而且会降低用户对公众号的评价。

通常，在文章顶部放置的内容有标题、标志性短句、插图、引导语、作者信息、声明信息、转载信息、音频等。

顶部内容常见的设计有5种，可以组合使用。

①引导用户关注、置顶，通常是插图+标志性短句。

②对文章信息进行补充说明，比如阅读预计用时、作者信息、声明信息、转载信息等。

③公众号名片。

④说明关注即送福利，并展示福利内容。

⑤使用一张图片或者一段引导语，引出下文。

如图6-3所示，是公众号"秋叶PPT"的顶部内容设计，包括引导关注、插图、标志性短句、关注送福利说明等内容。

如图6-4所示，是公众号"刘润"的顶部内容设计，包括引导关注、关注送福利说明、公众号名片、补充文章信息等内容。

图 6-3　公众号"秋叶 PPT"顶部内容　　图 6-4　公众号"刘润"顶部内容

注意，顶部内容不要占用太多版面，切忌影响用户快速切入文章。用户被标题吸引进来是为了看内容的，这个时候心情是急切的，如果顶部内容太多，很久看不到正文，会起反作用。

（2）底部内容

底部内容与顶部内容不同，用户已经看完了正文，整个人的状态比较放松，所以底部内容多一些没有关系。

在底部内容中，应该尽量对顶部内容中缺失的要素进行补充，顶部内容中没有放的信息，可以放在这里，一些重要信息，甚至可以选择重复放置。

底部内容可以包括底图、投票、作者信息、版权声明、合作说明、引导互动或转发、关注语、往期推荐、二维码、赞赏、阅读原文、广告、公众号名片等元素。

公众号"刘润"的文章中，底部内容非常全面，如图 6-5 所示。

第 6 章
公域流量：抖音、公众号、视频号、微博、小红书、B 站运营

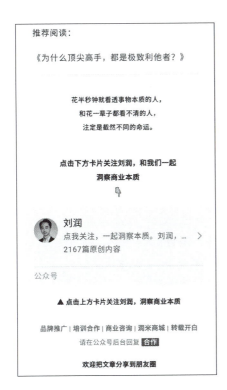

图 6-5　公众号"刘润"底部内容

以上排版，使用公众号自带的编辑界面就可以完成，如果需要进行更复杂和多样化的排版设计，可以使用秀米、135 编辑器等第三方工具。

三　视频号运营的 6 个策略

2022 年的视频号生态，就像 2019 年的抖音生态——在抖音上成功的玩法，都值得在视频号里再来一遍。如果你错过了抖音，千万不要错过视频号！

比抖音更加友好的是，视频号的社交传播给更多的普通人提供了机会——每个人都有机会触达身边的人，粉丝不多，也可以"闷声发大财"。

而且，视频号为创作者和企业提供了成熟的扶持体系，如表 6-1 所示。

表6-1 微信视频号的扶持体系

成长阶段	平台权益			
	功能权益	变现能力	流量扶持	现金奖励
零粉阶段（有效关注数<1千）	基础权益（商品橱窗、职业认证、企业和机构认证、原创保护）	直播带货、直播打赏	● 新注册视频号作者：有机会获得一次性"创作者流量包"（2500～50000点流量券）	暂无
千粉阶段（有效关注数≥1千）	基础权益、兴趣认证、添加企业微信	直播带货、直播打赏	● 加入重点作者扶持池 ● 优质、原创作品流量倾斜	优质视频可申报专项奖金
万粉阶段（有效关注数≥1万）	基础权益、认证图标、兴趣认证、添加企业微信	直播带货、直播打赏、视频号互选平台	● 加入重点作者扶持池 ● 优质、原创作品流量倾斜	优质视频可申报专项奖金
百万粉阶段（有效关注数≥100万）	同上，其他功能权益升级中，敬请期待	直播带货、直播打赏、视频号互选平台、平台定制化变现服务	● 加入重点作者扶持池 ● 优质、原创作品流量倾斜	优质视频可申报专项奖金

关于视频号运营，线下课可以讲5天，本书主要讲解最新的视频号运营策略，帮助大家更新认知，找到视频号运营的方向。

具体如何做？我们逐条拆解。

1. 真人多出镜，IP要打造

我有很多"大V"朋友，没有成功将抖音号运营起来，但是在视频号里玩得风生水起。为什么？因为抖音已经很"卷"了，明星、网红、专业影视团队已大量入驻。

第 6 章
公域流量：抖音、公众号、视频号、微博、小红书、B 站运营

搞笑、才艺、影视等各个领域的专业人士都在抖音中进行创作，普通人的机会越来越少，如果企业不舍得有大的投入，也很难起号。在抖音平台，现状是头部抖音账号占据了绝大多数的流量，留给普通账号的空间越来越小，并且，随着抖音商业的成熟，抖音官方希望用户多投放，为他们带来利润，不投放很难持续发展。

当需要依赖投放获取流量时，平台的红利期结束了。

视频号不一样，视频号还在快速发展阶段，只要你能够留住用户的时间、注意力，平台就扶持你。并且，视频号以社交传播模式为主，有微信好友作为冷启动资源，运营难度比运营抖音账号小很多。

本质上，微信是一个熟人社交的地方。

熟人社交意味着我们不需要做全网最优秀的人，可以只做身边人中比较优秀的人；我们不需要向最好的账号看齐，只要深度吸引那部分和我们契合的人就够了。

从这个角度来说，视频号比抖音更适合打造 IP。

要打造 IP，就需要创作者真人化，因为基于微信内熟人社交的基因，在视频号运营过程中，如果不是真人出镜，很难实现基于信任的账号关注和后端变现。

所以，不管是刚入局视频号运营的朋友，还是已有视频号运营经验的朋友，我都建议真人出镜，包括拍摄短视频和进行直播。企业号也一样，由自有员工出镜，不要外包给第三方。

2. 引流已打通，私域要运营

视频号是所有平台中最便于引流的。抖音上，再多的粉丝也只是平台上的一串数字而已，而视频号里的粉丝，是可以与你互加微信的，一旦加上微信，就有无限深度开发的可能，还用担心无法变现吗？

视频号鼓励大家把在视频号生态内获取的公域流量，导入企业微信私域做留存转化。这对企业来说，简直是天大的好事！

在视频号主页，可以设置企业微信添加入口，快捷导流。

在视频号中直播的时候，可以放出二维码，让用户直接扫码加企业微信个人号，这是获得私域用户最精准高效的通道。

视频号，彻底完成了"短视频＋直播＋私域"的闭环，所有企业都要充分重视这一点，赶紧布局线上矩阵，搭建运营团队。

未来，谁能做好这个闭环，谁就掌握了渠道方面的绝对优势。

完成引流后，我们还要及时进行企业微信和社群的私域运营，具体的私域运营方法，会在第 7 章中进行详细讲解。

3. 直播送流量，销量要跟上

近两年，大多数平台努力做的是吸引大家去他们那里玩，微信则不同，微信中本来就有人，只需要激活大家，让大家愿意继续在这里玩。

玩什么？短视频和直播。

过去想到短视频和直播，大家首选去抖音、快手、虎牙等平台，所以，微信要让大家习惯在微信生态里看短视频和直播，就必须鼓励大家在这里创作，想方设法地扶持更多优质创作者。

只要你拍的短视频有干货、有乐趣、有亮点，就有可能获得推荐，普通人也有爆发的机会。

此外，视频号还推出了商家直播激励计划。这个激励计划的规则，简单地说就是谁坚持直播、谁的直播效果好，平台就给谁奖励。

怎样判断谁直播的效果好？看 GMV（商品交易总额）。

为此，视频号专门为各个行业建立了带货达人群，推出与各个行业相匹配的激励计划，想要加入的朋友，可以通过公众号"傅一声"联系作者，邀请你进群。

为坚持直播的优质账号送流量，是视频号的重要激励政策，如何送呢？我以 2022 年视频号对教培行业"6·18 好物节"的激励政策为例进行说明，活动权益如表 6-2 所示。

第 6 章

公域流量：抖音、公众号、视频号、微博、小红书、B 站运营

活动主题：6·18 好物节。

参与方式：5 月 31 日 20 点至 6 月 18 日 24 点，选择购物分类后开播。

参与主体：达人、商家都可以参与。

参与品类：教培类目。

商品品类要求：开播期间售卖商品 80% 以上为教培类目商品（即课程或图书）。

表 6-2　2022 年微信视频号 6·18 活动权益

商家类型	商家权益	招募要求
S 级	活动期间，直播间每天不低于 10 万 UV 支持，按场次实时投放 发现页专属红点直映直播间（千万级别曙光） 主会场今日主播热榜曝光 主会场直播间预约榜曝光 短视频累计 20 万流量券	活动期间，直播天数 ≥ 14 天，单场 ≥ 4 小时 短视频发布数量不少于 2 个（需软植入直播预告） 单场峰值销售金额不低于 100 万 活动期间累计预估销售金额不低于 1000 万（活动期间：5 月 31 日 20 点至 6 月 18 日 24 点） 有视频号直播专属的货源、利益点，明确的直播规划等
A 级	活动期间，直播间每天不低于 5 万 UV 支持，按场次实时投放 发现页专属红点直映直播间（百万级别曙光） 主会场今日主播热榜曝光 主会场直播间预约榜曝光 短视频累计 15 万流量券	活动期间，直播天数 ≥ 10 天，单场 ≥ 4 小时 短视频发布数量不少于 2 个（需软植入直播预告） 单场峰值销售金额不低于 50 万 活动期间累计预估销售金额不低于 600 万（活动期间：5 月 31 日 20 点至 6 月 18 日 24 点） 有视频号直播专属的货源、利益点，明确的直播规划等

（续表）

商家类型	商家权益	招募要求
B级	活动期间，直播间每天不低于3万UV支持，按场次实时投放 短视频累计10万流量券 主会场品类标签优先推荐	活动期间，直播天数≥8天，单场≥4小时 短视频发布数量不少于1个（需软植入直播预告） 活动期间累计预估销售金额不低于300万（活动期间：5月31日20点至6月18日24点） 有视频号直播专属的货源、利益点，明确的直播规划等
C级	活动期间，直播间每周不低于4.5万UV支持 主会场品类标签优先推荐	活动期间，每周直播天数≥3天，单场≥3小时 短视频发布数量不少于1个（需软植入直播预告） 活动期间累计预估销售金额不低于100万（活动期间：5月31日20点至6月18日24点）
D级	活动期间，直播间每周不低于2万UV支持	活动期间，每周直播天数≥2天，单场≥2小时 活动期间累计预估销售金额不低于50万（活动期间：5月31日20点至6月18日24点）

注意：

1. 视频号教培行业的6·18活动按照本激励政策执行，与平台整体的6·18活动招商政策不叠加。
2. 6·18活动期间，公私域1:1算法流量激励仍然生效，教培行业单周流量激励政策暂停，活动结束后的第一个自然周（6月20日至6月26日）重新启动。
3. 平台投放UV奖励：UV指的是人数而非人次，各级达人激励领取方式请看报名须知。

从激励政策中不难看出，平台对于直播观看人数、直播时长和销售额都有明确的要求。很多人看到这里会大皱眉头："我想运营视频号，想争取流量支持，却不知道视频号上可以卖什么，以及怎么卖，怎么办？"请看下一点。

4. 小店早创建，产品要规划

企业需要创建自己的微信小商店，上架自己的产品，才能直播带货。开通直播带货，既可以直接变现，又能够得到更多的官方扶持。

如何创建自己的微信小商店呢？在微信中搜索"微信小商店"，按照提示创建即可，有了微信小商店，便能够将产品上架了。

这里要提醒大家的是，有些产品在视频号上是禁售的，具体可参考第 5 章中的直播禁售商品介绍。此外，有些产品上架时需要提供相关资质证明和品牌授权，具体要求可以在微信小商店的创建页面查看。

除了可以创建自己的微信小商店，企业还可以在爱逛、微盟、魔筷、唯品会、当当、有赞、微店、苏宁、小鹅通等平台上架自己的产品，同样可以在视频号中带货。

5. 算法在变化，数据要关注

视频号的推荐机制与抖音等平台不一样，视频号的推荐机制中，除了算法推荐，还有社交推荐。什么是社交推荐？简单来说，就是你的朋友为你的作品点赞后，你的朋友的朋友就有可能看到你的作品；你的朋友转发了你的作品，他的朋友就有可能看到你的作品，而且，系统看到你的作品受欢迎，就有可能将其推荐给更多陌生人。因此，我们要重点关注那些能够引发社交推荐的互动指标，根据数据调整运营策略。

总结一下，要想获得系统推荐，需要好的基础数据；想要获得社交推荐，需要好的互动数据。

具体包括哪些数据呢？我的视频号后台数据如图 6-6 和图 6-7 所示，我以此为例进行介绍。

对于视频作品而言，基础数据包括完播率、平均播放时长、浏览次数；互动数据包括点赞次数、评论次数、分享次数、收藏次数。其中，点赞次数非常重要，视频号中的点赞相当于微博中的转发。

动态	发布时间	完播率	平均播放时长	浏览次数	点赞次数	评论次数	分享次数	收藏次数	详情
本草纲目鬼畜版：#刘畊宏与亚洲气质舞王尼古拉斯...	2022/04/24	8.43%	11.56秒	309859	452	42	289	130	查看
揭秘抖音里教你赚钱的4大骗局！加盟，弟子班，商...	2022/04/18	4.77%	14.82秒	12600	70	11	46	9	查看
抖音卖课是个好生意吗？先看看有没有资格！怎么办...	2022/04/09	8.90%	0.56秒	34979	148	19	117	34	查看

图 6-6　傅一声的微信视频号视频作品数据

对于直播而言，基础数据包括观看人数、观看次数、最高在线（人数）、平均观看时长；互动数据包括点赞次数、评论次数、分享次数、新增关注人数。

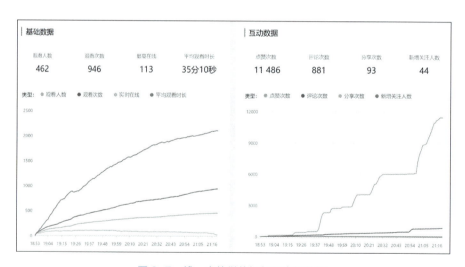

图 6-7　傅一声的微信视频号直播数据

具体的数据指标，在视频号后台应有尽有，我们需要定期复盘，才能不断改进。

微博运营 6.3

很多人说:"微博不行了!"真的是这样吗?

微博 2021 年财报显示,2021 年 12 月,微博月活跃用户为 5.73 亿,同比增长 10.0%,平均日活跃用户为 2.49 亿,同比增长 10.7%,环比增长 0.4%。

其实,微博的活跃度一直不错,岁月静好时,微博上有很多娱乐八卦;大事发生时,微博是获取最新信息的第一阵地。

为什么微博的地位这么高?为什么微博这么多年一直有稳定的流量?以下两个现象值得关注。

现象一:官方微博普及率高。大多数名人、明星、企业、政府部门有官方微博,大事基本都会在微博上官宣至少一次,这决定了微博常常是大事发生时的第一个宣传阵地。今日头条曾邀请不少名人入驻,想引导名人养成在微头条上官宣大事的习惯,但这么多年过去了,不了了之。

现象二:微博具有新闻客户端属性。重大新闻事件、最新消息常通过微博迅速抵达海量人群,这意味着,微博具有很强的新闻客户端属性。

那么,作为非互联网行业的企业,微博对我们而言有什么意义?我们应该如何进行微博运营呢?

如果微博小编只是在微博上发发公司的宣传稿、动态，微博官方不会给流量，用户也没有兴趣看，基本上，微博就是一个摆设。

不过，也有特殊情况，比如集中收到大量客户投诉和情绪发泄信息时，或者公司发生了大事、曝出了丑闻时，被认证的官方微博必定会火。

但这不是我们想看到的呀！

曾经，微博是被"大V"主导的平台，"大V"们自带流量，主导风向。如今，微博的流量从"去中心化"分发变成"中心化"分发，也就是说，开始由官方分配流量。

因此，想要运营好微博账号，需要根据平台机制与粉丝习惯，从以下5点入手，提高运营效率。

勤勤恳恳多活跃

微博是一个非常看重账号活跃度的平台，因此，运营微博账号时，不仅要发高质量内容，还要增加发博数量。

在抖音、今日头条等平台，能做到日更就非常不错了，但是在微博运营中，日更根本不够。如图6-8所示，以中国联通微博矩阵账号的数据为例，看看我们应该从哪些角度来提升运营指标。

在图6-8中，我们可以看到微博（数）、转发、被评、点赞、BCI等数据指标。

这里有一个指标叫BCI（Microblog Communication Index），是微

名次	名称	微博	转发	被评	点赞	BCI	协同度	加分	综合成绩
1	山东联通	788	135407	12454	10778	1359.34	1061.86	290	1500.60
2	湖南联通	755	205059	14725	12743	1438.72	1111.74	210	1485.23
3	山西联通	614	234337	160436	187096	1608.22	1247.65	30	1457.94
4	上海联通	434	10554	10519	10695	1161.08	1084.91	230	1353.00
5	广东联通	454	5787	6174	15500	1268.80	988.14	180	1308.47
6	中国联通北京客服	917	101189	30578	26188	1474.38	1059.67	40	1307.02
7	江西联通	628	16252	10942	14321	1309.06	1104.36	90	1296.71
8	天津联通	649	4814	3711	6054	1164.77	1055.09	110	1219.93
9	吉林联通	279	23849	37185	37446	1216.08	1129.35	40	1212.72
10	北京联通	784	80075	6902	4934	1376.39	959.86	110	1208.13
11	福建联通	375	9003	1177	26678	1181.35	788.69	110	1095.02
12	黑龙江联通	268	15373	3386	4355	1259.57	918.37		1088.97
13	陕西联通	530	4424	1515	3155	1003.14	1025.47		1014.31
14	联通统编	257	300	170	218	691.61	842.60	110	947.11
15	新疆联通	495	1081	1265	707	902.75	988.93		945.84

图6-8 中国联通微博矩阵账号影响力15强榜单

第 6 章
公域流量：抖音、公众号、视频号、微博、小红书、B 站运营

博传播指数，通过微博的活跃度和传播度反映账号的传播能力和传播效果。BCI 重在评估账号的原发微博传播力，旨在鼓励原创高质量内容，它的数据来源是发博数、原创微博数、转发数、评论数、原创微博转发数、原创微博评论数、点赞数，指标来源是活跃度和传播度。

从 BCI 的考核标准中，我们可以总结出运营微博账号时的重点工作。

1. 提升活跃度

提升活跃度，需要我们增加微博发布量和原创发布量。微博发布量包含原创发布量和转发微博量，这两个指标分别作为考评指标。这是对数量的要求，只要勤奋，就能做到。

很多优质博主对自己的微博账号的最低运营标准是微博发布量不低于每天 7 条。如果没有时间发布原创微博，转发他人的微博也是可以的，因为转发微博也计算活跃度。

2. 提升传播度

提升传播度即提升转发数、评论数、原创微博转发数、原创微博评论数、点赞数。想要提升原创微博的转发数、评论数与点赞数，需要我们持续创作好内容。

如果自己的原创能力有限，可以选择转发一些优质内容，同样能够提升传播度。

有的微博运营人员坚持每天转发"人民日报"等官方新媒体账号中和自己的账号定位有关的内容，有的微博运营人员定期发布 TED 演讲视频，都能获得相当不错的数据。

总之，运营微博账号，勤奋是最基本的要求。

 热点话题做解读

微博上的热点话题很多，带热点话题后，阅读量通常不会太差。但有经验的微博运营人员都知道，单纯追热点，阅读量会往上涨，粉丝数则会往下掉。

为什么？因为粉丝不精准，他们会因为这个热点关注你，也会因为下个热点离开你。

所以，运营微博账号要结合热点，但不是单纯地转发、复述热点，而是根据自己的定位，做有质量的解读，这样粉丝才有关注并认可你的理由。

1. 发散解读热点

追热点时，可以发散思维，从其他角度解读热点中的人和事。比如，刘畊宏健身直播爆火以后，我们不谈刘畊宏，而是谈刘畊宏的好友周杰伦，这就属于用发散性思维做选题。

2. 深度解读热点

从自己的专业角度出发，对热点进行深度解读。比如，分析刘畊宏爆火背后的健身行业产业投资价值。

3. 延伸解读热点

深挖细节，举一反三。比如，观察刘畊宏和Vivi的相处细节，谈家庭经营之道。

4. 分享相关干货

分享与热点有关的实用干货。比如，除了跟着刘畊宏跳操，如何搭配饮食才能更好地达到健身效果。

做高质量的微博运营，技巧可以归纳为一句话：用最新的热点，做最垂直的内容。

三 经典内容换形式

除了发布与热点相关的内容，我们还可以持续输出和自己的定位相关的内容。

每个领域，能火的选题都是有限的，可能都被别人用过了，那么，我们怎么办呢？

有一个技巧：经典内容换形式。

假如别人是用短微博发布的，我们就用精美的图片发布；假如别人是用文章发布的，我们就制作成条漫发布；假如别人是用九宫格图片发布的，我们就做成视频发布等。

> **小贴士**
>
> 条漫，指以单格（两格或以上数量时可并排出现）画格由上自下依次排序，通过连续画面叙述故事，纵向阅读的多格长条形漫画，也被称为"条漫画"。
>
> 条漫依附于移动终端，是近年来异常火爆的一种漫画表现形式。

总结一下，微博的表现形式主要包括以下 6 种。

1. 短微博

如今，短微博已经突破以往 140 个字的限制了。写短微博时，一定要注意第一句话能否吸引用户的注意力。如果内容比较长，一定要注意最终排版效果，可以多分段，减轻用户的阅读负担。

2. 头条文章

头条文章一般用来发布图文并茂的文章，就像写公众号文章。微博上的头条文章有一个非常实用的功能——可以设置"仅粉丝阅读全文"，即非粉丝只能看一部分内容，如果想要看全文，需要关注发布者。这是一个非常有效的涨粉工具，我本人长期的使用效果是平均一篇头条文章涨大概 300 个粉丝。

3. 配图微博

配图微博比较常用的是单图、三图、六图、九图，现在最多能传 18 张图。注意，配图不能侵权，而且要整齐，不能太多，也不建议过少，让大家看着舒服最重要。比如，"人民日报"的九图微博非常受欢迎。

4. 视频微博

这是微博官方非常扶持的一种微博形式，建议大家多发视频微博。如果发布的是时长大于 15 秒且清晰度不低于 720P 的视频，可能会获得微博官方的大力推荐。

5. 发起投票

针对热门话题发起投票，是一个非常有效的提升互动量的方式。即使是一个新号，也有可能获得大量用户的投票。

6. 直播

这也是微博官方重点扶持的微博形式之一，毕竟，现在各个平台都在布局直播。

四 官方活动勤参加

多参加微博官方的活动，可以获得更多的官方流量推荐和涨粉扶持。

如何参加官方活动？可以多关注以下方式。

1. 带官方推荐的话题

持续关注所在领域的官方微博，看到它最近发布微博或者转发微博时带的话题后，发布带该话题的内容，并且 @官方账号，不仅更容易获得官方推荐，而且一旦被官方账号转发，可以快速提升阅读量与粉丝量。

第 6 章
公域流量：抖音、公众号、视频号、微博、小红书、B 站运营

我的微博账号 @傅一声所属领域的官方微博是 @微博职场和 @微博教育，我每次发布职场类或者教育类内容时都会 @这两个官方账号。我统计过，平均每次被官方账号转发可以带来 10 万左右的阅读量和 300～500 个粉丝，时间长了，涨粉量非常可观。

这一方式的利用效率如何，和你的账号属于哪个微博赛道有关系，也和你平时是否注意维护和微博官方的互动有关系。

2. 积极投稿

如果你的微博账号是某个领域的"大V"，一定要进微博官方组织的微博达人群和微信达人群，如图 6-9 所示。在官方发布话题任务时积极投稿，或者在发布优质微博时 @相关的官方账号并分享至达人群，就有机会获得官方的推荐与转发。

图 6-9　微博职场重点扶持群的聊天记录

3. 关注官方私信

关注 @微博小秘书、@微博创作者中心、@微博直播小助手、@微博新星等官

方账号的私信，积极参与官方活动。

4. 参与官方调研、内测

积极参与官方的调研活动、内测活动等。比如，2022年4月，微博开始尝试布局知识付费赛道，邀请了一批"知识大V"参与，我作为第一批参与活动的博主，获得了很多官方指导和流量扶持。

五 防患未然避风险

很多企业的官方微博平时默默无闻，但一旦犯了重大错误，或者企业出现负面新闻时，立刻就"炸"了。

运营微博账号时，一定要有风险意识。在发布内容和与粉丝互动的过程中，一定要注意内容的合法合规问题、版权问题、形象问题等，防止"祸从口出"，同时做好舆情管理，防止发生公关危机。

6.4 小红书运营

有一次,我给某高校大三的学生上课,课堂上,对当代大学生平时主要关注什么新媒体平台进行了调研。这一届学生多数出生于 2000 年,我连续调研了 6 个班,数据出乎我的意料——遥遥领先的是小红书,其次是 B 站和抖音,两者数据相近。其余平台,关注的人都不算多。

甚至有两位学生,平均每个月可以通过小红书赚到 2 万元至 3 万元的零花钱。

可见,如果你的用户是年轻人,或者你想搞定未来的新客群,对小红书的布局不能不重视起来!

小红书是一个很有意思的平台,喜欢它的人对它的依赖性非常强,不了解它的人,连这一 APP 都没下载过。

和其他电商平台不同,小红书从社区起家,2013 年诞生,经历了海外购物分享社区 – 结交志同道合的人 – 分享自用好物 – 拓展美好生活方式等发展阶段。一开始,用户主要在小红书社区里分享海外购物经验,到后来,除了美妆、个护,小红书上逐渐出现运动、家居、旅行、美食、理财等各领域的信息分享,触及了消费经验和生活方式的方方面面。

目前,小红书被称为"三次元社区"——通过一个用户"线上分享"消费体验,引发"社区互动",推动其他用户去"线下消费",这就是所谓的"三次元"。因为小红书用户发布的内容都来自真实生活,所以更加具有真实感和社交性。

在小红书上发布的内容,被称为"笔记"。

近年来,通过小红书笔记分享,不少新品牌脱颖而出,比如完美日记、钟薛高、小仙炖等;一些老品牌也借助小红书重回大众视野,成为年轻人喜爱的国潮代表,比如回力、百雀羚、李宁等。

一 看懂小红书的商业机会

小红书是一个供用户分享吃、穿、玩、乐、买等生活方式的平台,具有高净值用户多的特点,不仅成为大量用户进行消费决策前的口碑搜索阵地,还具有引领产品流行趋势和爆品热点的能力,商业价值非常高,可以说是"兵家必争之地"。

小红书是"社交电商"的成功代表,有直播、商城、薯店等商业化工具。无论是个人,还是企业,在小红书上,都有自己的运营和变现途径。

想找到适合自己的变现模式,我们需要了解小红书的用户画像、用户行为特点、平台逻辑和商业机会,接下来,我们逐一拆解。

1. 小红书的用户画像

根据 2021 年 11 月小红书数据中台的数据统计,小红书的用户画像如下。

用户规模:小红书大概有 2 亿用户,8000 万左右月活跃用户,其中女性占 70% 左右,年轻男性的占比正在逐步上涨。

年龄分布:70% 为 90 后,年龄层逐渐下降,00 后、10 后占比逐步上涨。

地域分布:50% 用户为一线城市、二线城市用户。

消费群体:具有追求颜值、高调性、个性差异化、情感价值(身份认同感)等特点,消费客单价较高。

2. 小红书用户的行为特点

特点一：善于发现。善于发现好产品、好口碑、好生活，强调生活方式。

特点二：喜欢搜索。用户喜欢在小红书中搜索攻略，通过对欲购买产品的口碑、购买地和购买方案进行分析，为自己提供消费参考。

特点三：乐于分享。主要分享生活经验、情感共鸣、教育观点、价值主张等方面的内容。随着用户量的增多和越来越多的专业人士进入小红书社群做运营，内容题材目前正在快速多元化。

3. 小红书的平台逻辑

（1）推荐机制

用户既可以通过主动搜索关键词来查找信息，也可以通过信息流来发现自己可能感兴趣的内容。截至 2022 年 3 月 15 日，小红书已新增"算法关闭键"，允许用户在后台一键关闭"个性化推荐"。

（2）"种草"逻辑

小红书最突出的平台特点是其"种草"逻辑，用户可以同时分享内容和产品。可以说，小红书社区对广告的包容度是很高的。

（3）共同爱好

在小红书上，由普通人帮助普通人做决策，发现共同爱好，非常接地气。

4. 小红书的商业机会

基于小红书社区和其用户的特点，我们可以看到，小红书中充满商业机会。

第一，小红书上有着最具购买力的女性用户，平台"种草"属性强，变现方式多。

第二，很多小红书博主不仅热爱分享，而且有做副业赚钱的欲望，企业可以与这些中小博主合作，低成本地推广自己的产品。

第三，企业搭建好商城，孵化员工成为有号召力的博主，可以很好地实现KOL营销和全员营销。

第四，由于平台的用户群体集中，广告投放的效果很不错。

第五，0粉丝也有可能变现，不需要漫长的吸粉过程，可以说是仅有的能实现零门槛变现的平台。

作为个人用户，除了在小红书上消费，也有很多商业机会，如接广告、赚佣金、开小店等。

所有用户都能找到属于自己的商业机会，这样的平台才有持久的生命力，值得深耕细作，长期运营。

小红书的8种变现模式

在小红书，目前主要有以下8种变现模式。

1. 咨询导流

通过发布笔记让用户产生兴趣与信任，引流到微信做一对一成交。目前，这是很多服务行业的企业的主要变现模式，做教育咨询、婚纱摄影、保险理财等业务的企业，可以大胆尝试。

2. 产品置换

企业找到与自家产品相匹配的小红书博主，给博主免费邮寄一套产品，置换博主为其创作一篇宣传该产品的笔记。

兰兰（化名）是一位分享服装穿搭技巧的时尚博主，很多服装品牌在与她合作。具体的合作方式为服装品牌寄送一套适合兰兰的服装给她，兰兰穿上以后拍摄照片或者视频，发布到自己的小红书账号，为该品牌宣传。

这种方式对企业和博主都很友好。对企业来说，实现了低成本推广；对博主来说，增加了收入。

3. 品牌合作广告

如果博主的粉丝量和影响力大，在要求企业提供产品的基础上，还可以收取一定的费用，进阶为品牌合作广告变现。企业与小红书博主可以通过蒲公英平台双向选择，也可以私下直接沟通合作意向。

4. 开薯店带货

小红书上的店铺称为"薯店"，企业可以在自己的小红书账号上通过直播、写笔记"种草"等方式带货，也可以与其他博主合作，让其他博主带货并支付一定的佣金。

5. 全员营销

企业可以鼓励员工在小红书上当博主，对使用小红书引流来的客户订单或者销售业绩给予一定的激励，提高员工积极性。

6. 搭建企业账号矩阵

在小红书上，企业除了可以运营企业号以外，还可以多运营一些专业号，这些专业号归属于企业，由员工或者代运营公司打理。这些账号的内容不一定和企业强相关，也不需要设置企业认证、与企业绑定，其实是企业软性推广自家产品的利器。

7. 打造 IP

在小红书积累粉丝、提高影响力，成为 IP 后，凭借名气和身价，在其他渠道变现。

8. 知识付费

将自己的知识与技能打造成课程，在小红书平台上销售。

我有一个身为房产经纪人的朋友，过去主要通过带客户看房、买房赚取手续费。如今，他在小红书上分享投资房产的经验，把房产投资的知识和攻略做成了一套课程，不仅可以赚取课程销售的利润，而且这些学员学完课程以后大多会对他产生信任，找他咨询并买房，他可以轻松地实现二次变现。

不少保险经纪人也使用了这种变现模式——销售保险理财课程是第一次变现，学员基于信任购买保险产品是第二次变现。

从零开始做出爆款笔记

在小红书上发表作品被称为"写笔记"，笔记的形式包括图文、视频和直播。本节以图文笔记为例，讲解如何在小红书上制作爆款笔记。

对新手而言，在小红书上做出爆款笔记，比在抖音、B站上做出爆款视频简单得多，只需要做到6点，就可以实现在小红书上快速吸粉与变现。接下来，我们逐一拆解。

1. 建立爆款选题库

应该在小红书上分享什么？需要我们建立自己的选题库，既保证稳定输出，又不至于让分享的内容话题过于分散。

如何建立自己的选题库？最常用的方法是关键词法，具体操作步骤如下。

（1）确定关键词

首先确定10个大关键词，其次为每个大关键词确定10个小关键词。

对于一个财经账号来说，10个大关键词可以是投资、理财、财商、财富自由、保险、基金、炒股、黄金、期货、房产。大关键词下可以细分小关键词，比如，基金下可以有指数基金、债券基金、定投、基金经理、白酒板块、新能源板块、军工板块、医疗板块、私募、复利等 10 个小关键词。

（2）学习爆款实例

根据关键词，在全网搜索其他人的爆款文章、视频或者笔记，记录并仔细研读。

（3）确定原创内容方向

结合别人的爆款内容，写出适合自己创作的同类笔记的标题。

给大家分享一个选题库模板，如表 6-3 所示。

表 6-3 选题库模板

序号	关键词	标题	点赞数	收藏数	评论数	我的标题
例 1	基金	基金入门干货｜保姆级教程！	21 万	16 万	1880	

2. 取小红书式标题

关于如何写标题，本书第 3 章已经详细讲解过，这里补充介绍一下小红书里爆款笔记常用的标题模板，我们称之为小红书式标题。

小红书式标题主要有两类，非常容易掌握，且使用效果特别好。

模板一：榜样示范 + 描述场景 + 简单行动 + 成功结果。

《高考状元亲授高分经验：如果数学不好，熟背这 7 张图，还能再提 20 分》

用"高考状元"当榜样，轻松吸引家长的注意力；

以"数学不好"为场景,让有相同痛点的用户想要看下去,这便是筛选用户的过程;

"熟背这7张图"指明具体行动,而且不难,给出希望;

"还能再提20分"给出诱人的结果。

如果你家孩子正好上高中,你会不会想点开看看这条笔记?

模板二:关键词+知识点+行动指令。

《买保险,牢记3句口诀,不被忽悠,收藏起来用得着!》

"买保险"是关键词,为了让想了解保险知识的用户搜索到或刷到这一笔记;

"3句口诀"是知识点;

"收藏起来"是行动指令。行动指令指的是引导用户动作的指令,如收藏、点赞、牢记、抄下来等。

3. 做小红书式封面

小红书爆款笔记的封面非常有特色,请观察如图6-10所示的两个博主的封面,看看能否发现规律?

图6-10 小红书封面举例

很明显，小红书爆款笔记的封面不过分追求审美，更看重视觉冲击力度和给用户带去的收获感。

这样的封面如何制作？非常简单，公式为：封面 = 图片 + 花字。

图片可以是一张精心制作的海报，也可以是拼图。使用美图秀秀、稿定设计、图怪兽等软件，即可轻松制作。制作海报的具体操作，本书第 8 章有详细讲解。

花字部分主要展示关键词或者标题，字体和颜色要吸引眼球，样式上，可以加底色或者描边。

4. 写出爆款内容

如何写出能够成为爆款的正文内容？分享几个技巧。

技巧一：重复关键词。笔记开篇部分可以多重复关键词，反复激发用户往下看的欲望，也可以讲解自己所写笔记的内容与实际生活的联系，增加故事感和真实性。

技巧二：为笔记合理分段。写笔记时，为了避免因信息过多导致用户失去阅读耐心，我们需要多分段，多用表情分割线，或者分点阐述，减轻用户的阅读负担。

技巧三：附加话题、@ 官方号。笔记结尾处号召用户点赞、收藏与评论，加上关键词和讨论度高的话题，并 @ 官方号。

技巧四：控制字数。笔记字数控制在 200 字至 500 字为宜。字数太少，用户会觉得价值感太低；字数太多，用户会产生信息焦虑、畏难情绪，从而不看或者看不完笔记内容。

技巧五：善用表情。和其他平台有一个很大的不同，小红书非常支持博主在编辑笔记的过程中使用各种微表情，这样做，一方面可以使笔记更加美观，另一方面可以使用户的情绪被更充分地调动。比如，看到可爱的表情，很多人会比平时更加放松与温柔。

5. 善用用户活跃时间

很多小红书博主写完笔记后会迫不及待地发布，这个习惯很不好。

最好在用户空闲时间多、活跃度高的时段发布笔记，这样才能在发布之初得到更多的阅读与互动反馈。

根据经验，小红书用户有 4 个活跃高峰期，我们逐一介绍。

活跃高峰期一：6 点到 9 点。包括 6 点到 8 点上班路上的时间和 8 点到 9 点准备工作前的空闲时间。早上，用户对各类别内容的接受度都比较高。即将开始一天的工作时，用户对职场类、成长类内容的接受度更高。

活跃高峰期二：11 点到 13 点。吃饭时间与午休时间。这个时间段，用户活跃度非常高，且用户状态比较放松，兴趣和耐心足。

活跃高峰期三：16 点到 18 点。准备下班的空闲时间和下班路上的时间。忙了一天，这个时间段，用户对休闲娱乐类的内容兴趣度较高。

活跃高峰期四：20 点到次日 1 点。尤其是在一线城市、二线城市，凌晨 1 点前，手机用户的活跃度比较高，且搜索的主动性更强。

6. 快速冷启动，增加粉丝互动

笔记发布了，就万事大吉了吗？显然不是。

笔记发布后的两个小时很关键，如果这个时间段内，笔记的阅读量、点赞量、评论量、收藏量等数据较好，增长快速且稳定，系统大概率会判定这条笔记为优质笔记，从而推荐给更多用户。

因此，为了获得更多的推荐，在笔记发布之初，我们可以主动做一些运营动作，快速冷启动。

具体的操作步骤如下。

第一步：尝试搜索笔记。发布笔记后，第一时间确认笔记是否被小红书收录。如果能通过关键词搜到该笔记，说明被收录了。

第二步：组织朋友给予第一波互动。找 10 多个朋友在小红书平台上主动搜索关键词，点击进入你的笔记，为它点赞、评论、收藏，让笔记获得一个不错的基础数据和互动数据。

第三步：回复评论、增加曝光。及时回复朋友们的评论，回复时带上热度较高的关键词，进一步增加笔记的曝光度，提升互动效果。

据我所知，目前，各行各业都在大举入驻小红书，争抢小红书这片"蓝海"。未来，小红书的受众会更广泛、内容会更多元、商业机会会更多，与此同时，竞争也会越来越激烈，运营的难度随之越来越大。

趁着现在小红书平台上还没有那么多竞争对手，很多领域还没有头部账号，赶紧抓住红利期，快速成长吧！

6.5 B站运营

你听说过"流量密码"吗?

想知道企业如何运营B站账号,一定要了解一下企业蓝V账号的"流量密码",可能会让你大吃一惊。

一、B站的"流量密码"

这件事,要从中国联通说起。

中国联通B站账号是第一个在B站以官方舞见出圈的蓝V。早在2019年,中国联通客服就翻跳过新宝岛、极乐净土、抖肩舞等"镇站之宝",在2020年的宅舞大赛中,中国联通更是成为B站历史上第一个冲进复赛的蓝V用户,得到了B站董事长兼CEO陈睿的"一键三连"。

2021年,中国联通发布的舞蹈类视频屡次登上热门,大批企业蓝V入驻B站后,纷纷发现"流量密码",迅速解锁宅舞知识。除了中国移动和中国电信紧随其后之外,招商银行、国家电网等企业也开始"整活"。

这一切发生的快速且突然,各大蓝V账号各显神通,破百万的破百万,上热门

第 6 章
公域流量：抖音、公众号、视频号、微博、小红书、B 站运营

的上热门，粉丝们则"喝水不忘挖井人"，纷纷在各蓝 V 爆款视频中留下了"感谢中国联通"的弹幕。

> **小贴士**
>
> 舞见：舞见即"踊ってみた"，意思是"试着跳一下"，泛指在视频网站上投稿自己原创或翻跳的宅舞作品的舞者。
>
> 宅舞：宅舞指使用了与 ACGN 文化有关的音乐作为伴奏所编排的舞蹈作品或舞蹈活动。
>
> 一键三连：一键三连指长按点赞键，同时对作品进行点赞、投币、收藏，是 B 站上用来表示对作者的赞赏的操作。
>
> 弹幕：弹幕，网络用语，指的是在互联网上观看视频时弹出的评论性字幕。

为什么企业蓝 V 账号发布跳宅舞的视频能够火？在本书第 4 章 "创意：轻松写出创意好脚本"中有分析：因为"打破常规"！不过，大家可以思考一个问题，为什么用这种方法拍出的视频首先在 B 站火了，而不是其他平台呢？

1.B 站的平台发展历程

要回答这个问题，我们需要了解 B 站到底是一个怎样的平台，以及 B 站的推荐机制是怎样的。

B 站是"哔哩哔哩弹幕网（Bilibili）"的简称。B 站的诞生很有意思，2019 年，A 站的服务器波动，于是创建了 B 站来备存 A 站资源。刚开始，B 站专注于二次元，后来，逐步发展成为集长视频与短视频于一体，各类内容完善的综合性视频平台。

> **小贴士**
>
> A站是"AcFun弹幕视频网"的简称，成立于2007年6月，取意于Anime Comic Fun，是中国大陆第一家弹幕视频网站。
>
> A站以视频为载体，逐步发展出基于原生内容二次创作的完整生态，是中国弹幕文化的发源地，但因为各种原因，A站的发展几经波折，目前影响力远远不及B站。

如今的B站，早已不仅仅是一个以ACG（动画、漫画、游戏）文化为主的平台，学习、财经、美食、汽车、音乐等各领域都在其中有了自己的分区。

2.B站的用户画像

B站是一个非常年轻化的平台，截至2021年，B站的用户画像如下。

年龄分布：35岁以下用户占86%，男性约占53%。随着B站的不断"出圈"，越来越多年龄层次的用户被吸引。

地域分布：沿海省市高质量用户居多。

消费数据：中长视频日均观看时长为82分钟，用户12个月留存率为80%。

可以说，B站是用户黏性最强的平台之一，远远超过抖音、微博等平台。

3.B站的特点

想要掌握B站的"流量密码"，我们必须对B站的特点加以了解。

特点一：用户年轻化。B站的流量主体是年轻人，00后的渗透率非常高。

特点二：兴趣爱好高聚集。年轻人流量大、兴趣浓度高、互动性强。从"用爱发电"到"你爱看的视频都在B站"，用户黏性强的核心原因是兴趣爱好高聚焦。

特点三：作品形式以视频为主。PUGC与OGV结合，各类内容逐步丰富，制作并发布优质的中长视频是获取流量的基础手段。B 站鼓励用户互动,强调一键三连。

特点四:社群化。B 站不是单纯的算法推荐平台,而是有自己文化氛围的聚集地,内容 > 算法 > 搜索。

特点五:普惠性。鼓励新人创作,公平普惠。

小贴士

PUGC:全称为 Professional Generated Content + User Generated Content,即将专业生产内容和用户生产内容相结合的生产模式。专业生产内容模式,主要表现为由专家或者专业机构进行内容的生产;用户生产内容模式,以普通用户生产内容为主,每个用户都可以发布内容。PUGC 模式将 PGC 与 UGC 相结合,能够满足更多的个性化需求与用户创作需求。

OGV:全称为 Occupationally Generated Video,即专业机构生产内容,指的是专业生产的电影、电视剧、纪录片、网剧等。B 站已经在 OGV 方面做了长久的布局,现在,B 站不仅是国创动画的重要支持者与国内重要的纪录片出品商,还在大力发展综艺、剧集和电影等 OGV 内容。

了解了 B 站和 B 站用户的特点,我们便能够解释为什么中国联通的宅舞视频能够在 B 站爆火了。因为 B 站用户对于宅舞的兴趣浓度高,乐于接受新鲜事物,而且国企员工跳舞这种看起来"离经叛道"的事情,拥有极强的互动性、讨论度。

同样是跳舞视频,中国联通在抖音上发布跳宅舞的视频就很难爆火,只能在抖音上发布跳更加大众化的手势舞、魔性舞蹈的视频,且时长要尽量短。

这就是不同平台的基因差别。

抖音、快手、微博是泛内容平台,B 站则是兴趣平台,用户群的兴趣更集中,社群文化更明显。

那么，B站和小红书又有什么不同呢？

小红书希望用户分享产品，甚至允许用户发广告；而在B站上，发广告是非常令人反感的行为。

所以，要掌握B站运营的"流量密码"，必须重视"人"！

B站的创作者被称为UP主，运营成功的关键是打造令人喜欢的UP主。粉丝喜欢UP主，信任UP主，UP主才有号召力，账号才有变现的可能。

企业如何在B站变现

用户聚集的地方，就是值得我们运营的阵地。

那么，企业如何运营B站账号呢？

我不鼓励企业单纯地在B站投放广告，或者找UP主拍广告视频，事实证明，这是传统的玩法，不仅成本高，见效差，而且不长久。

新媒体运营的本质，是用内容和人设吸引用户的注意力。

所以，所有企业都应该创建自己的B站账号。创建账号后，我为大家介绍两种适合B站运营和变现的模式。

1. 动员员工当UP主

企业可以动员员工当UP主，这样，企业便人格化了，更容易被B站用户接受。

如果企业坚持以公司形象发宣传片、介绍产品，是极难将B站账号运营成功的。

具体到实际操作中，企业可以发挥自己的优势，挑选一批有热情、有特长的员工投稿企业账号，采用内部赛马机制，即谁投稿的作品能够在B站获得比较好的反响，便由谁继续参与运营，作品在B站反响平平的员工，立刻替换。

我为很多企业做过有关B站运营的培训，在B站运营实操中，多数企业是采用这种方式进行账号运营和管理的。企业不需要聘用全职运营员工，只需要组建一个

第 6 章
公域流量：抖音、公众号、视频号、微博、小红书、B 站运营

虚拟团队即可，如果能够将账号运营起来，再逐步增加全职员工。中国联通、中国移动的 B 站账号，都是这种运营模式。

一旦打造出成功的 UP 主，企业便可以通过软广告植入、引流、直播等实现转化。

2. 和成熟的 UP 主合作

对于生产数码科技产品的企业来说，可以找一些科技 UP 主，或者测评 UP 主，在他们的作品中软性植入广告，借助 UP 主的内容呈现和号召力，完成"种草"。

联想电脑的 B 站推广采用的就是这种方式。

B 站上视频作品的"创作团队"中，可以显示赞助商和参演账号，这就是为什么我建议企业要有自己的 B 站账号——使用自己的账号，可以与用户进行更直接地链接。

三 软广告的 4 种创作方法

无论是由企业员工自己当 UP 主，还是与其他成熟 UP 主合作，想要在 B 站变现，必须做软广告——硬广告没人看，做了也是白做。

那么，如何巧妙地将广告安插在视频中呢？为大家介绍 4 个精妙的软广告创作方法。

1. 广告植入

很多人喜欢看泰国广告，为什么泰国广告这么受欢迎？

因为泰国广告在介绍产品方面非常克制，他们会先在广告中讲一个精彩的剧情故事，再在故事的最后植入一段一般不超过 5 秒的广告。有时，产品和剧情结合得很好；有时，产品和剧情毫无关系，完全是神转折，即便如此，用户也不会感到反感。

这背后，非常难能可贵的是真诚——真诚是在剧情中植入广告的基本原则。

而在国内，很多甲方恨不得整个视频都是产品广告，不仅如此，还要在片头、片尾、角落放上醒目的Logo，让用户毫无观看兴趣！

怎样在剧情中植入软广告，也有一些技巧。

（1）产品是解决方案之一

这类剧情广告，我设计制作过很多，是一种能够比较有效地体现产品优势的创意广告，创意模板如下。

主人公提出一个难题，先后使用了两个非常有趣甚至奇葩的解决方案，但都没能解决问题，最后使用了我们的产品，问题顺利解决了。

这类剧情广告的制作关键是前面的两个解决方案，要足够有意思，否则用户没有兴趣往下看，就看不到最后的广告了。

主人公找刘桂香买降温设备，刘桂香首先推荐了一款超低价的手工蒲扇，风速取决于手速，主人公嫌太费力，于是，刘桂香转身推荐了一款旧式电风扇（重点展示旧式电风扇的"变声效果"），主人公嫌费电且噪声大，终于，刘桂香重磅推出一款省电又好看的空调，主人公满意地买走了。

（2）产品是道具之一

需要注意的是，产品的出现要合情合理，不能太生硬。

主人公的皮肤易过敏，要用温和的护肤水，那么，在剧情中使用主打温和效果的护肤水便很自然，即使口播两句护肤水的优点，一般用户也能接受。

（3）表现态度与情感

合理表现企业的态度与情感，能够有效地提升用户对品牌的好感。

视频讲述了一位乐于助人的小人物的故事，最后曝光主人公是某公司的职员，巧妙地暗示了该公司的价值观。

某经典的泰国洗发水广告讲述了一个女孩追求梦想的励志故事，故事的最后，小女孩在演奏《卡农》的时候长发飘逸，让大家在感动之余对产品的好感不自觉地有所提升。

2. 广告露出

广告露出是最常见的植入方式之一，即将所要展示的产品融入场景，让用户产生想要购买同款的冲动。

如果产品的观感足够好，如服装、口红等，用户可以直观地感受到产品的魅力，喜欢的人会不自觉地想要买同款；如果产品能够传递积极的态度、展现优雅的气质、帮助大家拥有令人向往的生活方式等，也会吸引大量用户。

有一次，我在 B 站刷到 UP 主"艺术菜花"的丝绒女孩视频，看过视频中女孩们的生活态度后，立刻对视频最后露出的广告——某大牌口红的丝绒系列产品充满兴趣，于是，前往该品牌的京东旗舰店购买了该系列口红，送给女朋友作为情人节礼物。

3. 产品测评

将同类产品放在一起做测评，通过测评体现产品的优势，这种广告非常直接，但很少令用户反感，为什么？

因为用户本来就有类似的疑问，我们能为用户解决问题，用户就会感兴趣。比如，将 3 个品牌的空调放在一起做测评、将 3 种型号的热门电脑放在一起做测评……为用户的消费选择提供参考的产品测评，是一种很高级的软广告。

需要注意的是，我们可以在创作时着重强调对我们的产品有利的方面，但万不可弄虚作假，一定要真实。

4. 行业科普

直接推荐产品时，目的性太强，用户很容易产生反感，这时，就算说的全是实话，用户也不信。

如果我们能够从专业的角度做行业科普，帮助用户补充必要的知识点，让他们明确选择的标准，自己发现我们的产品是最优选择，或者主动寻求我们的建议，便打造了成功的软广告。

我有很多在证券公司工作的学员,运营B站账号时从来不推荐具体的投资产品,只是以讲解财经知识、解读市场、提供板块投资攻略为主,而耐心看完视频的潜在投资者,经常主动联系UP主进行咨询。

总而言之,B站的运营重点是"搞定人",用富有创意的内容、差异化的人设,与用户建立深度且被信任的关系。只要做到这一点,立刻具备极强的变现价值。

本章实训

 抖音数据分析练习

如图 6-11 所示,是某期货公司的抖音账号后台数据,请诊断该账号的运营情况,并尝试为其制订接下来的运营计划。

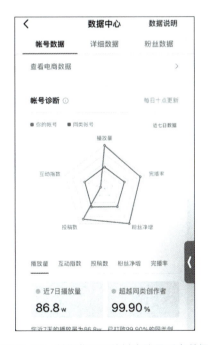

图 6-11　某期货公司的抖音账号后台数据

公众号与视频号运营练习

找一篇文案,完成以下3个任务。

①根据公众号排版教程,在微信公众号中对文案进行排版;

②根据文案,制作一个短视频;

③发布文章和短视频时,设置公众号与视频号互相引流。

发布一篇小红书笔记

根据所学的技巧,发布一篇小红书笔记,要求使用小红书式标题和小红书式封面。

第 7 章

私域流量：
企业微信/微信、朋友圈、社群运营与社交裂变

2022年,"私域流量"火了!

仿佛一夜之间,私域流量成为大型企业和个人创业者的"标配",市面上也出现了很多自称"私域操盘手"的人。

什么是私域?为什么大家都在做私域运营?

其实私域没有那么神秘,无非是使用微信、QQ、钉钉等私域工具把存量客户、潜在客户维护好,以便有更多的机会触达他们,建立更深度和忠诚的客户关系。

在私域这一概念出现之前,主要由会员体系承担着这个职责,不过会员体系中的客户交流方式较为单一,沟通也比较单向。

微信的出现,为企业提供了更多连接客户的渠道;企业微信的出现,让服务和私域运营变得更加便利。近年来,很多大型企业开始尝试用企业微信来维系客户,比如,银行、保险公司、汽车厂商、电信运营商、连锁门店等。我有幸参与了很多头部企业的私域运营顶层设计,所以对于整个市场的私域运营情况有比较全面的认知和实践经验。

目前,最重要的私域运营工具依然是微信。

腾讯公布的2022年第一季度财报显示,微信及WeChat的合并月活跃账户数为12.883亿,去年同期为12.416亿,同比增长3.8%。

鉴于目前微信已成为大多数成年人不可或缺的工作和社交工具,本书着眼于微信生态,围绕微信生态中最主要的公众号、朋友圈和社群等进行讲解。实际上,微信生态中的每个组成部分都有非常多的学问,每个模块在我的线下培训中都有两天以上的课程。在本书中,我仅将最重要的原则和操作流程进行分享,建议读者根据实际情况完成实践。

7.1 企业微信/微信：客户开发、维护与管理

对于很多企业而言，做私域运营的"先锋部队"是客服部。

为什么是客服部？因为过去他们的工作内容就是通过会员系统、电话、微信公众号、APP或其他系统来联络客户，随着互联网平台格局的变化，在原有渠道的基础上，增加抖音、小红书等第三方自媒体平台和以微信为主的私域平台作为联络渠道即可。在所有这些互联网平台中，企业微信格外重要，几乎已成为私域运营的标配。

  一、为什么要运营企业微信？

1. 企业微信的比较优势

将企业微信与其他客户联络工具进行对比，可以发现，企业微信有几点非常突出的优势，具体表现如下。

（1）打破沟通时空限制

使用企业微信，可以打破时间和空间的限制，使沟通更方便、触达更高效。比如，原本客户打电话给客服，人多时要排队，现在直接给企业微信里的"专属管家"发信息，即可收到实时回复。

（2）双向互动

无论是客户找企业，还是企业找客户，都变得更加便捷和"顺理成章"。现在，很多客户非常反感企业安排员工给他们打电话，尤其是推销产品的电话，而使用企业微信交流，可以让"推销"变得更加"润物细无声"。为什么呢？请看下一点。

（3）形式多元化

在企业微信中，可以发送文字、图片、视频、直播、链接等内容，不仅可以提供服务，还可以直接进行运营转化。

截至2022年6月份，某幸咖啡将超过180万人次的私域客户导入企业微信和企业微信群中，通过发放优惠券等方式，提高客户的消费频次。客户入群后，月消费频次提高30%，周复购人数提高28%，每天贡献直接单量3.5万多杯。

（4）关系亲密化

在人们的习惯认知中，微信里的人被称为"好友"，相比于电话推销，用企业微信联络客户，更容易与客户处成朋友。人与人之间的界限再次被打破，信任将大大增强。

（5）功能多元化

客户不仅是客户，还可以成为分销员、合伙人。最重要的是，使用企业微信，"老客户带来新客户"的过程变得简单——过去转介绍客户需要一定的解释和信任背书，客户是有心理压力的，现在可能点一个赞，就有机会完成转介绍。

但是，在实际应用过程中，缺乏经验的企业仍然会遇到很多困难，比如客户排斥企业微信、加粉难、运营效率低、加了很多客户却无法转化为业绩等。很多非互联网行业的企业想仿照互联网企业做私域运营，成立引流组、客服组、成交组等，但企业的体制和人员分工根本达不到这个条件。

怎么办？

我一直强调，使用互联网工具应该让事情变得更简单，分工更融合，做事更高效，而不应该因为使用了互联网工具，使事情变得更加复杂。对于非互联网行业的

第7章
私域流量：企业微信/微信、朋友圈、社群运营与社交裂变

企业来说，不可能因为要使用新工具就换新团队，应该用新思维和新工具改造过去的工作方式，加速提升效率并放大过去的优势。

在非互联网行业的企业中，每个员工的企业微信都应该可以完成引流、获客、增强信任、"逼单"和成交等全链路工作！

如何做到？

在硬实力方面，需要员工善用平台功能，将复杂的运营工作变得高效又轻松。

在软实力方面，需要运营团队提升能力，逐步胜任各项运营工作，主要体现在增加企业微信联系人数量、优化客户关系与提高在线成交率上。

> **小贴士**
>
> 软件会不断更新、迭代，具体的操作路径和步骤也在随之不断更新，因此，本书不具体介绍操作细节，读者如有需要，可搜索并关注公众号"傅一声"，回复关键词"运营之巅"，获取最新版操作手册。

2. 企业微信的硬核功能

企业微信有哪些硬核功能值得使用呢？以下功能要格外关注。

（1）客户分配

分配选择一：离职继承。在企业微信出现之前，企业做微信运营时最大的顾虑是掌握力度不足——如果让员工用自己的微信号添加客户，一旦员工离职，就会把客户带走；如果让员工运营属于公司的微信号，员工往往对这个"小号"运营不上心，且员工离职后虽然带不走客户，但是客户很容易通过沟通风格的变化知道这个微信号背后的运营者换了，体验感很差。因此，很多企业用企业微信的直接原因是企业微信有客户分配（离职继承）功能，如图7-1所示。

使用企业微信的离职继承功能，可以将离职员工的客户分配给其他员工继续跟

进，从而帮助企业解决员工离职后客户流失的问题。

选择已离职员工的客户，分配给其他员工后，客户将在24小时后自动成为被分配员工的联系人；若客户拒绝自动添加，被分配员工可选择主动发送申请，将其添加为联系人。

图 7-1　离职继承功能界面

分配选择二：在职继承。除了在员工离职时将客户分配给其他人，有工作内容转接时也可以随时将客户转接给不同的运营人员，使用在职继承功能即可。

管理员可以登录企业微信管理后台，进入【客户联系】-【在职继承】页面，按成员选择客户转接或选择指定客户转接给特定成员，如图 7-2 所示。

图 7-2　在职继承功能界面

第 7 章
私域流量：企业微信/微信、朋友圈、社群运营与社交裂变

分配选择三：多对一服务。如果因为管理和分工的调整频繁分配或转接客户，客户的体验感会非常差，甚至会因此对企业产生不信任感。为避免出现这种情况，企业可以不做账号继承，而是选择用多个账号添加客户。只要增加新账号与客户的交流频次，或者引导客户优先备注××账号，客户就会自然而然地忘记老账号。此外，企业也可以选择与客户组一个群，把相关员工都拉进群，在群内多对一服务客户。

地产公司交房初期，物业管家、维保工程师、地产销售员等需要多方服务业主，这时候便可以使用群服务，待业主验收通过后，再由物业管家一对一服务。

（2）客户标签

给客户打上合适的标签，是对客户进行个性化服务、精准化营销、大数据管理的基础工作，是所有运营人员必须重点对待的工作之一。

企业微信的客户标签功能，能够帮运营人员丰富客户画像，快速分类并定位目标客户。

大家都知道，在个人微信上，也有标签功能，那么，企业微信的标签功能有什么与众不同之处呢？

企业管理员在后台设置好企业标签后，在获客阶段，企业成员便可以为客户打上标签，完善客户画像，这是客户的初始标签。在后续接触中，随着对客户的深入了解，企业成员可以继续为其打上不同的标签。

有了这些标签，企业便可以使用群发助手，针对有不同标签的客户进行群发消息。比如，母亲节时想为身为妈妈的客户送上祝福，可以选择有"女性""有孩"标签的客户进行群发消息，实现精细化分层联系。这一点，是使用个人微信无法做到的。

（3）群发消息

群发消息是提升企业微信运营效率的重要手段之一。

个人微信也可以群发消息，但所受限制非常多，比如，一次最多将消息群发给200人、群发带有营销性质关键词的内容时会被屏蔽等，非常不方便，用多了还有被

封号的风险。

企业微信就不一样了。企业微信的消息群发有两种形式：企业管理员操作和个人操作，可以群发的消息包括个人消息和群聊消息。

群发形式一：企业管理员操作。企业管理员可以群发消息给客户、群发消息到企业的客户群、（将消息）发表到客户的朋友圈，如图7-3所示。这个功能，对于企业总部统一分发内容来说很实用。

图7-3 群发功能界面

群发形式二：个人（员工）操作。每位员工都可以在企业微信中按标签筛选用户或群，进行群发消息，发送的消息内容可以是文字、图片、网页链接、小程序等。经过测试，每次群发的消息，最多可以达到10条。

（4）快捷回复

快捷回复是集中运营企业微信时最重要的功能之一，大大提升了工作效率——员工可以针对客户咨询的常见问题，提前将回复话术设置为快捷回复，这样遇到同样的问题时，能够直接调用快捷回复中的素材。

对企业而言，建立并维护好话术库至关重要，并且，根据不同员工的工作内容，设置话术库的可见范围和话术智能推荐，可以让每位员工更快速地找到合适的回复话术。

第 7 章
私域流量：企业微信 / 微信、朋友圈、社群运营与社交裂变

（5）客户群管理

企业微信让客户群的运营更加智能且轻松，客户群管理界面如图 7-4 所示。

企业微信支持的以下自动功能，运营人员一定要掌握。

功能一：禁止群成员改群名。在企业微信中，可设置禁止群成员改群名。

功能二：设置入群欢迎语。完成设置后，每个新客户入群时，企业微信都自动发送 @ 该客户的欢迎语。如果怕欢迎次数太多，对其他群成员造成打扰，可以自主设置欢迎语的发送频率。

功能三：设置关键词回复。提前在后台设置针对不同关键词的自动回复，客户只要在群里 @ 小助理并发送带关键词的内容，即可触发对应回复。

功能四：群成员去重。在企业微信中，可以选择多个同主题客户群，筛选出其中重复的群客户，将他们从多入的客户

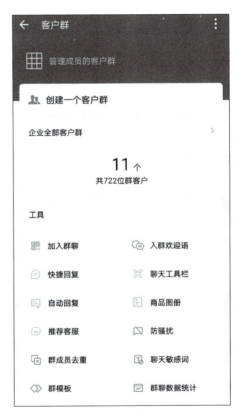

图 7-4　客户群管理界面

群中移出，以免重复占用群资源。管理员、业务负责人可以创建企业客户群去重任务，由员工进行去重操作。

功能五：设置防骚扰。在客户群中设置防骚扰规则后，一旦群客户触发规则，企业微信会自动发送警告或将其移出群聊。该功能可以防广告、防刷屏、自动清理群成员，大大降低了运营人员的工作量。

功能六：设置聊天敏感词。企业管理员、业务负责人可以设置聊天敏感词，设置后将同步至成员的企业微信中。当成员发送给客户的消息中包含敏感词时，企业

微信会弹出提示或直接显示发送失败。使用这个功能，有利于企业表达口径的统一，防止员工说错话。

功能七：设置群模板。在群模板中，可以设置群名称、设置禁止修改群名称、设置群管理员、设置入群欢迎语、开启自动回复、设置防骚扰规则等。

（6）群二维码有效期超长

使用个人微信建群时，每次生成的群二维码的有效期为7天，且群成员超过200人后，就无法通过扫二维码进群了，这给私域运营带来了诸多不便。

这个痛点，在企业微信中得到了完美解决！

在企业微信中，选择群聊，点击【加入群聊】卡片，如图7-5所示，即可生成群二维码。客户扫群二维码后，将随机加入不同的企业微信群。该群二维码永不过期，管理员可设置"群人数达上限时，自动创建新群"，如图7-6所示。一个群二维码最多可以关联5个群。

图7-5 创建群功能界面1

第 7 章
私域流量：企业微信/微信、朋友圈、社群运营与社交裂变

图 7-6　创建群功能界面 2

（7）朋友圈

和个人微信相比，企业微信的朋友圈会受到比较大的限制。在企业微信中发朋友圈，可分为企业管理员操作和个人操作。

操作方式一：企业管理员操作。企业管理员可统一编辑朋友圈内容，成员确认后，即可一键发表到每个成员的朋友圈。企业管理员可查看全部成员的朋友圈发送及点赞评论情况，便于企业统一宣传。

操作方式二：个人（员工）操作。企业微信成员一天可以发布多条朋友圈，但每个好友每天只能看到 1 条企业微信成员发布的朋友圈，这一点算是企业微信的劣势。

注意，对于不同标签的客户，可以发布不同的朋友圈内容，精准营销。

（8）数据统计

企业微信的数据统计能力相当强大，能够迅速获取很多细节数据，为管理、考核企业微信运营人员提供了依据！

谁在努力工作，谁在"摸鱼"，都被记录得明明白白。

企业微信统计的数据主要为联系客户数据及群聊数据，接下来，我们对这两类数据进行一个简单的介绍。

联系客户数据包括账号发起的好友申请数、新增客户数、聊天总数、发送消息数、发送红包数、发送红包金额、已回复聊天占比、平均首次回复时长、删除/拉黑的客户数等，如图7-7和图7-8所示。企业管理员在PC端后台可以看到全部企业微信个人号的数据明细，并且可以快速导出所需数据。

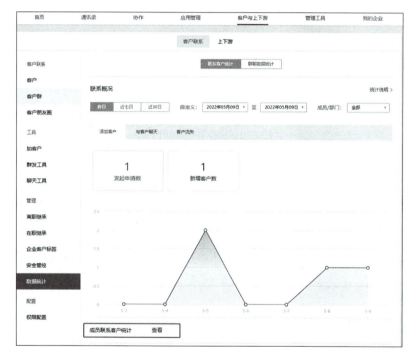

图7-7 联系客户数据功能界面1

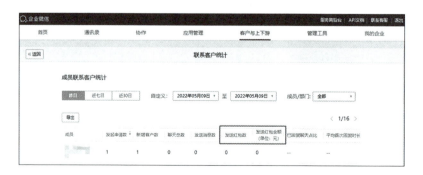

图7-8 联系客户数据功能界面2

群聊数据包括新增群聊数、有过消息的群聊数、群成员总数、新增群成员数、发过消息的群成员数等。通过这些数据，可以评估一个社群的运营状况，从而做出运营调整；根据这些数据，可以对社群运营人员进行考核。

（9）融合腾讯文档、腾讯会议、日程、微盘等多个产品

在企业微信里，成员可以在会话中创建、分享文档和会议，相比于以往需要单独安装APP才能分享，现在，多个腾讯系产品之间的互相调用更加快捷，大大提升了员工的工作效率。此外，企业微信还可以将消息、日程与邮件有机结合，在体验上更灵活、方便，这是之前无法做到的。

这些功能，无论是用于服务客户，还是用于完成内部协同项目，都是非常实用的。

2022年上半年，我因疫情原因无法开展线下培训，于是将所有课程设计成了线上训练营。

如何让线上训练营达到比线下培训更好的效果呢？

我用腾讯会议上课，用腾讯文档收作业，用企业微信答疑……这些产品之间高度融合，跳转便捷，大大提升了培训效率及学员满意度。

未来，企业微信还将深化与微信生态的互通，进一步帮助企业服务客户。相信随着产品的不断迭代，客户会有越来越好的使用体验。

（10）全面连接视频号

企业微信与视频号连接，可以说是腾讯的一张"王牌"！

通过企业微信，企业可以借助视频号创建与客户的连接，并提高客户的品牌认知度。

京东的视频号主页有【添加企业微信】按钮，客户看完京东视频号的优质内容后，点击该按钮即可添加京东客服的企业微信。此外，客户在观看京东视频号直播的同时，可以通过视频号的导购入口，在直播间里一键添加京东客服的企业微信，如图7-9所示。

实际操作中，客户只需要在视频号里找到京东的视频号主页、视频页面或直播

间导购等位置的企业微信名片，就能添加京东客服的企业微信为好友，并快速加入京东的福利社群。

奥迪汽车也做了类似的引流尝试——客户可以通过视频号直接添加官方销售的企业微信。除了预约看车，奥迪汽车还通过视频号和企业微信社群为客户推荐各种精彩活动并提供额外服务，提升客户满意度。

企业微信与视频号连接这个功能到底有多厉害？

图 7-9　京东视频号的主页

相当于打通了连接客户的"最后一公里"，是实现引流和转化最有效的手段之一。

而且，这是其他平台不具备的优势。比如抖音平台，客户在抖音上看到企业发布的优质内容后，并不能直接与企业联系上，因为抖音不允许企业与客户之间直接互留微信、电话等联系方式。

（11）对接 CRM 系统

企业微信开放了 API 接口，企业可以将公众号、小程序、H5 链接等绑定在对应一个主体的微信开放平台上，实现数据互通和精细化管理。目前，很多企业组织团队自行开发并打通了自己的 CRM 系统。

中国联通的某省公司，将企业微信与 CRM 系统进行了连接。员工加上客户的企业微信后，只需要对电话号码信息进行维护，企业微信就能自动调取该客户的入网时间、套餐情况、流量情况等千余条信息，大大提升了运营人员的沟通效率和精准营销效率。

小贴士

① CRM系统，指客户关系管理系统，即借助软件、硬件和网络技术，为企业建立一个客户信息收集、管理、分析和利用的信息系统。CRM系统中包含了较多的客户信息、交易记录等数据。

② API接口（Application Programming Interface，应用程序编程接口），是一些预先定义的函数，目的是提供应用程序与开发人员基于某软件或硬件的访问一组例程的能力，不需要访问源码，或理解内部工作机制的细节。

二 微信加粉的2种模式与5个常见的途径

我有很多做自由职业的朋友，有来自教育行业的教练、心理咨询师、职业规划师等，也有来自金融行业的保险经纪人、理财规划师、财经自媒体"大V"等，还有些朋友，我都不知道他们属于哪个行业，平时卖卖酒，做做团购，组织销售大闸蟹、水蜜桃等时令产品，收益也非常不错。

虽然工种不一样，行业不一样，产品也不一样，但他们有一个共同的特点——微信里有很多好友，而且有一群信任他们的客户。这些微信好友，就是他们的业务来源。

与之截然不同的是，我在为企业员工做培训时调研过不少于5000人，我问："你们的微信里有多少好友？"大多数人的微信好友不到1000人。如此一来，没有在微信中"掘到金"是情理之中的。

做私域运营，如果私域里没有人，运营什么？

微信里有足够多的潜在客户，才有机会将其转化成真正的客户；有足够多真正的客户，才有机会找到大客户。

对个人而言，在微信好友数量不多时，使用个人微信或者企业微信的差别不大。待微信好友数量庞大时，使用企业微信比较方便。

对企业而言，一开始就应该组织员工使用企业微信。

本节接下来所讲的运营原理，既适用于企业微信，也适用于个人微信，为了表述方便，统一用"微信"指代。

1. 微信加粉的 2 种模式

微信加粉有 2 种模式。

（1）主动加粉

微信运营人员主动添加他人为好友，这种行为被称为"主动加粉"。比如，很多企业会把自己所有的存量客户都加为微信好友，这就是主动加粉。

（2）被动加粉

让他人主动来添加微信运营人员为好友，这种行为被称为"被动加粉"。比如，通过赠送各种福利、输出优质内容，让他人主动想对企业、品牌加以了解。

主动加粉和被动加粉，大家觉得哪一种更好？

对于个人创业者而言，被动加粉更好，因为加到的都是真正对他们感兴趣的人，个人创业者精力有限，这样可以节约很多时间。

对于企业而言，主动加粉和被动加粉都要做，主动加粉主要针对存量客户，被动加粉主要针对潜在客户。

2. 微信加粉的 5 个常见的途径

了解了微信加粉的 2 种模式后，具体怎么做才能加到粉呢？这里分享 5 个常见的加粉途径。

（1）通过公域免费流量加粉

通过公域免费流量加粉就是去抖音、小红书、知乎等公域平台引流，引导客户加微信。具体分为两步。

第一步，发布优质内容，获取曝光。通过发布各类优质内容，在公域平台获得曝

第 7 章
私域流量：企业微信/微信、朋友圈、社群运营与社交裂变

光，比如在抖音发视频，在视频号直播，在微博发动态等。

第二步，留下"鱼饵"，吸引客户。流量不是最重要的加粉要素，如果客户看完即走，便是严重的浪费流量，我们不仅要"流量"，更要"留量"。用什么留？用"鱼饵"。

> **小贴士**
>
> 鱼饵，是源于《鱼塘式营销》的概念，在书中，作者把客户比作"鱼儿"，把客户的所在地比作"鱼塘"，想从他人的鱼塘中钓到鱼，就需要"鱼饵"，这里的"鱼饵"泛指对"鱼儿"有吸引力的事物。

账号运营人员在账号主页等合适的地方留下联系方式，让想建立一对一联系的粉丝添加，如图 7-10 所示；或者给粉丝送福利，引导粉丝通过私信领取，一旦粉丝发来私信，便引导他们加微信，如图 7-11 所示。

提醒一下，除了微信生态内的平台，其他平台都是不希望粉丝与账号运营人员互加微信的，因此，尽量不要在私信中出现"加微信"这样明显的字眼，容易被系统检测到后屏蔽消息。

如果是有企业认证的账号，部分平台支持直接展示联系方式，非常方便，运营人员要善于挖掘各种平台功能。

图 7-10　"中国光大银行"与"中信建投期货南昌营业部"的抖音主页

使用公域免费流量，可以达到"付出小成本，获取大流量"的效果，近年来逐渐被各大企业所重视。这种方式是我最提倡的加粉方式，只要创作出好内容，辅以有吸引力的"鱼饵"，便可以源源不断地获取免费流量。

随着内容创作经验的增多、账号权重的提高、"鱼饵"的积累，公域免费流量的获取会越来越简单，逐步达到"四两拨千斤"的理想效果。

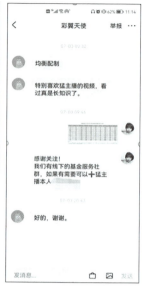

图 7-11 某"财经大 V"的头条号私信聊天记录

（2）通过公域付费流量加粉

用公域免费流量进行引流往往需要一定的时间，比较慢，且效果不稳定。如果想要更快、更稳定地加粉，我们可以通过付费的方式获取流量。

公域付费流量加粉主要有两种方式。

方式一：通过"加热"作品获取流量。通过抖音 Dou+/ 巨量 / 千川、快手粉条、微博粉条、头条粉条等功能"加热"作品，获取更多流量，并私信引流。

方式二：通过投放渠道购买流量。通过信息流、广点通等广告投放渠道购买流量，留 H5 页面或者直达转化页面。

涉及具体操作，每个平台都不一样，我们只需要在后台找到投放入口，按照步骤操作或者联系商务经理洽谈即可，这里不做赘述。

（3）通过别人的私域加粉

如果别人的私域中有我们的客户，这样的私域就是精准的"鱼塘"了，找到这样的"鱼塘",可以高效率地"捞鱼"。

怎样才能高效利用别人的"鱼塘"呢?有3种非常值得尝试的方式。

方式一:"鱼塘"合作,以资源交换资源。别人的"鱼塘"中有我们的潜在客户,我们的"鱼塘"中也有他们的潜在客户,可以互相推荐,这是交换客户资源。或者,我们通过送福利的方式获得接触潜在客户的机会,对方获得福利,也是一种资源互换。

方式二:到处分享,凭借内容获得客户。到一些有精准客户的场合或者社群去分享,只要分享的内容好,很多客户会主动添加我们的微信。这一招,我经常用——找到精准的、有能量的圈子,用知识和内容换取客户,是性价比非常高的引流方法。

我的客户大部分是企业家,我一有时间就会到一些企业家协会里去分享"企业如何获取流量"的知识。如果企业家们认同我分享的内容,想学习更多,便会主动来添加我的微信。

方式三:打入"鱼塘",付出时间结交朋友。加入有大量客户的圈子或者社群,和其中的潜在客户做朋友,随着了解的逐步深入和信任的不断增强,早晚会加上微信并成功转化。很多人热衷于加入商会、协会、高尔夫俱乐部等圈子,就是在尝试通过这种方式获客。

(4)通过存量客户加粉

对于很多企业而言,存量客户已经足够多了,比如中国移动、招商银行、平安保险等企业,都拥有大量老客户,如今只需要让这些老客户愿意与企业员工互加微信,即可快速开始私域运营。

可是客户为什么要与企业员工互加微信呢?实际上,客户对加大量企业员工的微信是有一定的抵触感和防备心的。

怎么办?可以使用送福利、送服务、送干货、发红包等方式让客户找到"加微信的理由",并且设计好话术,打消客户的疑虑。

我辅导过很多企业员工添加存量客户,难点是控制投产比和设计话术。

我的某个客户,2021年为了把自己的客户加到微信中,花了600万元左右发福利,添加了大概 100 万人次的存量客户，每个客户的平均成本为 6 元。但是，很多客户领完福利后，当即就把企业的微信删了，还有的客户第二次收到信息时，觉得这个企业的微信没什么价值，也删了。

如何破局？

我们做了两件事，解决了这个难题。

第一，分批添加客户。根据每类客户的痛点，集中时间分批添加，添加时做好备注，以便日后对他们进行个性化服务。比如，有一群客户是固定每个月有开发票需求的，于是我们集中添加有开发票需求的客户，设置备注，添加后每个月在微信上为他们发送发票。

第二，不仅要做加粉，而且要设计好如何留存客户。比如，每周发什么，每月发什么，不定期发什么，不要频繁地"打扰"客户，最好保证每次触达客户都不让客户反感。

（5）通过自有私域裂变加粉

让私域里的客户为我们转介绍客户，是获得高质量客户最有效的手段之一。可是，客户凭什么要为我们做转介绍呢？分享 4 句话。

因为对你认同，自愿介绍；因为自我认同，自愿转发；因为想要福利，"被迫"转发；因为利益捆绑，成为"销售"。

三 客户关系维护与成交的 10 条心得

加上微信，只是私域运营第一步，要想通过微信建立良好与忠诚的客户关系并促成有效成交，需要持续运营。

关于如何做好客户关系维护与成交，这是一个大课题，就是写两本书也讲不完。建议大家阅读我的另一本著作《鱼塘式营销：小成本撬动大流量》，非常详细地讲解了如何"养鱼"。

第 7 章
私域流量：企业微信/微信、朋友圈、社群运营与社交裂变

> **小贴士**
>
> "养鱼"概念出自《鱼塘式营销：小成本撬动大流量》一书，"养鱼"指对于尚未成交的客户，通过逐步建立信任，力争成交；对于已经成交的存量客户，通过极致的体验让客户感到"超值"，从而产生更多复购和转介绍，持续挖掘客户价值。

本书根据企业在实际运营中常犯的错误、总结的技巧，分享 10 条运营心得。

1. 角色要分工

在做微信运营时，不同的账号需要有不同的定位和风格，比如，以分享优质知识为主的 IP，不太方便对客户进行产品推销。所以，运营人员要进行合理分工，让每个微信账号专注于扮演各自的角色。

> **小贴士**
>
> IP 为"Intellectual Property"的缩写，直译为"知识产权"，在互联网界引申为所有成名文创（文学、影视、动漫、游戏等）作品的统称，同时也可以表示为有影响力的人。

私域运营中常见的 IP 可以分为 3 类，即专业型 IP、福利型 IP 和销售型 IP。

专业型 IP 一般以专家或老师的身份与客户交流，主要从专业角度为客户提供专业价值。专业型 IP 往往能够获得客户最强的信任和最高等级的尊重。

福利型 IP 往往以福利官的身份与客户沟通，主要为客户送福利、送权益、通知活动、督促提醒等，一般是亲切、体贴的形象。

销售型 IP 的主要任务是说服客户购买我们的产品或服务。

在实际工作中，销售型IP经常会遇到被客户删好友的情况，专业型IP则一般不会被客户删除，这也是为什么要运营多种类型的IP账号的原因之一。

那么，这3种IP如何配合呢？举个例子。

在证券公司，专业型IP的运营人员往往是具备专业能力的分析师或者投资顾问，他们是资深的专家，能够为客户解决各种投资理财方面的问题，是客户非常信赖的人。

福利型IP的运营人员大多来自客服部门，他们主要为客户发送资讯、赠送课程、通知重要事项等。

销售型IP的运营人员通常需要与专业型IP的运营人员互相配合，专业型IP负责给客户解答专业问题，销售型IP进行跟进，挖掘客户需求，为客户推荐合适的产品。建议让专家的助理运营销售型IP，或者由相对年轻的投资顾问、销售人员运营销售型IP。

通过3类IP的配合，客户的服务体验感和转化效率都能够得到大幅的提升！

2. 称呼有讲究

使用微信时，双方都看不到对方的表情和动作，很容易造成理解偏差，所以，微信中的称呼往往要更加尊敬，或者有趣。

如果称呼对方的名字，名字中没有错别字是最基本的礼貌。不管在何种情境中，沟通时，最忌讳把他人的名字打错。

有时候，若觉得称呼对方的名字比较生硬，可以加个"总"或者"老师"，最好不要称呼对方为小张、小李，感觉不够尊重对方。

如果不清楚对方的姓名，可以用"小哥哥""小姐姐""老铁"等称呼，都是比较受欢迎的。一般不要使用"大姐""大妈"等体现女性年龄大的称呼。

3. 及时给予反馈

在微信沟通中，要及时给予他人反馈，别人说得越多，我们的反馈也要越多——

一方面显示对他人的尊重，另一方面防止自己误解对方的意思。

尤其要注意的是，如果别人帮助了你，反馈要更加热情，多打一些字或者发个红包，都能够让他人感觉到被尊重。如果不回应或者冷淡回应，可能会让对方感到不舒服。

4. 提供情绪价值

设想一个场景，你在互联网上买了一件商品，到货后发现质量不好，你愤怒地去向客服反映，但无论你说什么，对方都"职业化"地用一模一样的话术回复你，你会不会更加愤怒？

没有人喜欢和机器人聊天，更没有人喜欢和令他感到不舒服的人聊天。然而，很多企业的官方账号运营人员为了体现"专业"，硬是把自己聊成了"机器人"。

怎么办？

社交高手都懂得为对方提供情绪价值！

什么是情绪价值？

情绪价值的范围非常宽泛，包括正向情绪价值和负向情绪价值，我们通常所说的情绪价值，大多指正向情绪价值，也就是给人带来美好感受的能力、能引起正面情绪的能力。

要正确提供情绪价值，请记住以下两个原则。

原则一：提供正向情绪价值。 尽量给对方反馈正面的情绪，没有人喜欢和负能量的人在一起。

原则二：善于共情。 所谓共情，可以理解为站在对方的角度看问题。学会共情，需要我们在谈论事情之前理解对方的感受，并表达出来，这样做，不仅可以拉近双方的距离，还可以有效避免冲突。人们更愿意与懂自己的人交流，正所谓"你懂我，说什么都行；你不懂我，说什么都不想听"。

5. 少发语音消息

发语音消息是很方便的,但发语音消息之前必须考虑一下,对方有没有可能不方便听?

比如,开车的时候,不方便拿手机;开会的时候,不方便外放;在户外或者地铁上,听不清语音内容;在安静的场合,如果不小心将语音外放,非常尴尬。

为什么大家不喜欢收听语音消息?除了场合受限以外,还因为语音消息的收听效率比较低,听到一半中断了或者忘记了前述内容得重新听,非常令人心烦。

发语音消息的人,很方便,听语音消息的人,很烦躁。

所以,为了对方着想,发送重要信息的时候,尽量用文字。

如果确实不方便发文字,或者内容特别多,发文字的效率太低,比较礼貌的做法是先用文字询问对方是否方便听语音。

6. 慎用语音聊天/视频聊天

切忌直接向不熟的人发起语音聊天或者视频聊天邀请,非常唐突。

即使是熟人或者确有需要,也最好先用文字确认对方是否方便。很多人的语音聊天和视频聊天邀请有来电声音,如果对方恰好在开会或者身处比较安静的场合,声音一出来,非常容易给对方造成困扰。

7. 微信沟通与电话沟通相结合

使用微信沟通,有时候效率很低,比如,针对复杂问题进行解释时,客户有一句话没看懂,可能后面就不看了;再如,需要沟通大量问题时,双方交替等待对方回答会浪费很多时间。

这时候,我们可以询问对方是否方便电话沟通。

电话沟通,除了可以提高沟通效率,也利于提高成交率。

给客户推荐一个产品,在微信里发完消息后,若客户不回复,工作人员很难处

第 7 章
私域流量：企业微信 / 微信、朋友圈、社群运营与社交裂变

理——若不跟进，可能这个客户就流失了；若继续发信息，则显得"穷追不舍"，容易引起对方的反感。

如果是电话沟通，便可以当场询问客户的疑虑，提高成交率。

微信沟通到什么时候可以用电话沟通来促成成交？主要看 4 个信号。

信号一：即将产生大量问答时。 与客户有大量问题需要沟通时，微信的来回提问、回答非常浪费时间，可以询问客户："有很多信息需要交流，现在方便电话沟通吗？比较节约时间。"

信号二：涉及复杂问题时。 用文字很难表述清楚，用大段语音又容易造成收听不便时，用电话沟通更好。可以询问客户："这个问题比较复杂，文字说不清楚，要不咱们打电话聊吧？"

信号三：成交阶段，聊天节奏放缓时。 成交阶段，当客户的聊天节奏明显放缓时，说明可能存在内心疑虑（不一定会说出来），此时是电话"逼单"的好时机。如果客户愿意接电话，只要解除了疑虑，便能够顺利成交。

信号四：微信沟通不畅时。 当客户许久不理睬我们，或者多次发微信不回时，往往可以通过电话沟通来解除误会、重建联系，甚至"起死回生"。

8. 切忌拉黑或者删除联系人

面对未来不需要再联系的人或者"道不同不相为谋"的人，很多人会选择拉黑或者删除联系人。

但这一行为很可能带来严重的后果——有些人发现自己被拉黑或者删除后，会有"报复"行为，比如在背后说坏话等。我就经历过这种情况，甚至有时候拒绝得不够委婉，都会被人在背后诋毁、造谣。

宁可得罪君子，不可得罪小人。

我们可以在联系人列表中给不想再来往的人备注一个标记，比如，我会给不想再来往的人添加标记"F"，设置消息免打扰，并屏蔽其朋友圈。

9. 切忌随意推送微信名片

准备将他人的微信名片推送给第三方的时候,最好先征得当事人的同意再推送,否则显得非常冒失与不礼貌。

沟通时需要说明为什么推送,并简要介绍要推给的第三方的身份等基本情况。

如果需要推送者当中间人帮着沟通,可以拉个小群,在群里介绍双方,说明背景,然后让他们自己决定是否互加好友。

10. 读懂沟通潜台词

有些词语,本身没有恶意,但出现在沟通过程中时可能会令对方不开心;

有些表情包,明明想表达的是好的意思,但会令对方非常不舒服……

这需要我们掌握一些沟通中的潜台词——虽然没有明文规定,但广泛存在于我们的日常生活中。

(1)别用"在吗?"打招呼

"在吗?"是广大网友评选出的最令人讨厌的聊天语言之一,有事需要沟通时,直接说事即可。

(2)看懂对方想要结束聊天的信息

比如,对方说"去洗澡了""去吃饭了""下回约""有机会一定……"等,或者开始发表情包了,很多时候是想结束聊天了,这时,赶紧结束对话能有效避免无话可聊的尴尬。

(3)善用符号

符号的使用,背后也有一定的含义。

"~~~"通常表示和谐、舒服、俏皮。

"!!!"通常表示程度很深,比如"太厉害了!!!""太赞了!!!""你怎么回事!!!"

"？？？"有两种含义,用在工作中,通常表示很不解、很无语,有些不友好;用在年轻朋友之间,则是诙谐的聊天方式。

(4)少用"嗯/哦/额"等回复

一个字的语气词,比如"嗯""哦""额"等,在很多人眼里是非常敷衍,甚至不礼貌的,如图7-12所示。

那么应该怎么做呢?非常简单,多打几个字就可以了。

把"好"改成"好的好的"或者"好的,没问题";把"嗯"改成"嗯呢"或者"嗯嗯,好的",都可以给对方带去更好的感觉。

图7-12 语气词代表的含义举例1

两个字的语气词,也有不同的潜台词,平时注意留心观察,就很容易了解这些词的使用场景、隐藏含义。

哈哈——我真的在笑;

呵呵——对话间的连词,出于礼貌而做出的有点尴尬的回应,表示"没什么好说的了";

嘿嘿——说出某些特殊内容后,在对方回应前给出的一个不太自信的缓冲,有些小俏皮;

嘻嘻——对话时带点暧昧的可爱用词,也属于对话间的连词。

还有一种很神奇的情况,即在聊天中出现"哈"字时,"哈"的字数越多,显得态度越友好。

网上有个段子是这样的。

1个哈,表示无语或命令,给人压迫感;2个哈,是中年人、老年人喜欢用的;3个哈,代表敷衍;4个哈,是为了凑数的强迫症行为;6个及以上数量的哈,才是真的笑了,如图7-13所示。

图7-13 语气词代表的含义举例2

朋友圈：打造高信任、强转化的朋友圈

朋友圈是做什么用的？朋友圈动态是发给谁看的？

对于这两个问题，你怎么回答？

有的朋友回答："朋友圈是记录美好生活的，我只发我想表达的内容，至于别人怎么看，不重要。"这是单纯地把朋友圈用于记录生活，没有问题。在他们看来，朋友圈是表达自我的窗口，和工作无关。

相反，还有一些朋友回答："朋友圈？偶尔发发工作情况、发发广告而已，不涉及生活。"在他们看来，朋友圈是一个工作窗口，和生活无关。

无论哪个回答，都表达了同样的态度——将工作和生活分开。

这是典型的工业时代的工作思维，上班是工作，下班是生活。在互联网时代，大家觉得工作和生活分得开吗？根本分不开！

朋友圈能够将工作和生活分开吗？做不到！

我们思考一下"朋友圈"的含义就明白了。

"朋友圈"，即"朋友的圈子"，首先，既然是"朋友"的圈子，我们得把别人当"朋友"，而不仅仅是冷冰冰的工作交情；其次，这是个朋友的"圈子"，而不仅仅是自我表达的窗口，对吗？

所以，工作和生活是分不开的，客户和朋友也没有清晰的界限，这是做朋友圈运营之前必须达成的共识。

如果你是新媒体从业者，或者需要用微信与客户沟通，请牢记：朋友圈既是你的运营战场，也是你的生活舞台！

理解了这一点，很多不必要的顾虑便不存在了。

 朋友圈有什么用？

既然朋友圈既是运营战场，又是生活舞台，那么，它一定能在我们的工作、生活中发挥很大的作用。具体而言，朋友圈有什么用？

1. 朋友圈是别人了解我们的窗口

很多人想进一步了解一个人时，往往会去看对方的朋友圈。如果在你想了解一个人的时候，点进对方的朋友圈，看到朋友圈页面只显示了一行字——"朋友仅展示最近三天的朋友圈"，你是什么心情？大多数人的心情是失落的、不高兴的。

2. 朋友圈会帮我们筛选志同道合的人

俗话说，物以类聚，人以群分。志同道合的人总是会互相吸引，用新媒体风格的话讲，这些人是与我们"同频共振"的人。通过朋友圈，我们经常能够惊喜地找到合伙人、同伴与盟友。

3. 朋友圈是免费的广告牌

运营质量高的朋友圈可以透露很多信息，彰显我们的优势，甚至直截了当地打广告。

第 7 章

私域流量：企业微信 / 微信、朋友圈、社群运营与社交裂变

2020年，我有一条朋友圈为我带来了32万元的收益，从那以后，我便开始好好地运营朋友圈。

如图7-14所示的朋友圈，是有一次我结束了给华夏银行的培训，在回家的路上发的，"拿捏得死死的""骚绿衬衫"的槽点为我带来了很多朋友圈评论，在调侃过程中，不少好友通过"股份制商业银行""中信银行"等字眼关注到了我的业务。

朋友圈发完以后，有5位平时极少联系的微信联系人主动来与我洽谈银行培训的合作事宜，最后转化成了价值32万元的培训业务。

图 7-14 傅一声的朋友圈举例

这只是众多实例中的一个，管中窥豹，每个人的朋友圈都值得认真运营！

 ## 如何运营朋友圈

既然每个人的朋友圈都值得认真运营，那么，具体应该如何运营朋友圈呢？为什么有的人的朋友圈特别受欢迎，即使是发广告也会立刻得到咨询，而有的人的朋友圈会被他人毫不犹豫地屏蔽？

人与人之间的情感是慢慢建立的，俗话说，路遥知马力，日久见人心，朋友圈就提供了一个"日久见人心"的通道。愿意持续关注你的朋友圈的客户，都是相对来说比较精准的潜在客户，我们要做的事情是通过朋友圈建立信任——建立客户对我们这个人的信任，以及对我们产品的信任。信任到位了，一切都会变得水到渠成！

如何通过更新朋友圈动态打造信任？分享一个麦肯锡信任公式。

麦肯锡信任公式：$T=(C \times R \times I)/S$。

T 代表 Trustworthiness（信任程度）。

C 代表 Capability，即资质能力（可信度），包括专业资格、顾问能力、过往可验证经验、解决问题的水平等。

R 代表 Reliability（可靠性），比如说到做到、言行一致、守时、重承诺、不过度承诺等。

I 代表 Intimacy（亲近程度），包括高频、共同的兴趣爱好，价值观趋同，用心等。

S 代表 Self，即自我取向（以自我为中心的程度），包括能否感知对方感受、考虑对方利益、处处与对方感同身受等。

因此，麦肯锡信任公式的中文表达为：信任程度=（资质能力 × 可靠性 × 亲近程度）/ 自我取向。

为了帮助大家更好地理解与应用麦肯锡信任公式，我把一些名词用更方便理解的词语进行了替换，概括为：信任度=（专业度 × 靠谱度 × 亲密度）/ 自我度。

想要通过朋友圈提高信任度，要做的是降低自我度，提高专业度、靠谱度和亲密度。具体来说，如何做呢？

1. 降低自我度

什么是自我度？就是发朋友圈的时候只考虑自己的需求，不考虑他人的感受。

比如，有的人每天在朋友圈里更新十几条动态，让客户看得不胜其烦，这就是典型的自我行为。

我们要牢记，朋友圈不是给自己看的，而是给潜在客户看的，所以，发朋友圈的时候一定要考虑客户的感受。

哪些行为是要努力避免的自我行为呢？我总结了一些比较容易引起他人反感的行为，并给出了一些改进建议，大家可以加以关注。

①不要将朋友圈设置为"最近三天可见"，容易令人觉得不够坦诚，建议设置为

第 7 章
私域流量：企业微信/微信、朋友圈、社群运营与社交裂变

"最近半年可见"。

②不要每天更新数量过多的朋友圈，建议一天的更新量不超过 7 条。如果重复更新同样的信息，建议把前一条动态删除或者设置为"私密"。

③不要在短时间内更新大量的动态，俗称"刷屏"，建议合理控制更新动态的频率，比如相邻的动态间隔一个小时以上。

④不要更新低俗、低质量的内容，建议多分享对客户有用的、大家喜闻乐见的正能量内容。

⑤不要频繁地更新请求投票的动态。

⑥不要大量转发公众号文章与视频，大多数客户更喜欢看你的原创内容。

⑦不要频繁更新"拼多多砍一刀"等求助信息。

⑧不要在朋友圈里宣泄负面情绪。

⑨不要在朋友圈里转发谣言或者不实信息。

⑩不要在朋友圈里说别人的坏话。

⑪ 不要太频繁地更新过于自恋的内容，比如自拍照、吹牛、自卖自夸等。

⑫ 不要更新任何虚假的内容，比如假的转账记录、聊天记录。

⑬ 不要在朋友圈里炫富。

⑭ 不要更新令人感到不适的内容，比如过于危险、血腥的内容。

⑮ 不要更新价值观不正的内容。

避免以上自我行为后，至少朋友圈不至于令人反感。那么，想进一步运营朋友圈，我们需要知道更新怎样的动态是加分的。

2. 提升专业度信任

2021 年 5 月 17 日，招商银行联合贝恩公司在北京发布了《2021 中国私人财富报告》，报告显示，高净值客户在选择合作机构的时候，考虑的要素中，专业度占 57%，如图 7-15 所示。可见，专业度是多么的重要！

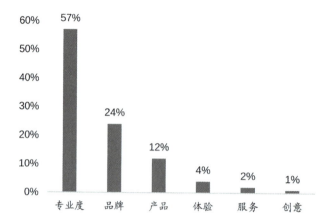

图 7-15　招商银行 & 贝恩公司：高净值客户选择合作机构时考虑的要素

通过朋友圈动态直接或间接地体现我们的专业度，时间长了，可以在客户心中建立很强的专业度信任，这是我个人认为朋友圈最有价值的地方。

如何使用朋友圈体现专业度？有以下几个非常有效的可复制方式。

（1）持续输出干货

怀着"利他"心态，分享本领域内对客户有用的内容，如图 7-16 所示。

很多朋友圈运营高手有日更朋友圈的习惯，每天给朋友圈客户放送一点干货知识，日积月累，便在客户心中树立了专家形象。等到有一天客户需要这方面的帮助时，便会优先想到你。

持续输出干货，本质上是把朋友圈当成与微信公众号、抖音平台一样的自媒体平台在运营。

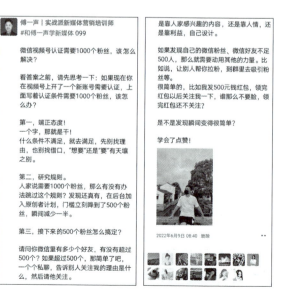

图 7-16　傅一声的朋友圈"干货"举例

需要注意的是，虽然说最好输出"干货"，但若是内容太过专业，太"干"了，也没有人看。怎么办呢？表达时可以加入一些案例、故事，让内容看着接地气、好理解，可以参考本书第 3 章"文案写作：爆款内容创作模板"中的文案技巧。

（2）分享行业新闻

分享行业最新动态和重要信息也是不错的选择，如果你是金融行业从业者，可以多分享财经类资讯、股市重大变化等；如果你是房地产行业从业者，可以多分享购买政策、房价变化等。推荐高端服务业的从业者，比如培训师、育儿师、咨询师、教练等，多分享行业新闻。

（3）表达专业的价值观

持续输出干货、分享行业新闻，都是偏"事"的层面的输出，表达专业的价值观则是上升到"人"的层面的输出，可以体现更强的专业度。

当客户发现自己的价值观与你一致，或者认同你的价值观时，信任会更加稳固和强烈。

理财师分享"投资，慢就是快，放慢脚步才能跑得更远"等观点，能够获得价值投资者的深度认同。

做知识付费的朋友分享"人无法赚到超出认知的钱"等观点，容易获得爱学习的人的认同。

知名自媒体"大 V""秋叶大叔"的运营者秋叶是一位非常勤奋的职场大咖，针对热点社会现象和事件，他会分享很多自己的看法和观点，这些观点充满正能量，让很多跟着他学习的学员对他的人品产生了越来越深的认同。

（4）分享好评与案例

在征得客户同意并妥善保护他人隐私的前提下，分享客户给我们的好评、交易的付款截图，或讲述和客户之间的故事，都是极好的提升专业度信任的方式。自己说自己好容易显得自卖自夸、轻浮，客户说好才是真的好。

（5）展示资质与荣誉

通过展示自己取得的资质与荣誉，侧面证明自己的专业度。

（6）分享自己的经历

分享自己与专业相关的经历，可以是一路走来的历程，也可以是对某个事件的描述，如图7-17所示。"事实胜于雄辩"，不仅可读性强，信服力也强。结合本书第3章"故事：让故事替你说话"中介绍的创作技巧，撰写一篇内容丰富、情感真挚的文章，或者制作一个精彩的视频，都是极佳的选择。

图7-17　傅一声的朋友圈分享2021年的经历

3. 提升靠谱度信任

专业的人很多，那么，我们需要帮助的时候，应该选择谁呢？很多人回答："选择靠谱的人！"

对于高净值人群来说，选择合作伙伴时，非常看重"靠谱"这个要素，甚至有一位上市公司的老板曾告诉我："靠谱是职场中对人的最高评价"。

什么是"靠谱"？当人们在谈"靠谱"的时候，到底在谈什么？

靠谱，即可靠、值得信任和托付，传递了一种非常稳定的感觉。

如何体现一个人靠谱呢？简单而言，可以总结为一句话："优秀且忙碌。"即通过朋友圈让客户知道，我们很优秀，并且很忙。

（1）优秀

如何体现自己很优秀？可以直接或者间接地展示自己的高光时刻，比如，获得过什么奖励？取得过什么成就？

用什么样的口吻来展示呢？可以直接展示自己的成就，比如，晒有含金量的证书、获得的荣誉，讲述曾经的光辉事迹、与有能量的人一起做事的过程等。

如果这种单纯"晒成就"的行为会令人觉得太高调怎么办？很简单，我们再补充讲述一下取得成就过程中的不容易、奋斗的细节，就会充满正能量。注意，是传递正能量，不是卖惨。

另外，还可以用自黑、调侃、"凡尔赛"的方式展示优秀。提醒一下，最高级的"凡尔赛"，是不会令人感觉到"凡尔赛"的。

> **小贴士**
>
> 此处的"凡尔赛"指的是"凡尔赛文学"，网络流行语，指使用者用委婉的方式表达不满或在看似不经意间向外界展示自己优越感的语言形式，常用先抑后扬、明贬暗褒、自问自答的方式表达。

（2）忙

为什么"忙"能体现一个人"靠谱"？因为靠谱的人往往能够得到更多人的认可，业务自然繁忙；即使偶尔有不忙的时候，他们也会安排自己学习、提升等。因此，"忙"能从侧面体现一个人"靠谱"。

在朋友圈展示忙，绝不是发更多的朋友圈，而是发有价值的朋友圈。什么样的朋友圈能够合理地展示"忙"？

选择一：展示敬业时刻。比如，忙着加班、赶进度、攻克难题等，如图7-18所示。

图7-18 傅一声朋友圈中的"忙"

需要注意的是，展示敬业时刻时，需要表现出积极向上的态度，而不是抱怨的态度。我本人是非常敬业的，一旦投入工作便会废寝忘食，偶尔分享这种状态，经常令我的客户深受感染，他们会对我说："傅老师，您的敬业激励了我，让我充满干劲！"每当听到这样的反馈，我都会感到特别荣幸与开心。

选择二：展示"利他"。如果我们的忙不仅仅是为了自己，还能够帮助别人，无疑更能够获得他人的尊重。比如做公益、帮助他人，是一种更加高级的靠谱。前提是我们真的在"利他"，而不是在作秀。

选择三：忙着学习。爱学习的人，通常更容易获得他人的信任，因为学习是能够有效提升自我能力的行为，爱学习的人会不断增值，给人积极向上的感觉。相反，如果经常分享自己忙于只图一时快乐的活动，会给自己的形象带来负面影响。不仅仅是学习，做难而正确的事的人，都很有人格魅力！

选择四：忙着参加有意义的活动。什么是有意义的活动？比如，参加行业论坛、与有影响力的人同台等。俗话说，物以类聚，人以群分，如果你身边都是靠谱的人，你在他人心中也有极大的可能是靠谱的人。

4. 提升亲密度信任

微信是一个社交工具，我们和客户不仅是工作关系，还可以成为朋友。提升与客户的亲密度，既是我们的社交需要，也是一种以客户为本的运营手段。

职场中，很多人忽略了亲密度的重要性。他们认为在与客户的沟通中，展现自己的专业形象即可，不应该"套近乎"。实际上，相较于面对面交流，线上沟通更难建立亲密度，谁能和客户建立更深的亲密度，谁的沟通成功率就更高！

如何提升亲密度？我有很多非常有效的绝招！

（1）问答互动

你有没有发现，在朋友圈频繁点赞和评论互动的朋友，亲密度会显著提升？尤其是评论，评论比点赞更花时间，能传递的信息更多，而且可以多轮互动。因此，

第 7 章
私域流量：企业微信/微信、朋友圈、社群运营与社交裂变

尝试提高朋友圈的评论率，是一种有效提升与客户之间的亲密度的手段。

提高评论率，比较实用的技巧是在朋友圈中发问答，即提出一个问题，请大家在评论区里回答，既可以是单纯地提出生活类、热点类问题，也可以在常规的朋友圈文案最后加上一个问题。不要小瞧这一设计，对于增加客户给予我们朋友圈动态的浏览时间和思考时间是极其有效的！

我的很多学员学完这个技巧后，每次发朋友圈都带上一个问题，评论率提高了好多倍。过去他们发工作相关的朋友圈都没有人评论，用上问答互动的技巧后，客户纷纷参与互动，如图 7-19 所示。

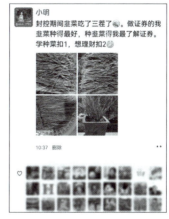

图 7-19　学员的朋友圈作业

注：图片由朋友圈作者本人提供

（2）寻求帮助

比问答更能提升亲密度的朋友圈运营技巧是寻求帮助。比如，询问一些自己不懂的问题，或者透露一些自己遇到的困难，寻求他人的帮助。

注意，一定是帮小忙，比如请求帮忙辨认一种植物、请教做饭的一个步骤、请教育儿经验等，如图 7-20 所示。谨慎发布请求转发、捐款、电商平台"砍一刀"类的求助。

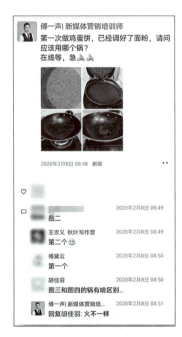

图 7-20　傅一声的朋友圈"求助"

别人帮助了你，跟你的亲密度就会有所提升，而且，下次你再请他帮忙，他更容易答应，这源于心理学上的"承诺和一致性"原则。

> **小贴士**
>
> "承诺和一致性"原则：人人都有言行一致的愿望，一旦做出一个选择或者明确某种立场，人们就会受到来自内部和外部的压力，迫使自己按照承诺来做。因此，只要别人帮了我们一个忙，为了维持"乐于助人"的自我形象，再被求助时，他们通常会选择继续帮忙。

求助中的问题最好是比较简单的、易于回答的、不占用他人太多时间的，甚至有时候可以明知故问。别人回答完以后，一定要在评论区表示感谢，或者私发微信表示感谢。

（3）走心感悟

每隔一段时间发布一些走心的、真诚的感悟，能够让他人看到我们的柔软内心，不自觉地更加亲近我们。

这样的感悟可以直接写成朋友圈长文，也可以写在备忘录中，截图发布，如图7-21所示。

这类走心的感悟非常容易引起共情，别人知道了你的真诚后，会觉得与你相处很安全，从而放下戒备之心。注意，这类感悟的发布频率不宜太高，一般一个月一次即可，或者在重大节点发布。

图7-21 李海峰与傅一声的朋友圈"走心感悟"

（4）幽默段子

偶尔分享一些幽默的段子或者视频，也是提升亲密度的有效方式之一。幽默的内容可以中和我们工作时的严肃形象，让我们的形象更加立体，有血有肉。

这样的幽默段子，可以从互联网上摘抄或者转发，也可以自己原创或者改编。我很喜欢结合我的行业和专业创作一些段子，发布在朋友圈里，让客户看到一个不一样的傅老师，大大提高亲密度，如图7-22所示。

图 7-22 傅一声的朋友圈"幽默段子"

（5）自嘲与反思

偶尔自嘲，或者反思自己的不足，会让自己在他人眼中更加真实、更加接地气，如图 7-23 所示。

图 7-23 傅一声的朋友圈"自嘲"与"反思"

金无足赤，人无完人，我们不需要给自己打造一个完美形象，因为越完美越不真实，适当地暴露自己的不足，非常有必要。

以上便是通过朋友圈提高信任度的原理和实操技巧，都是我亲测有效的方法，强烈建议大家根据自己的实际情况灵活运用。

那么，分别用于提升专业度、靠谱度和亲密度信任的内容应该保持怎样的数量比例呢？

理论上，没有固定的答案。我们实际应用的经验是"631原则"，即按60%的比例发提升专业度信任的内容，按30%的比例发提升靠谱度信任的内容，按10%的比例发提升亲密度信任的内容。

我的朋友圈更新频率是每天更新2条朋友圈（中午和晚上），平均每个月更新60条朋友圈。

根据"631原则"，我每个月会发布36条提升专业度信任的内容，发布18条提升靠谱度信任的内容，发布6条提升亲密度信任的内容。

7.3 社群运营：服务型、学习型、人脉型、团购型社群实操

某知名美业品牌的老板和我分享过他们的社群运营经历，我觉得非常具有代表性，分享给大家。

2021年，某知名连锁美容机构支出近10万元，请"专业团队"指导他们为各地的美容院建立社群。

根据指导，员工们陆续把门店会员邀请进群，很快便在全国建立起近2000个社群。有了社群，员工们开始每天早晨发送"早安问候"，中午发红包活跃气氛，下午转发一条幽默视频，晚上推送公司的产品信息，忙得不亦乐乎。大多数群刚开始确实比较活跃，群友们争相抢红包，但两周以后，说话的人变少了，又过了几周，开始有人在群里发其他产品、活动的广告，由于管理员不敢得罪客户，睁一只眼闭一只眼，渐渐地，发广告信息、投票信息的人越来越多，并开始有人退群，最后，连发红包都没人抢了。社群运营了两个月后，总结发现，在群里成交的客户寥寥无几。公司和员工都为运营社群花了不少金钱和精力，但收获非常小。

老板非常失望地对我说："看来我们不适合运营社群"。

我回答道："不是你们不适合运营社群，而是没有用对运营方法。而且，一开始就错了！你们没有想好自己到底应该在群里为客户提供什么价值——绝不是红包、

第 7 章
私域流量：企业微信/微信、朋友圈、社群运营与社交裂变

娱乐搞笑，而是真正的美容养生方面的知识。"

上述案例是很多企业运营社群时的真实写照，他们认为做社群运营很简单，即首先把人聚集在群里，然后让群活跃起来，最后往群里发产品信息，指望群友买单。

想法没错，可是运营的细节没做对，得到的结果很现实。

我们再来看一个成功的案例。

据统计，截至 2022 年第一季度，某幸咖啡已有 180 多万私域用户，该品牌运营社群的做法是将各个渠道的用户添加到其身边门店的社群内，以某门店社群的运营为例，具体运营节奏如下所示。

每天早上 8:30 发送美味早餐信息唤醒清晨；

上午 11:00 发放拉新优惠券；

中午 12:00 搞秒杀活动；

下午 13:00 发放社群狂欢日福利；

下午 14:00 进行产品"种草"并且发放优惠券；

下午 15:30 抽券；

此外，还有不定期的直播和惊喜福利。

效果如何呢？社群每天贡献直接单量 3 万多杯，通过群内信息提醒促单 10 万多杯；用户入群后月消费频次提升 30%，周复购人数提升 28%。

图 7-24 某幸咖啡社群运营举例

为什么某幸咖啡的社群运营能成功，前文所述的知名美容机构的社群运营则失败了呢？

根本原因是定位问题。

咖啡是复购率很高的产品，今天喝了咖啡，明天还能喝；今天喝了这个口味，明天可以换换口味，尤其是对于有喝咖啡习惯的人来说，只要每天都能领优惠券，

就会长期关注社群。某幸咖啡的社群定位是团购型社群。

美容机构呢？美容机构的会员卡不是高复购率产品，每天发红包、幽默段子、早安问候等信息，和美容机构的核心服务没有任何关系，客户自然没有理由浪费时间关注社群，久而久之，社群必然变成"僵尸群"。

那么，该美容机构应该怎么做呢？我给机构老板出了一个主意，做服务型社群+学习型社群。首先，将通知、预约、时节和天气变化的温馨提醒等消息发到群里，起到服务的作用；然后，定期组织皮肤管理、美容手法等专项学习，激活客户的收获感和参与度。老板采纳了我的建议，选了几个华东地区的门店做试点，效果非常好，不仅大大激活了长期不到店的"沉睡客户"，还通过学习活动，带动很多老客户主动介绍新客户来办会员卡。

社群，简单来说就是一个人与人之间交流的场所，重点是实现人群、产品、场合的有效融合，产生好的效果。

人群不同则互动氛围不同；产品不同则服务内容不同；场合不同则交流方式不同……目前的社群，主要有服务型社群、学习型社群、人脉型社群和团购型社群4种，这4种社群的运营方法，是每位新媒体运营人员都必须掌握的。尤其是对于非互联网行业的新媒体运营人员来说，将社群运营得风生水起，能极大地促进产品营销，带来更多效益。

 服务型社群运营

服务型社群是企业做社群运营时最容易切入的社群。

很多企业拥有大量存量客户，只要把他们激活，随之而来的转化很可观。使用乔·吉拉德的"250定律"进行计算，能够服务好存量客户，开发出一部分客户的"终身价值"，利润的收益是巨大的。

第 7 章
私域流量：企业微信/微信、朋友圈、社群运营与社交裂变

> **小贴士**
>
> 250定律，即一个客户一生中可以影响身边250个人的消费决定。得到这一个客户，就能带来250个客户；得罪这一个客户，就意味着得罪了250个客户。

很多企业意识到了这一点，纷纷开始用社群、企业微信这种触达更便捷、运营成本更低的方式来做客户服务。目前，很多企业的客户服务部专门成立了一个团队来做这件事，还有的企业安排品牌部、市场部、渠道部等部门联合成立相应的团队，进行该方面的探索。不过，很遗憾的是，大多数企业还在用过去的方式做客户服务，未完全匹配服务型社群的场域。

那么，服务型社群到底该如何运营呢？

服务型社群，可以分为免费社群与付费社群两种，区别在于门槛不同。对于拥有大量潜在客户和部分存量客户的企业来说，比较适合做免费社群；对于拥有大量存量客户的企业来说，可以为不同存量客户定制不同档次的付费社群。

要想将服务型社群运营好，一定要做客户分层与服务分层，即为不同层次的客户配备不同的服务内容。比如银行，常根据客户的AUM（资产管理规模）将客户分为普通客户、金卡客户、VIP客户、私人银行客户等，每一类客户都有相对应的权益标准。

做好服务型社群的运营，需要我们提前做好社群规划及持续的发展规划。在这里，我为大家分享通用的服务型社群模板7要素，并分别对每项要素进行讲解。

1. 找到群体同好

人们为什么要留在同一个社群里？如果没有共同的爱好和追求，社群便缺失了社交这一基本功用。有没有"群体同好"是一个社群有没有必要建立的判断标准，社群中的"同好"可以是利益，也可以是情感。

假如社群里的人彼此没有交集，这个社群便很难活跃。

假如社群里的人是竞争对手，互相防备着对方，这个社群也很难持续存在。

2. 设计社群名称

给社群取一个好听、好记的名字很重要,最好能够突出社群价值或特色,尽量避免与他人的社群重复。VIP 群、交流群等社群名称,没有任何特色,无法概括社群特点。

3. 设置入群门槛

设置入群门槛是筛选群内人员的最好方式,常用的入群门槛包括但不限于条件制(必须是满足 ×× 条件的客户);邀请制(必须由管理员邀请,或者必须由群成员邀请);任务制(必须完成 ×× 任务);付费制(必须付出一定额度的金钱成本);申请制(必须申请加入,并通过考核或者面试)……

除此之外,还可以设置各种个性化要求。

4. 制定群规

明确在这一社群中,哪些行为被鼓励、哪些行为不提倡、哪些行为需要慎重、哪些行为被禁止。需要让所有人在入群时便知晓群规。

5. 合理分工

社群中,一般包括群主、管理员、关键群成员、普通群成员等。运营社群时,可以根据社群属性和规模动态调整人员分工,对于服务型社群来说,并不鼓励太多人参与运营,可以参考"企业微信/微信:客户开发、维护与管理"中介绍的专业性 IP、福利型 IP、销售型 IP 分工来配置。

6. 明确群服务

明确社群中提供哪些服务,充分体现社群价值。通常可以将服务按照时间周期分为日常服务、周期服务(比如每周、每月、每季度等)与不定期服务。

第 7 章
私域流量：企业微信 / 微信、朋友圈、社群运营与社交裂变

7. 社群变现

辛辛苦苦地将社群运营起来了，能够产生什么效益？需要提前做好规划。

明确了上述服务型社群模板 7 要素，我们一起来设计一个服务型社群吧。跟着我的思路一步一步推进，看一个服务型社群是如何被设计出来的。

以我为例，作为一名培训师 / 咨询师，我平时会给很多企业的员工提供培训，很多学员课后会想方设法地通过各种途径添加我的微信，向我请教问题。我个人非常乐意帮助他们，不过，要服务的学员太多，我经常分身乏术，在发现很多人的问题大同小异之后，我萌发了运营一个社群的想法。

请读者们想想，我有必要运营社群吗？这样的社群有意义吗？会活跃吗？

这便需要思考我的学员们是否有"群体同好"。

我的学员来自各个行业，他们的行业区别可能很大，有一定的多样性，但作为非互联网行业的新媒体从业人员，他们都从事新媒体运营工作或管理工作，有一定的交流需求。

需要注意的是，如果群中有较多的同行，他们之间会有防备心，生怕自己泄露公司机密；如果公司的领导或者同事也在群里，他们说话时难免会有顾虑。

综合来看，这个社群有运营的意义，但不会太活跃，很多人可能会默默地看，不说话。因此，这个社群能运营到何种程度，取决于我能够提供什么价值。

用上述服务型社群模板 7 要素来设计这个社群，各要素如下。

群体同好：对非互联网行业的新媒体运营工作进行经验分享与吐槽。

社群名称：傅一声陪伴群。

入群门槛：参加过傅一声老师培训的、经傅一声老师邀请的所有学员。

群规：①鼓励分享新媒体运营相关的资料与心得；②不鼓励发布与新媒体运营工作无关的投票、鸡汤等内容；③禁止谈论政治、宗教及其他敏感话题。

分工：傅一声为群主，小助理为管理员，每次进行群分享时会招募临时的"学习委员"。

群服务：①每天分享一条新媒体运营干货（常规服务）；②最新视频创意分享（常规服务）；③每周一场直播答疑，有问题和案例可以发在群里进行预约，免费答疑（周期服务）；④不定期资料分享（不定期服务）。

社群变现：通过给老学员提供优质服务，产生企业培训与咨询的"复购"需求，或者带来新学员推荐。

事实证明，该社群活跃度一般，但群成员对社群的持续关注度非常高，在2022年前两个季度，该社群成功为我带来超过30万元的利润变现。

对于服务型社群来说，只要群体同好在、运营投入在，一般都可以持续运营较长时间。但是，所有社群都有生命周期，时间长了，一定会进入衰退期。

如何保持社群的"新鲜"和"活跃"？需要定期用一些活动来激活群成员，并及时补充"新鲜血液"。

其中，组织学习类活动是非常好的激活方式之一，而以学习类活动为主的社群，被称为"学习型社群"。

二 学习型社群运营

学习型社群是目标比较明确的一类社群，随着知识付费的发展，很多线上学习都会配备学习型社群。学习型社群的运营方法，是每位非互联网行业的新媒体运营人员必须掌握的，善用学习型社群，你会发现："转化竟然如此简单！"

为什么运营学习型社群如此有利于转化？

首先，"买卖"的繁体字是"買賣"，买和卖有什么区别？区别为"士"，而士大夫是办教育的。把客户教育好了，客户觉得被增值了，就可以进行交易了。如果客户没有被教育好，很容易起争执与冲突，再好的产品与服务也无法被感知。所以，帮助客户学习是最好的达成共识、统一思想的手段之一。

很多证券公司会对客户做"投资者教育"，客户树立正确的投资意识后，在投资路上更容易被正向引导。

其次，学习令客户变得更自信，客户的自信有多强，意志就有多坚定，被认可的产品成功转化、成交的概率会随之提高。

最后，组织学习，可以筛选出真正有提升意愿的人。在学习的过程中，最大的付出往往不是金钱，而是时间和精力，一个人愿意把时间和精力花在哪里，哪里就是他真正重视的，也是他容易出成果的地方。

那么，应该如何运营学习型社群呢？主要需要做两部分工作，一部分是以"事"为主的课程交付，另一部分是以"人"为主的学员运营。

1. 课程交付

课程交付的核心是老师，能否把课讲好、能否让学员学到东西，这是学习型社群能否成功的基础。如果连课都讲不好，有再好的社群体验也无济于事。

对于如何把课讲好这件事，本书不做赘述，想要学习的朋友，可以看我的另一本书：《转型培训师：金牌讲师的12堂必修课》，其中有详细的讲解。

2. 学员运营

学员运营是以学员为中心的工作，主要包括以下运营动作。

①助教：配合老师做好有关课程交付的各项工作；

②督学：日常问候、提醒、通知、整理信息等；

③动态：留意学员、老师的动态，及时同步信息；留意已经发生的或可能发生的冲突，及时解决问题；关注反常现象，及时跟进并解决；

④宣传：播报学员们的好成绩，树立典型；

⑤鼓励：制作专属海报，鼓励优秀学员；

⑥答疑：随时跟进群内问题，整理学员的问题并反馈给老师；

⑦活动：定期组织活动，提高社群活跃度，维系群成员之间的感情；

⑧整理：做好社群中有价值的信息、成果、聊天记录的整理与汇总工作，并形成报告。

好的课程交付，与好的社群运营，两者不可偏废。

2022年3月至7月，我主导运营了超过20个企业的学习型社群，发现在有社群运营和没有社群运营的情况下，学习效果有天壤之别。

运营学习型社群的要求很高吗？并没有。好几个项目都是我带着从来没有做过运营的小白做的，只要他们按照前文提到的要求做，就能完成得很好。

我对学习型社群的运营人员只有3个要求。首先，愿意按照我的要求做，而非随心所欲；其次，有耐心，能够踏实做事；再次，肯学习，什么不会学什么。只要满足这3点要求，成为一名优秀的学习型社群运营高手，一两个月即可！

人脉型社群运营

1. 人脉型社群的产生契机

学习型社群的生命周期比服务型社群的生命周期更短，往往学习结束后，社群就慢慢地安静下来了。大家知道，"师生情"与"同学情"是宝贵的情感连接，浪费了很可惜，因此，对于已完成使命的学习型社群来说，应该尝试二次开发。

学习结束，学习型社群必然走到终点，此时想要继续维系社群成员的关系，有两个选择方向，一是将群成员导流到服务型社群中，二是将学习型社群升级为人脉型社群。

很难有人坚持每天高强度学习，但人人都愿意结交志同道合的朋友，且多多益善，这就是人脉型社群存在的基础。

其实，人脉型社群一直都有，比如校友群、老乡群、企业家协会、行业协会、商会、高尔夫俱乐部、车友会等，本质上都是人脉型社群。

2. 运营人脉型社群的基本动作

要运营好人脉型社群，需要做好以下运营动作。

①坚持滚动式招募，入群需活跃；

②组织资源对接会，人脉要交叉；

③组织定期分享会，人人来参与；

④组织案主分析会，案例来创富；

⑤线下多聚会，有小还有大。

3. 优质人脉型社群实例

秋叶个人品牌IP营是一个高端人脉型社群，年收费超过万元，从2016年开始，到2022年，已经组织了11期。为什么这个社群可以如此"顽强"？我们一起来复盘。

刚开始，群成员主要是秋叶老师的铁杆粉丝，他们加入社群的主要目的是跟秋叶老师学习，那个时候，IP营是学习型社群。

很快，社群运营人员发现，学习型社群很难持续，如果只是反复学习差不多的内容，老学员很难留下来。后来，IP营逐步转型为人脉型社群——群里有很多高手，收费也不低。这样的人脉型社群如何运营？我详细介绍一下。

以2022年的IP营为例，会员400人，配备2位全职运营人员。

（1）日常运营动作

①早安和晚安。早安给会员带去温暖；晚安发送当天的群聊精华，帮助会员节约时间，减少无效的"爬楼"。

②IP快讯。群内不定期推送有价值的资讯、文章、内部资料，第一时间深度拆解行业玩法。2021年，IP营共推送了400多条干货资讯，79期快讯。

③每周一晒。每周一，运营人员都会鼓励会员分享自己上一周的成绩、喜讯、感悟、思考、复盘等内容，帮会员搭建一个展现自我的舞台，让每个人都能"被看见"。

④每周IP分享。运营人员会邀请IP营的大咖会员来分享自己擅长且对大家有帮

助的干货，包括但不限于行业经验、创业心得、认知提升感悟等。此举既能够帮助大家互相学习，彼此赋能；又能够促进会员相互了解，找到合作伙伴。

（2）重大活动运营

①每季度组织一场大课，帮助会员进行深度学习，同时创造线下交流的机会。

②不定期组织分享会、企业参访等多种形式的线下活动。比如组织会员参访小鹅通总部、黄石网红直播基地、台海出版社等，深度学习交流。

（3）其他服务

①专属顾问。为每位会员匹配专属运营顾问，一对一服务。

②提供秋叶大叔独家线上直播的参与机会，邀请行业大咖互动分享。

③成立各城市分会，为当地朋友的线下交流提供便利。

④提供顾问一对一诊断、私教等服务。

⑤指导最新的互联网玩法。比如，如果你想做直播，有直播技术团队、知名主播为你提供指导。

四 团购型社群运营

除了以上3类社群，还有一类很神奇的社群，即成员在群里不怎么交流，也很少交朋友，只喜欢"买买买"——这就是近年伴随着疫情的反复火起来的"团购型社群"。团购型社群不仅支持"社区团购"，因为有发达的快递系统，全国各地的朋友都可以参加团购。

团购型社群是非常高效的销售渠道，很多大城市的年轻人买菜、买水果，已经严重依赖团购型社群了。除了生鲜食品等日常需求，人们甚至开始通过团购型社群团购剧本杀游戏、飞盘游戏等。

2022年，今日资本创始人徐新女士，以一个普通母亲的身份在上海的团购型社群里发问："哪里可以团购到牛奶和面包？"

第 7 章
私域流量：企业微信/微信、朋友圈、社群运营与社交裂变

很多人开玩笑道："即使是投资了腾讯、京东等巨头企业的'风投女王'，也离不开'上海团长'。"

其实，从诞生之初开始，团购型社群就面临着较大的争议，经过2015年的萌芽、2017的兴起和2020年的小高潮，转眼，团购型社群发展到了第7年。有人认为，社群团购将会是一种不断发展的新零售业态，也有人认为，社群团购只不过是"昙花一现"，终将"一地鸡毛"。

在不讨论美团优选、叮咚买菜等互联网企业发展现状的情况下，在我看来，对于很多非互联网行业的企业而言，运营团购型社群真的是一大机遇！

什么机遇？本质上，运营团购型社群就是把客户单人成交变成群内集中成交、把一对一销售变成一对多销售、把静默下单变成群体下单而已。

但每一个消费决策要素的变化背后，都蕴含着无数商机！

比如，把单人成交变成集中成交，除了可以通过"薄利多销"吸引客户，还可以做好成交场域的氛围塑造，利用"从众效应"，大大提升业绩。实际上，直播带货的原理也是如此。

而把一对一销售变成一对多销售，不就是将对客户进行一对一销售变成在社群里"销讲"吗？

团购型社群该如何运营？如果是高频消费的产品，可以运营成长久活跃的"日常团购群"，比如水果团购、饮料团购等；如果是低频消费的产品，建议在需要团购的活动期快速建群，团购结束后立刻解散，这种快速开始、快速结束的群，我们称之为"快闪群"。

无论是"日常团购群"还是"快闪群"，只要完成以下6个步骤，即可做好一场"收获满满"的群团购。

1. 红包开路

为了提高社群的活跃度，在宣发团购活动之前发红包，是一种快速且有效的方法。

红包一发,很多客户就点进群聊了,若陆续有客户发布一些"谢谢"的话语或者表情包,便可以很轻松地营造热闹的氛围。

2. 接龙下单

在轻松和愉快的氛围中发布团购信息,比如产品名称、型号、价格等。采用"接龙"的方式下单,前几单由已经沟通好的客户来发,可以起到"带节奏"的作用。如果预计下单的人非常多,可能会导致刷屏,可以使用小程序完成下单。

3. 订单雨

客户下单后,邀请客户将下单成功的截图或者付款截图发到群里,能够有效地刺激犹豫不决的客户做出决策。如果与大多数客户的关系一般,客户不愿意主动晒单,可以设置一些福利,比如"晒单后送××""晒单免××元"等,刺激更多客户晒单。

4. 倒计时

一般,一次团购的成交周期为1~3天,每半天可以进行一次倒计时,同时持续关注库存数量,进行实时播报。限时限量,是引导客户下单的有效手段。

5. 补单

如果预先计划的团购结束后,还有剩余产品,可以将产品定向推荐给可能感兴趣的客户,为其"补单"。有了其他客户的下单记录与评价,成交将会更简单。

6. 进度跟踪

客户下单后,一定要及时关注产品的发货进度,让参与的客户有良好的体验,这样,下次组织类似的活动时,他们才会再次参与。

7.4 社交裂变:微信裂变5步实操技巧

社交裂变,是微信运营的"核武器"。

微信生态中的几个平台,公众号、社群、朋友圈、小程序、直播间等,都支持裂变。虽然各个平台的功能不一样,但裂变的原理和策划裂变的流程是相通的。

裂变的本质是引导更多人分享,从而达到"一传十,十传百"的效果,因其社交属性,私域平台天然适合做裂变。

裂变能否成功的关键是什么?是设计的福利吸引力大不大、裂变路径顺不顺、转化率高不高等。

开始做裂变活动策划的时候,就要考虑清楚这些问题,并合理地规划每个环节,否则开始执行后,但凡有一个环节出错,便难以达到预期的效果。

本书为大家分享如何策划裂变活动,并介绍流程中的关键细节。

社交裂变活动通常分为5步:福利策划、物料制作、冷启动、裂变实施、用户转化。

首先,通过有吸引力的福利引起种子用户的兴趣,为了得到福利,他们需要配合完成转发、拉人等工作,从而让更多人看到福利。福利策划是裂变成功的基础。

其次,为了让裂变活动顺利开展,需要设计很多物料,如海报、话术等,前期准备越充分，裂变开始后越从容。

再次，投放物料后，冷启动和裂变实施正式开始。在实施裂变的过程中，我们需要及时将被吸引来的用户导流到自己的私域中，如微信、社群。

最后，转化导流来的用户，产生业绩。

以上每个步骤都有具体的操作方法与技巧，接下来，我们展开讲解。

 福利策划

福利策划如何做？需要关注3个要素。第一，福利设置；第二，回报率设置；第三，门槛设置。

1. 福利设置

裂变前，需要设置什么福利？原则是：用户看了以后非常想获得，愿意付出时间、精力或者信任背书来做转发。

那么，具体可以设置什么福利？通常有以下几种类型。

①实物奖品，比如手机、书籍、工艺品、艺术品等通用产品。自有产品或者定制产品均可。

②虚拟奖品，比如电子书、卡券、资料包、PPT课件等。

③体验产品，比如体验券、试用装、"霸王餐"、免费服务等。

设置福利时，切忌我们自认为有吸引力，但用户不买账。怎样尽可能地保证福利是有吸引力的？最好的方法便是测试。

提前在小范围人群中测试福利的吸引力，如果吸引力强，便作为本次裂变活动的福利，继续扩发；如果吸引力较弱，则换福利，直到找到吸引力强的福利。

很多企业没有测试思维，简单地认为自己的产品一定有吸引力，直接拿自认为有吸引力的福利做裂变，很容易导致事倍功半。

2. 回报率设置

福利设置一定要考虑成本和回报的比值，即回报率。

用苹果手机做福利，很容易出效果，但是成本太高了，未必能够赚回来。

成本太高，回报可能覆盖不了成本；成本太低，可能会导致吸引力不够。

因此，我们需要精细测算裂变福利的回报率。如果当下的回报率不够，可以考虑有没有长期的回报。

根据我的经验，如果确定能够回本，用实物做福利的效果最好；如果预算有限或者对回报没有把握，可以使用虚拟福利，比如网课、电子资料等，边界成本几乎为零。

我有一个客户是方太厨电，销售的是高端家电，产品的客单价比较高，用户的消费能力也比较强，于是，我们做社交裂变时会选用价格比较高的福利，比如，电视机、微波炉等产品。

实践下来，愿意来店里参加活动的用户成交率非常高，某二线城市的学员告诉我，10个用户来店里，平均会有7个用户成交，且客单价在8000元以上，电视机、微波炉等产品的成本完全能够被覆盖。

在这种情况下，他们就是适合使用高成本实物福利的企业。

同样是家电行业的企业，生产小家电的企业的产品客单价比较低，如果使用高成本实物福利，回报率就有可能不够。

3. 门槛设置

只有在用户觉得简单，觉得自己有希望获得福利的时候，他们才会积极地参与裂变活动；如果用户觉得难，不愿意参与，裂变活动就很难扩散。

因此，应尽量降低参与活动的门槛。

有人会疑惑："如果参与活动的门槛很低，成本压力会随之升高，被喜欢'薅羊毛'的用户占尽了便宜，怎么办？"

针对这一点，建议设置阶梯式福利。比如，邀请 2 个人获得××；邀请 5 个人获得××；邀请 10 个人获得××……阶梯上升很重要，因为假如一开始的门槛就是邀请 10 个人，很多用户都会打退堂鼓。

选好裂变福利后，便可以着手设计与制作物料了。

 物料制作

策划一场裂变活动，需要准备哪些物料呢？至少包括海报与话术。

1. 海报

海报要精美、醒目、有吸引力，才能达到事半功倍的效果。

海报上的信息，至少要包括主标题、副标题、福利、活动规则、报名方式等。

2. 话术

话术分为两类。

第一类是介绍活动的话术，要能够向陌生人说明活动的主题、时间、规则、如何参与、如何领取福利等。

第二类是转发话术，即为用户写好转发时可用的文案，用户直接复制即可。为了让用户选到自己喜欢的文案，我们可以每次提供 5 条左右的话术文案；为了多角度地宣传活动，我们可以准备几十条话术文案，在不同的群里散发不同的话术文案。

 冷启动

想要做一个成功的裂变活动，冷启动很关键。什么是冷启动？冷启动指的是活动从零开始的阶段，很多裂变活动都是在冷启动阶段失败的。

在福利策划合理的情况下，想要成功地冷启动，关键是找对种子用户群和传播渠道。冷启动阶段的传播渠道主要有以下 4 个。

1. 组织方的朋友圈和微信群

很多企业拥有大量员工，只要所有员工都被发动起来，便能够轻松完成冷启动。

中国石油做直播带货时的冷启动很成功，因为它有遍布全国的加油站，员工一经发动，势头立刻就起来了。

2. 种子用户的朋友圈

成功发动铁杆粉丝、种子用户将活动信息发布在各自的朋友圈中，也很容易完成冷启动。

2019 年之前，我经营过一家中小学培训学校。经营这家培训学校时，每年暑假前，我都会策划一次裂变活动。以某校区为例，校区内一共有大概 300 位学生家长，一场裂变活动，我可以发动大概 200 位学生家长为我做冷启动，一天就可以把活动消息扩散到附近学校，非常轻松。

3. 有影响力的人

提前沟通好有影响力的人，约定时间进行活动信息发布——可以一起发布，也可以多轮发布，达到"刷屏"的效果。

4. 付费投放

可以在微信朋友圈内做活动信息的付费投放，或者找"大 V"投放活动信息。

冷启动完成，就有了初始曝光量，有相当数量的用户能够看到我们的活动。

四　裂变实施

冷启动完成后，才算是真正地进入裂变实施环节。

1. 裂变实施的模式

裂变实施的模式有很多，包括但不限于注册拉新裂变模式、团购拼单裂变模式、阶梯团购裂变模式、分销裂变模式、服务号任务裂变模式、微信裂变模式等。

2. 裂变实施的步骤

本书以最常用的微信裂变模式为例，讲解如何实施裂变。使用微信裂变模式，通常分为 6 个步骤。

①用户看到活动海报和宣传信息，即看到我们制作的宣传物料。

②用户扫码加微信、进群，或者关注公众号。通常安排扫码进群，操作简单，效果明显。

③用户在群内获得任务海报与可选话术文案，活动方可以用"社群机器人"发送相关物料。

④用户复制话术文案，与海报一起发布到朋友圈中。

⑤用户截图朋友圈，发送到群里以备审核。

⑥审核通过后发放奖品。可以要求用户加管理人员的微信进行奖品领取，这样，能够很自然地完成用户导流。

五　用户转化

针对导流来的用户，分别在 2 小时与 6 小时后，再次用其他福利触达对方，邀请对方入群，建立进一步联系，以防止用户领完福利以后立刻删除好友。

进一步触达用户之后，可以为用户推荐相关的付费产品，或者与用户私聊，挖掘更多需求，进而完成转化。

策划社交裂变活动是快速加粉的"王牌武器"、是新媒体运营人员必须掌握的技能。但要提醒大家的是：裂变虽好，可不能做出违反平台规则的行为，比如虚假宣传、夸大其词、不守承诺、诋毁竞争对手等。使用那些"耍小聪明"的套路，看似走了捷径，实际上会大大损伤品牌形象与用户信任度。

本章实训

一 发布朋友圈练习

①写一条"提升专业度信任"的朋友圈并发布,要求:有3位好友看完朋友圈之后私聊你。

②写一条"提升靠谱度信任"的朋友圈并发布,要求:至少获得20个赞。

③写一条"提升亲密度信任"的朋友圈并发布,要求:至少获得20条评论。

二 社群运营方案撰写练习

根据服务型社群模板7要素,撰写一份社群运营规划方案。

三 社交裂变方案撰写及物料准备练习

撰写一份社交裂变方案,并做出流程图、裂变海报、话术等物料。

第 8 章

互联网工具：
15 个常见的运营问题

8.1 怎样快速找到各类网站？

考拉新媒体是一个非常实用的导航网站，其口号是"新媒体人每天打开的第一个网站"。在浏览器中搜索"考拉新媒体"，即可访问该导航网站。

在考拉新媒体的导航页上，可以直接点击进入大多数常见的平台与网站，避免了收藏很多平台登录入口和网址的麻烦，实现一站式管理、多账号管理，给新媒体运营人员提供了极大的便利。

通过考拉新媒体导航页可以直接查找的平台和网站包括但不限于实时热点、热点日历，以及常用的排版工具、在线作图工具、高清图库、微信数据、抖音数据、舆情数据、公众号助手、内容分发工具、裂变增长工具、流量采买工具、H5小程序、文件处理工具、网址加工工具、表单工具、协作工具、视频制作工具、运营干货、学习课程等，如图8-1所示。

图8-1 "考拉新媒体导航"网站主页

8.2 如何语音转文字？

新媒体运营人员经常需要写大量文案，打字速度不够快，非常影响工作效率。而且，长时间盯着电脑或者手机屏幕打字，对身体不好，容易眼睛酸涩、颈椎酸痛。

写一篇1000字左右的文章，你需要多长时间？

我从2016年开始逐步习惯使用"语音转文字"的方式生产文案。一篇1000字左右的文案，思考加生产，我可以在10分钟内搞定，你可以做到吗？

根据统计，大多数网友的打字速度为40～50字/分钟，而使用正常的语速说话，可以达到200～300字/分钟的文字生产，语音比打字快5～6倍！而且，人在说话的时候，思绪更连贯，打字的过程往往是一个反复琢磨的过程，很容易写着写着就停下来，或者经常被其他事情打断。

因此，"语音转文字"是我个人非常推荐的写作方法。

想完成语音转文字，有哪些工具可用呢？向大家推荐几款简单、便捷、免费的工具。

1. 使用输入法

目前，几乎所有输入法都有语音转文字的功能，无论是手机自带的输入法，还是搜狗输入法、讯飞输入法等，技术已经非常成熟，识别率很高。

点击输入法中的"话筒"图标，即可开始说话，如图8-2所示。

说完后,点击"说完了"按钮,即可完成输入。完成输入后,再对文字进行适当修改即可。

手机自带的输入法的优点在于使用方便,在聊天界面可直接使用,不需要切换应用,而且识别率非常高,连标点符号都能较为准确地自动填充;缺点是不适合输入大段文字,且没有办法进行文件管理。所以,如果你需要经常输入长文,推荐使用"讯飞语记"。

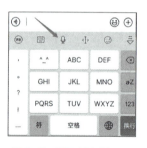

图 8-2 讯飞输入法界面

2. 使用讯飞语记

讯飞语记由科大讯飞出品,是一款能够迅速将语音变成文字的云笔记应用,可以用来写文章、写日记、记事,以及完成记者采访、会议记录、课堂笔记,支持 120 分钟持续语音输入。

讯飞语记拥有全球尖端语音技术,识别率高达 98%!该数据由安徽电子产品监督检验所检测,报告编号为 151209010027。

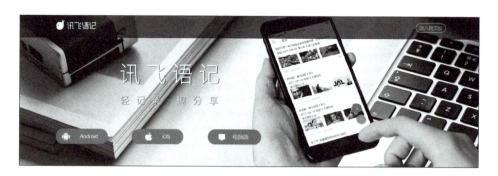

图 8-3 "讯飞语记"网站主页

而且,如图 8-3 所示,讯飞语记有网页版(浏览器登录)、手机版、电脑版,多个端口可以同步数据,便于内容管理。

我非常喜欢多终端同步这个功能,因为我喜欢在散步时用手机完成语音转文字输入，然后用电脑修改文案并进行备份。

3. 使用音频转换工具

很多情况下，我们想输入的内容并非自己撰写的内容，而是会议讨论、领导讲话、嘉宾访谈等内容。想当场把音频录制下来，事后转换成文字，可以借助音频转换工具。

市面上的音频转换工具很多，免费的、付费的，不计其数，下面介绍几款常用的音频转换工具。

比较实用的有迅捷 PDF 转换器、录音转文字助手、讯飞听见等，我本人比较推荐的是讯飞听见，但是讯飞听见的音频转文字功能要收费，而且费用不低。

怎么办？只要我们购买了讯飞录音笔、讯飞鼠标等硬件，便可以免费进行语音转文字了。讯飞录音笔小巧灵活，使用起来非常方便；讯飞鼠标也很好用，电脑写稿时，可以直接使用鼠标将语音转化为文字，十分高效。

后来，我又找到了一款好用且免费的提取音视频文字的工具，那就是飞书。具体如何使用？请看 8.3 小节。

8.3 如何一键导出视频中的文字？

很多朋友经常有把视频中的文字提取出来学习或者使用的需求，如果逐字手动记录，非常浪费时间，有没有快速的方法呢？有！

市面上有很多工具和软件可以辅助实现这一目的，但收费不菲。有没有好用又免费的工具或软件呢？我经过各种探索和测评，爱上了"飞书"。

飞书是字节跳动的产品，抖音的"兄弟"，飞书中有很多非常好用的工具，比如飞书妙记，如图 8-4 所示。

图 8-4　飞书中的"飞书妙记"

飞书妙记是一款辅助提取音视频文字的效率神器，能够帮助用户飞速提升工作和学习效率。无论是面对音频还是视频，使用飞书妙记，都可以直接导出其中的文字。

飞书妙记最打动我的是它的 3 个特点：免费；支持快速定位，提取出的文字和其在音频/视频中的位置可以一一对应；转录速度极快。

上传音视频文件或录制飞书会议后，飞书妙记会自动生成文字记录，点击任意文字，音视频会同步定位到对应位置。此外，用户可以拖动软件中的分隔栏，对音视频和文字的展示比例进行调整，如图 8-5 和图 8-6 所示。

图 8-5 "飞书妙记"上传音视频文件界面

图 8-6 "飞书妙记"新手操作演示

注：该图由飞书妙记提供

8.4 怎样防止侵权？

需要关注版权问题的素材包括但不限于文字、字体、图片、声音、视频、照片、表情包、报告与数据等。

对于新媒体运营人员来说，提高防侵权意识，使用有版权的素材，是一项极其重要的基本功。尤其是企业账号的运营人员，一旦出现侵权，轻则给企业带来经济损失，重则带来法律风险和公关危机。

怎样防止侵权呢？分享一些心得。

1. 增强版权意识

这话听着好像是废话，实则不然，很多运营人员犯错误都是因为缺乏版权意识，根本没有考虑版权问题。有版权意识的人，面对所有非原创的内容，第一反应是确认使用该内容有没有侵权风险，并采取相应的验证措施。

2. 及时签订版权归属协议

企业要注意，将员工出境拍摄的视频作品发布在企业账号上之前，要记得与员工签订相关的版权归属协议。双方沟通好，凡员工在在职期间（或者某个时间段内）

拍摄的视频，企业取得肖像权授权，所有作品的版权归企业账号所有，这样可以防止员工离职后产生不必要的版权纠纷。

3. 对于文字内容，及时申请授权，或努力原创

文字版权，即"文字作品的著作权"。理论上，如果使用者出于盈利目的大量使用他人创作的文字内容，且没有注明来源，就已经侵权了。所以，如果我们需要全部或者大量引用他人创作的内容，必须提前通过自媒体平台或者社交平台获得版权方的授权，并注明来源。如果只想借鉴他人作品中的某个观点或者说法，可以用自己的表达方式进行表达，但是千万不要"伪原创"或者"洗稿"。

4. 对于字体，仔细确认出处

我们可以使用"360查字体网"查询某字体是否有版权归属，如图8-7所示，如果没有版权归属，可以放心使用。

另外，假如你是海报设计网站（如创客贴、稿定设计等）的付费会员，可以放心使用这些网站的字体，网站上一般会标注"会员可商用"。

图8-7 使用"360查字体网"查询字体版权

5. 对于影视素材，慎用

电影、电视剧的版权审核较严，最好不要大量使用相关素材。很多平台上有直接将影视素材进行搬运的新媒体账号，其实风险极大，建议大家不要效仿。

关于图片、视频、音乐等素材的版权问题，请看8.5小节至8.7小节。

8.5 图片素材哪里找？

正所谓"一张图胜过千言万语"，图片对于文章、视频的重要性不言而喻，那么，在哪里可以找到适合的图片素材？如何避免图片侵权？经验分享如下。

1. 平台自带授权图

为了帮助创作者轻松、安全地使用图片，各大自媒体平台都购买了海量图片的版权，供创作者免费使用。比如，在今日头条、百家号等平台上，只要输入关键词，便可以搜索到相关的版权图片，免费使用，非常便捷，如图8-8所示。

不过，这些图片只能在对应平台使用，如果用于其他平台，可能会带来版权纠纷。

所以，我们还需

图8-8 今日头条免费正版图片举例

注：该图片由头条号提供

要了解一些提供无版权图片的网站，以及可以购买图片版权的网站。

2. Pexels

Pexels 是一个免费高清图片网站，在该网站上，只要是支持下载的图片，都可以免费下载并用于商业用途（以下简称"商用"）。

用户甚至不需要注册和登录，就可以在 Pexels 上下载图片素材，Pexels 的图片非常有质感，网站宣传语是"才华横溢的摄影作者在这里免费分享最精彩的素材图片和视频"。

3. PicJumbo

PicJumbo 提供的图片质量很不错，高清是最基础的保障，免费项目也比较多。

4. Life Of Pix

Life Of Pix 是一个免费正版高清图片素材库网站，主打包含景色、建筑以及欧美生活化场景的免费高质量图库，很有设计感，旗下所有图片遵循 CC0 协议，可以免费商用，使用方便。除了图片，该网站中还有免费视频的分类，数量不多，但质量很高。

5. Magdeleine

在 Magdeleine 中，每天都有免费的图片可以使用。

Magdeleine 不仅提供有质感、有意境的图片，还支持多种标签搜索，比如色彩标签——可以通过指定色彩标签来筛选图片，还有一种常用标签，是热门标签。

6. 千图网

千图网的素材种类比较丰富，包括原创设计、广告设计、网页设计等，从大分类到小分类，用户更容易找到自己感兴趣的素材。该网站上有很多专业设计师提供的素材，种类齐全，能满足各种基本需求。

需要购买 VIP 会员才能商用。

7. 懒人图库

懒人图库是一个专门提供网页素材的网站，包括大量矢量素材、PSD 素材、网页素材、图片素材、JS 代码等，不管是做设计，还是制作 PPT，用户都能找到自己需要的素材。

需要特别注意的是，懒人图库的图片收集自互联网，仅供个人学习交流使用，版权归原作者所有，不可以直接商用。

8. IconFont

IconFont 是阿里巴巴集团推出的免费矢量图标网站，拥有大量图标，可以免费下载。但 IconFont 平台的官方图标库仅供广大用户交流学习使用，未经 IconFont 或其关联公司书面授权许可，不得商用。

9. 图虫创意

图虫创意是国内非常实用的图库网站之一，会针对热门专题，及时推出新的图片。比较有特色的是，图虫创意有排行榜功能，根据排行榜，用户可以轻松地了解近期哪些图片最热门。

图虫创意上的素材需要付费购买，购买后才可商用。

8.6 视频素材哪里找？

视频素材是制作视频和视频类宣传物料时的必备"原材料"，那么，视频素材能去哪里找？如何避免侵权呢？

1. CC0 无版权视频网站

CC0 全称为 Creative Commons Zero，意为"无版权"。任何人都可以对标记着 CC0 的作品进行复制、编辑和再发行，甚至商用，均不需要原作者同意或署名。

2. 其他无版权视频网站

再为大家介绍几个实用的无版权视频网站，可以帮助大家低成本获得视频素材。

① Pexels：提供 HD 高清格式的视频，用户不需要注册，可以直接下载。

② Pixabay：比较经典的素材网站，Pexels 上的很多资源都来自 Pixabay。

③ Distill：更新频率不高，作者风格迥异，能不能找到自己想要的素材，看运气。

④ Coverr：收录了大量视频影片，这些视频影片都已经过 CC0 授权，用户可以免费下载并且发布于任何地方。

以上几个网站，虽然免费，但可选择的素材有限，很多人表示使用体验并不好。

3.包图网

包图网上有大量视频模板和视频素材,能满足各类短视频的制作需求。用户购买企业 VIP 后,即可获得公众号、电商、广告、印刷等场景的使用授权,而且可以在线生成版权授权书,有专业法务保障用户不会陷入版权纠纷。

4.新片场素材

新片场素材是一站式正版商用视频素材平台,用户购买其中的视频素材后可以商用,但很多视频素材的收费较高。

5.平台上的视频

假如创作者在拍视频的过程中用到了平台上别人发布的视频片段,侵权吗?

以抖音为例,如果创作者用抖音里别人的视频素材进行"拍同款"或者"合拍",是不侵权的,但如果创作者将视频拍好后发布到其他平台,或者商用,就有侵权风险了。

‹‹‹ 音频素材哪里找？ 8.7

1. 爱给网

爱给网中的音效、配音素材非常丰富，部分免费，部分需要付费购买版权。

2. FREESOUND 无版权音乐库

FREESOUND 无版权音乐库是支持用户自行下载、上传音频素材的网站。用户下载音频素材以后，可以永久、多次、免费使用。

创作者使用这些音频素材进行视频创作时，不需要向作者支付版权费用。

如果创作者将作品发布到 B 站、抖音等内容平台以获得收入（包括直接收入和间接收入），只需要在作品或其关联信息中声明所使用音频素材的名称和作者信息即可。

如果创作者希望将音频素材用于视频和音频内容创作以外的商业用途，需要联系音频素材作者或出品方，购买相应的授权使用许可。

3. 平台上的音频素材

创作者可以免费使用抖音、剪映里的音频素材，将包含这些音频素材的视频发布在抖音内是不侵权的，但发布到其他平台或者商用是有侵权风险的。

8.8 如何找热点？

热点分析是新媒体运营人员必须掌握的技能之一，杜蕾斯、网易云音乐、江小白等品牌常常通过发布与实时热点相关的内容，或者与热点有关的话题，引起刷屏式讨论，用相对较低的成本撬动巨大的流量。

如何寻找热点呢？推荐几个高效又精准的网站。

1. 今日热榜

今日热榜是一个分类榜单网站，提供各平台的精细榜单及具体数据，如微信、今日头条、百度、知乎、微博等。该网站中有专门设置的热点数据和榜单，且细分平台的热点大多是24小时内的，如图8-9所示。

第 8 章
互联网工具：15 个常见的运营问题

图 8-9　"今日热榜"网站主页

2. 知微事见

知微事见是一个互联网社会热点聚合网站，自称"互联网大数据情报服务专家"，主要提供舆情监测分析、竞争情报洞察、市场用户研究、品牌知识管理等信息。

"知微事见"网站主页上有平台榜单、热搜预警、热搜报告等板块，如图 8-10 所示。

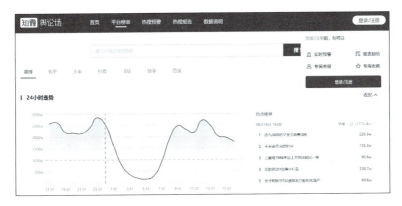

图 8-10　"知微事见"网站主页

3. 其他

此外，还有蝉妈妈、飞瓜数据、灰豚数据等专注于短视频和直播数据分析的平台，针对抖音、快手、B 站、小红书等平台的热点，这些平台上有非常及时的热点分析。

8.9 如何快速制作高质量海报？

近年来，随着新媒体工具的不断优化，制作海报的门槛越来越低。每一个新媒体运营人员都必须学会制作海报，因为如果每次都要等设计师来制作海报，运营工作的效率会非常低下。

如何轻松制作出高质量的海报？

1. 手机快捷编辑

使用手机自带的图片编辑功能，或者美图秀秀等修图软件，对已有图片进行修改，加上文字等元素，便可以制作一张简单的海报。

2. PPT 制作

使用PPT，可以制作出大多数海报，只要设置好尺寸，调整好图片、文字、图层等，导出为图片格式即可。

3. 使用稿定设计

稿定设计是一个多场景商业视觉设计平台，拥有各种类型、各种用途、各种尺寸、各种风格的海报模板，用户只需要选择合适的模板，替换内容，即可快速制作出高质量的海报，非常实用。

购买稿定设计的 VIP 后，便可以将制作的海报商用，避免文字、字体、创意等方面的版权纠纷。

4. 其他

其他网站，比如创客贴、图怪兽等，与稿定设计差不多，也非常好用，本书不再赘述。

8.10 如何轻松制作 H5 页面？

H5 页面，泛指在移动端网络社交媒体（以微信为主）中传播的，带有交互体验、动态效果以及音效的 Web 页面。在广告行业，H5 一直都有广泛的应用，原来叫 Landing page 或者着陆页。

过去，新媒体运营中，出现过 H5 刷屏的现象，随着短视频制作的流行，目前，H5 的使用场景越来越少，但依然存在着广泛的应用，比如，在制作产品手册、活动邀约、活动总结时，H5 依然是经常使用的表现形式。

制作 H5 页面非常简单，在制作软件中套用模板即可。这里介绍 3 个常用的 H5 制作软件。

1. 人人秀

经过多年的发展，人人秀的 H5 制作功能已经非常强大了，除了支持图片、文字、视频、声音、小程序等展示形式外，还支持长页面展示，展示形式非常丰富。

不同于过去主要使用图片、文字、简单动画制作 H5，如今的 H5 支持更多炫酷的玩法，比如快闪、一镜到底、视频来电等，增强页面展示效果，更能提高用户参与感，优化用户体验感。

此外，在 H5 中，还能直接设置抽奖、答题、投票、红包等 200 余种活动，助力拉新，满足节日营销、活动推广等场景的使用需求。

具体如何操作呢？用户在软件中选择自己喜欢的模板，替换素材，跟着操作指引进行操作即可，非常简单，本书不做展开讲解。

2. 易企秀

易企秀也是国内一款主流的 H5 制作工具，特点是操作简单、拥有海量模板、支持多终端操作、可以便捷分享、能够查看详细访问数据等，帮助用户快速创建具有交互性的 H5。

易企秀支持用户在手机上同步编辑 H5 页面，具有更好的跨平台性。

和人人秀一样，易企秀也内置了很多现成的模板，操作便捷。不过，易企秀上的大部分模板都需要开通会员才可以使用。

3. MAKA

MAKA 是国内另外一款用户群比较广的 H5 制作平台，相较于易企秀和人人秀，MAKA 的创始团队中有更多设计师，对创作者更加友好，而且，MAKA 在不同行业的细分模板上做得更出色。

8.11 如何找表情包？

表情包在新媒体运营中的使用频率非常高，目前，不仅年轻人喜欢用表情包，连中老年人也对表情包"情有独钟"，只是不同年龄层的用户喜爱的表情包风格不同罢了。

表情包人人爱，好的表情包不仅好玩，还可以调节气氛，比文字表达更形象，更能引起用户共鸣。有时候，连"人民日报"这样的官方媒体的新媒体账号，都会发一些表情包，来拉近与用户之间的距离。

你还在使用百度搜索寻找表情包吗？那样难免遇到图片质量良莠不齐的问题。

以下 8 种寻找表情包的方法，值得表情包爱好者一试！

1. 斗图吧

"斗图"一词是比较热门的网络用语，指网友们聊天时不打字，通过表情包交流，看谁的表情包表意准确又有趣，是年轻人钟爱的活动之一，"斗图吧"网站的名字由此而来。

斗图吧最大的特点是，对于最新的 IP，平台更新快，而且用户不仅能 DIY 专属表情包，搜索关键词时还会同时出现单张表情和套图表情，套图表情质量极高。

2. Soogif

Soogif 是一个以制作和上传 GIF 文件为主要功能的网站。GIF 的全称是 Graphics Interchange Format，可译为"图形交换格式"，用于以超文本标志语言（Hypertext Markup Language）方式显示索引彩色图像，在因特网和其他在线服务系统上得到广泛应用。

GIF 文件分为静态 GIF 文件和动画 GIF 文件，能够变化的 GIF 动图在互联网上颇受欢迎。

Soogif 网站提供的主要功能有多图合成 GIF、视频转 GIF、GIF 拼图、GIF 编辑、GIF 裁剪、GIF 压缩等。

3. Giphy

Giphy 动图搜索引擎是一个在线数据库和搜索引擎，允许用户搜索和分享 GIF 文件，该网站上的动图非常有意思，而且很搞笑。

Giphy 仅支持英文搜索，用户在搜索框中输入任意关键词，即可找到一大批相应的 GIF 动态图。需要注意的是，搜索结果页面中的图片都是静态的，待鼠标移动到具体的图片上时，它才会动起来。

4. 微信小程序

通过微信搜索，查找小程序"闪萌表情""表情家园""表情包大全"等，即可使用其中的表情包。

5. 微博表情包博主

实际上，很多表情包是通过微博火起来的。

在微博中查找 @ 无水印表情包 bot、@ 原图小哥哥、@ 表情包集中营等博主，即可看到大批优质表情包。微博表情包博主的表情包图片质量较高，偏生活化，用户可以自行选择在手机或电脑上收图。

6. 知乎表情包热帖

作为国内目前比较大且成熟的内容社区，知乎上的表情包人才也很多。在知乎，可以根据不同主题搜索表情包。

需要强调的是，表情包和图片一样，也是有版权的。为了更好地使用表情包，避免陷入版权纠纷，在创作时，应尽量少用国内艺人的表情包。

7. 微信聊天界面

微信聊天时，看到别人发的好的表情包，长按该表情包，点击"添加"，即可将其"收入囊中"。

8. 微信合拍

使用微信合拍功能，拍出属于自己的表情包。

操作方式非常简单，长按聊天对话框中的表情包，点击"合拍"，录制自己的表情，即可快速制作专属表情包。

《《《 如何制作二维码？ 8.12

二维码，被誉为"移动互联网的最后一段距离"，这个表达很形象。

在文章中插入二维码，便于用户看完文章后关注、点赞、付费等；在海报中插入二维码，用户扫描识别二维码即可快速跳转到其他地方；在聊天中使用二维码，用户可直接关注、跳转、支付……

那么，怎样制作二维码呢？

草料二维码是一款比较常用的二维码生成平台，功能非常强大，不仅支持为文本、网址、文件、音频、视频、名片等内容制作二维码，还支持将制作出的二维码美化为不同的样式，如图 8-11 所示。

制作各类海报时，新媒体运营人员经常需要用到该网站。

图 8-11 "草料二维码"网站主页

8.13 运营必备的表单如何做？

做新媒体运营，表单工具少不了。使用表单工具，可以进行数据采集，而互联网上的表单工具，由于具备低成本、迅速触达用户、信息收集清晰完整和支持快速统计数据等特点，正在成为新媒体运营的标配。

以下几款表单工具，不论是用来收集主题，还是用来收集反馈信息，都是极好的。

1. 金数据

金数据是一款人人可用的业务数据收集工具，丰富的字段可以满足日常工作的需要、辅助提示会应需求适时显现、直观的界面让复杂的逻辑关系变得简单……该软件的基础功能强大、模板库丰富、设计美观，无论是做表单的编辑设计，还是做后台数据的整理分析，使用它，都非常便捷。

2. 问卷星

问卷星是一款免费的线上问卷调查、测评、投票平台。

问卷星深度集成微信群发、红包抽奖、问卷密码等强大功能，可以帮新媒体运营人员轻松完成市场调查、社会调查、满意度调查等各类在线问卷调查，且使用问卷星得到的数据可以直接导入 SPSS 分析，更加便于做数据分析。

3. 麦客

麦客主要用于完成信息收集与整理，实现客户挖掘与消息推送，开展持续营销。和金数据相似，麦客也是目前国内非常优秀的一款表单制作工具，尤其是在面向企业端时，麦客的功能非常强大。

4. 腾讯文档

腾讯文档的功能非常强大，比如在线收集表，能够高效辅助办公。腾讯文档不仅可以用于收集信息、打卡、接龙等，而且拥有很多模板，供用户使用。

自从有了腾讯文档，我便没有使用过其他表单工具了，理由很简单，它和微信、QQ 结合得更好，更加方便与合作者协同使用。

8.14 如何用OBS进行直播推流？

直播推流是直播运营人员必须学会的操作。大部分平台都有自己的推流平台，比如抖音、快手、斗鱼等，都有自己的"直播伴侣"，但如果想用一个平台，迅速将内容推流到多个平台，首推免费的第三方直播推流平台——OBS。

> **小贴士**
>
> 直播推流，简单来说，就是让直播不止依赖于手机，可以使用电脑获取镜头实时画面，使用麦克风进行声音采集，并在直播画面中增加背景、贴图等活动信息，将内容推流到多个平台。

1. OBS 操作方法

OBS不仅可以用于直播推流，还可以录制视频，如图8-12所示。

①只直播：配置好直播的各种参数以后，点击"开始推流"，就可以开始直播了。

②直播+回放：先后点击"开始推流"和"开始录制"，直播和录视频同时启动，换句话说，就是直播间被录下来了，有回放视频了。

③只录视频：如果不点击"开始推流"，只点击"开始录制"，就只录视频。

图 8-12 "OBS"设置演示

2. 直播推流的具体步骤

直播推流的操作技巧性较强，为了帮助大家快速上手，接下来，我对直播推流的具体步骤进行简单介绍。以视频号直播为例，如何进行直播推流呢？

①在电脑端登录视频号助手，点击"直播管理"模块，填写直播所需要的配置后创建直播，获得推流地址和推流密钥，如图 8-13 所示。

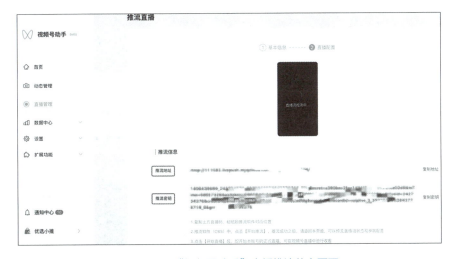

图 8-13 "视频号助手"直播推流信息页面

②在电脑端安装 OBS Studio 推流软件。需要注意的是，OBS Studio 推流软件是支持免费安装的，请通过官网下载。

③打开 OBS Studio 推流软件，完成相关配置。首次打开 OBS Studio 推流软件时，会弹出自动配置向导，填入从视频号助手中复制的串流信息即可。

操作方式一：服务器——推流地址；串流密钥——串流密钥，如图 8-14 所示。

图 8-14 "OBS"直播推流设置操作演示 1

操作方式二：手动在"设置"处进行串流信息配置，如图 8-15 和图 8-16 所示。

图 8-15 "OBS"直播推流设置操作演示 2

图 8-16 "OBS"直播推流设置操作演示 3

④添加各种来源（摄像头、背景图、贴片、视频文件等）。视频采集设备——摄像头；显示器采集——捕获投屏软件画面；图像——背景图、商品展示贴片；媒体源——视频文件，如图8-17所示。

图8-17　"OBS"直播推流设置操作演示4

⑤开启工作室模式（如果是自己操作，这一步可以忽略，因为一个人完全忙不过来）。在右侧控件处选择"工作室模式"，在工作室模式中，可以使用左边画面进行编辑预览。编辑完成后，单击"转场特效"，即可将预览窗的直播画面推送到输出窗口，与此同时，用户能通过直播间看到编辑后的实时画面。

⑥开始直播推流。编辑完直播所需要的内容后，在右侧控件处选择"开始推流"，即可将视频推送到设置好的推流地址。OBS Studio推流软件下方绿灯常亮，并且没有出现丢帧情况，视频号助手上同步显示推流画面，则表示推流成功。

此时，在视频号助手中点击"开始直播"，即可正式开始直播，用户可以通过视频号直播间看到实时画面。

⑦结束直播。在电脑端，先在视频号助手中点击"结束直播"，再在OBS Studio推流软件中点击"停止推流"。注意，顺序不能反，否则用户会看到黑屏画面。

8.15 直播时如何进行绿幕抠图？

直播时，如果想替换背景，只保留主播人像，该如何操作呢？使用OBS软件进行绿幕抠图，非常方便且快捷。

第一步，准备一块足够大的绿布，置于主播后方，占满整个画面。其实，蓝幕或者黄幕也可以用于辅助抠图，只是一般使用绿幕较多。

第二步，依次设置各处选项，如图8-18和图8-19所示，即可将绿色背景去除，完成绿幕抠图。

图8-18 "OBS"绿幕抠图操作演示1

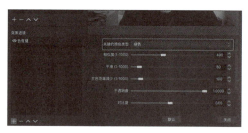

图8-19 "OBS"绿幕抠图操作演示2

后记 Postscript

1. 本书的写作动机

新媒体运营相关的课程，我已经教了7年，经过不断的学习、实践、优化，我发现，目前市面上的新媒体运营相关书籍有如下3个通病。

第一，只谈技术和工具，不谈实操。

第二，只谈个人经验，不谈底层逻辑。

第三，只谈标准做法，忽视读者的水平差异。

所以，对于《运营之巅：非互联网行业的新媒体运营》这本书，我寄予了厚望。在撰写这本书的过程中，我多次询问学员的痛点，力争让不同水平的新媒体运营人员都能在书中找到自己需要的答案。

新媒体运营的相关技能更新迭代太快，是学不完的，尤其是非互联网行业的朋友，你们真的太缺这方面的指导了！

2. 本书的独特之处

首先，我可以保证的是，本书中的所有内容，都是我亲自实践或者陪伴学员实践过的！读者阅读起来，一定会很明显地感觉到："太懂我了！"

其次，我们需要克服狭隘的个人经验主义，以包容、开放的心态去面对新媒体运营工作。市面上有很多优秀的新媒体运营指导书籍和资料，可是到了读者手里，很多人会发现"隔行如隔山",有一种无从下手的感觉,甚至一读就会,一用就废!本书挖掘的是新媒体运营工作背后的底层逻辑和方法论,比"套路式技巧"更靠谱,比琐碎经验更经得起时间的检验。

最后,作为每年培训日程多达200天的培训师,我遇到过拥有百万粉丝的学员和小白学员同时来听课的情况,也遇到过直播千场以上的高手和从来没有直播过的新手组成一个团队的情况。照顾不同层次学员的感受,让他们都有所收获和突破——这是我一直在做的事情。因此,相信我,不管你在新媒体运营方面的经验是多还是少,在本书中,你都能找到自己所需要的内容。而且,随着运营水平的不断提高、理解能力的不断深入,这本书值得你一读再读,次次有收获!

本书既适合对新媒体运营有兴趣、开设了自媒体账号的读者阅读,也适合有新媒体运营人员培训需求的企业团购为指导书,简直是所有新媒体从业者的案头书!

3 本书的用法建议

第一遍,完整地读一遍。本书行文真实幽默且有趣有料,读起来仿佛在培训课堂上听讲,相信会让你忘记时间,手不释卷。

第二遍,找到当前对自己最有用的章节,精读该章节,并结合自身情况,认真思考。

第三遍,完成各章实训。实训时,有意识地回顾对应内容,帮助自己消化、理解。

第四遍,结合自身的工作经验、教训,将书中的内容用自己的话表述一遍,写一篇文章或者拍一个短视频,让自己"真正学会",并发布出来,帮助更多人。

《这世界有那么多人》里唱道:"这世界有那么多人,人群里,敲着一扇门……"感恩书籍为我们打开了这扇门,让我们相遇,从此一起乘风破浪!